L'ART
DE PARLER
EN PUBLIC

Par Dale Carnegie

TABLE DES MATIÈRES

AVANT-PROPOS

L'efficacité d'un livre est comme celle d'un homme, sous un aspect important : son attitude à l'égard de son sujet est la première source de son pouvoir. Un livre peut être rempli de bonnes idées bien exprimées, mais si son auteur considère son sujet sous un angle erroné, même ses excellents conseils peuvent s'avérer inefficaces. Ce livre se distingue par l'attitude de ses auteurs à l'égard de son sujet. Si la meilleure façon de s'enseigner ou d'enseigner à d'autres à parler efficacement en public est de remplir l'esprit de règles et d'établir des normes fixes pour l'interprétation de la pensée, l'expression du langage, la réalisation des gestes et tout le reste, alors la valeur de ce livre se limitera aux idées perdues au fil des pages qui peuvent s'avérer utiles au lecteur - en tant qu'effort pour appliquer un groupe de principes, il doit être considéré comme un échec, car il est alors faux. Il est donc important, pour ceux qui abordent ce volume avec un esprit ouvert, de voir clairement dès le départ quelle est la pensée qui sous-tend cette structure et qui s'y construit. En termes clairs, il s'agit de ceci : L'entraînement à l'art oratoire n'est pas une question d'extérieur - principalement -, ce n'est pas une question d'imitation - fondamentalement -, ce n'est pas une question de conformité aux normes - du tout.

L'art oratoire est une expression publique, une émission publique de l'homme lui-même ; par conséquent, la première chose à faire, à la fois en temps et en importance, est que l'homme soit, pense et ressente des choses dignes d'être exprimées. S'il n'y a pas quelque chose de valeur à l'intérieur, aucune astuce d'entraînement ne pourra jamais faire de l'orateur autre chose qu'une machine - bien qu'une machine hautement perfectionnée - pour la livraison des biens d'autrui. Le développement de soi est donc fondamental dans

notre plan. Le deuxième principe est proche du premier : L'homme doit faire régner sa volonté sur sa pensée, ses sentiments et toutes ses forces physiques, afin que le moi extérieur puisse donner une expression parfaite et sans entrave au moi intérieur. Il est vain, affirmons-nous, d'établir des systèmes de règles pour la culture de la voix, l'intonation, le geste, et quoi encore, si ces deux principes d'avoir quelque chose à dire et de rendre la volonté souveraine n'ont pas au moins commencé à se faire sentir dans la vie. Le troisième principe ne suscitera, nous le supposons, aucune contestation : personne ne peut apprendre à parler s'il ne parle pas d'abord du mieux qu'il peut. Cette affirmation peut sembler un cercle vicieux, mais elle mérite d'être examinée. De nombreux enseignants ont commencé par le comment. Vain effort ! C'est un truisme ancien que d'apprendre à faire en faisant. La première chose à faire pour le débutant en art oratoire est de parler, et non d'étudier la voix, le geste et le reste. Une fois qu'il a parlé, il peut s'améliorer en s'observant lui-même ou en tenant compte des critiques de ceux qui l'écoutent.

Mais comment pourra-t-il se critiquer lui-même ? Tout simplement en découvrant trois choses : Quelles sont les qualités qui, de l'avis général, font l'efficacité d'un orateur ; par quels moyens peut-on acquérir au moins quelques-unes de ces qualités ; et quelles sont les mauvaises habitudes d'élocution qui l'empêchent d'acquérir et d'utiliser les qualités qu'il trouve bonnes ? L'expérience est donc non seulement le meilleur professeur, mais aussi le première et le dernier. Mais l'expérience doit être double - l'expérience des autres doit être utilisée pour compléter, corriger et justifier notre propre expérience ; de cette façon, nous ne deviendrons nos meilleurs critiques qu'après nous être entraînés à la connaissance de soi, à la connaissance de ce que pensent les autres esprits, et à la capacité de nous juger nous-mêmes selon les normes que nous avons fini par croire juste. "Si je dois", disait Kant, "je peux". Un examen du contenu de ce volume montrera la cohérence avec laquelle ces articles de foi ont été déclarés, exposés et illustrés. L'étudiant est invité à commencer à parler immédiatement de ce qu'il sait. Puis il reçoit des suggestions simples pour la maîtrise de soi, en insistant progressivement sur le pouvoir de l'homme intérieur sur l'extérieur. Ensuite, on lui indique le chemin vers les riches entrepôts de matériaux. Et enfin, pendant tout ce temps, il est encouragé à parler, parler, PARLER en appliquant à ses propres méthodes, à sa manière personnelle, les principes qu'il a recueillis de sa propre expérience et observation et des expériences enregistrées des autres. Donc, dès le départ, qu'il soit clair comme de l'eau de roche que les méthodes sont secondaires ; que l'esprit complet, le cœur chaleureux, la volonté dominante sont primaires - et non seulement primaires, mais primordiaux ; car à moins que ce ne soit un être complet qui utilise les méthodes, ce sera comme habiller une image de bois avec les vêtements d'un homme

-J. BERG ESENWEIN. NARBERTH, PA, 1ER JANVIER 1915.

Forme L'ART DE PARLER EN PUBLIC

Le bon sens ne manque jamais de donner à ceux qui le possèdent, des mots suffisants pour se faire comprendre. Il arrive trop souvent dans certaines conversations, comme dans les boutiques d'apothicaires, que les pots vident, ou contenant des choses de peu de valeur, est aussi bien habillé que ceux qui sont pleins de drogues précieuses. Ceux qui s'élèvent trop haut tombent souvent de haut, ce qui rend préférable une habitation basse et plate. Les plus grands arbres sont les plus exposés aux vents, et les hommes ambitieux aux coups de la fortune. Les bâtiments ont besoin d'une bonne fondation, car ils sont exposés aux intempéries.

-William Penn.

Chapitre 1 : Acquérir de l'assurance devant un public

Il existe une étrange sensation que l'on ressent souvent en présence d'un public. Elle peut provenir du regard des nombreux yeux qui se tournent vers l'orateur, surtout s'il se permet de lui rendre ce regard avec constance. La plupart des orateurs ont été conscients de cette sensation, un frisson sans nom, un véritable quelque chose qui imprègne l'atmosphère, tangible, évanescent, indescriptible. Tous les écrivains ont témoigné de la puissance du regard d'un orateur pour impressionner un auditoire. L'influence que nous examinons maintenant est l'inverse de cette image - le pouvoir que leurs yeux peuvent exercer sur lui, surtout avant qu'il ne commence à parler : une fois que les feux intérieurs de l'orateur sont attisés, les yeux de l'auditoire perdent toute terreur.

-William Pittenger, Extempore Speech.

Les étudiants en art oratoire demandent continuellement : "Comment puis-je surmonter la gêne et la peur qui me paralyse devant un public ?" Avez-vous déjà remarqué, en regardant par la fenêtre d'un train, que certains chevaux se nourrissent près de la voie ferrée et ne s'arrêtent même pas pour regarder les wagons qui grondent, alors que juste devant, au prochain passage à niveau, la femme d'un fermier essaie nerveusement de calmer son cheval effrayé pendant que le train passe ? Comment soigner un cheval qui a peur des voitures - en le faisant paître dans un terrain au fond des bois où il ne verra jamais de moteurs à vapeur ou d'automobiles, ou en le conduisant ou en le faisant paître là où il verra fréquemment ces machines ? Utilisez votre sens du cheval pour vous débarrasser de votre timidité et de votre peur : faites face à un public aussi souvent que possible, et vous cesserez bientôt d'être timide. Vous ne parviendrez jamais à vous libérer du trac en lisant un traité. Un livre peut vous donner d'excellentes suggestions sur la meilleure façon de vous conduire dans l'eau, mais tôt ou tard, vous devrez vous mouiller, peut-être même vous étrangler et être "à moitié mort de peur". Il existe un grand nombre de maillots de bain "sans eau" portés au bord de la mer, mais personne n'apprend jamais à nager avec. Plonger est le seul moyen.

L'entraînement, l'entraînement, l'entraînement à parler devant un public tendra à éliminer toute peur du public, tout comme l'entraînement à la natation mène à la confiance et à l'aisance dans l'eau. Vous devez apprendre à parler en parlant. L'apôtre Paul nous dit que chaque homme doit travailler à son propre salut. Tout ce que nous pouvons faire ici, c'est vous offrir des suggestions sur la meilleure façon de vous préparer à votre plongeon. Le véritable plongeon, personne ne peut le faire à votre place. Un médecin peut vous prescrire un médicament, mais c'est à vous de le prendre. Ne vous découragez pas si, au début, vous souffrez du trac. Dan Patch était plus sensible à la souffrance que ne l'aurait été un cheval de trait suranné. Cela ne fait jamais de mal à un imbécile de se présenter devant un public, car sa capacité n'est pas une capacité à ressentir. Un coup qui tuerait un homme civilisé guéri vite sur un sauvage. Plus on s'élève dans l'échelle de la vie, plus la capacité de souffrir est grande. Pour une raison ou une autre, certains orateurs de renom ne parviennent jamais à surmonter le trac, mais il vous sera utile de ne pas ménager vos efforts pour le vaincre. Daniel Webster a échoué lors de sa première apparition et a dû prendre son siège sans terminer son discours parce qu'il était nerveux. Gladstone était souvent gêné par sa conscience de soi au début d'un discours. Beecher était toujours perturbé avant de parler en public. Les forgerons enroulent parfois une corde autour du nez d'un cheval, afin de lui infliger une petite douleur et de détourner son attention du processus de ferrage. Une façon d'évacuer l'air d'un verre est d'y verser de l'eau. Soyez absorbé par votre sujet Appliquez le principe de la maison du forgeron lorsque vous parlez. Si vous vous sentez profondément concerné par votre sujet, vous ne pourrez guère penser à autre chose. La concentration est un processus de distraction de sujets moins importants. Il est trop tard pour penser à la coupe de votre manteau lorsque vous êtes sur l'estrade, alors concentrez votre intérêt sur ce que vous êtes sur le point de dire - remplissez votre esprit de la matière de votre discours et, comme l'eau qui remplit le verre, elle chassera vos craintes non fondées.

La conscience de soi est une conscience excessive de soi, et, dans le but de délivrer un message, le soi est secondaire par rapport au sujet, non seulement dans l'opinion du public, mais, si vous êtes sage, dans la vôtre. Tout autre point de vue revient à se considérer comme un objet d'exposition et non comme un messager porteur d'un message digne d'être délivré. Vous souvenez-vous de l'extraordinaire petit traité d'Elbert Hubbard, "Un message à Garcia" ? Le jeune homme s'est subordonné au message qu'il portait. Vous devez en faire autant, avec toute la détermination dont vous êtes capable. C'est de l'égoïsme pur et simple que de remplir votre esprit de pensées personnelles alors qu'une chose plus grande est là - la VÉRITÉ. Dites-vous cela sévèrement, et faites honte à votre conscience de soi en la faisant taire. Si le théâtre prenait feu, vous pourriez vous précipiter sur la scène et crier des instructions au public sans aucune gêne, car l'importance de ce que vous dites chassera toute pensée de peur de votre esprit. Bien pire que la conscience de soi par crainte de mal faire est la conscience de soi par crainte de bien faire. Le premier signe de grandeur est lorsqu'un homme ne cherche pas à paraître et à agir comme tel. Avant de pouvoir s'appeler un homme, nous assure Kipling, il ne faut pas "avoir l'air trop beau ni parler trop sagement".

Rien ne s'affiche de manière aussi complète que la vanité. On peut être si plein de soi qu'on en devient vide. Voltaire a dit, "Nous devons dissimuler l'amour-propre." Mais cela ne peut pas être fait. Vous savez que c'est vrai, car vous avez reconnu un amour-propre démesuré chez les autres. Si vous l'avez, les autres le voient en vous. Il y a dans ce monde des choses plus grandes que soi, et en travaillant pour elles, on oubliera le soi, ou - ce qui est mieux - on s'en souviendra seulement pour nous aider à gagner vers des choses plus élevées. Ayez quelque chose à dire Le problème avec de nombreux orateurs est qu'ils se présentent devant un public avec l'esprit vide. Il n'est pas étonnant que la nature, qui a horreur du vide, les remplisse de la chose la plus proche, qui se trouve généralement être "Je me demande si je fais ça bien ! De quoi mes cheveux ont-ils l'air ? Je sais que je vais échouer." Leurs âmes prophétiques sont sûres d'avoir raison. Il ne suffit pas d'être absorbé par son sujet pour acquérir de la confiance en soi, il faut avoir quelque chose en quoi avoir confiance. Si vous vous présentez devant un auditoire sans aucune préparation ni connaissance préalable de votre sujet, vous devriez être conscient de vous-même - vous devriez avoir honte de voler le temps de votre auditoire. Préparez-vous. Sachez de quoi vous allez parler et, en général, comment vous allez le dire. Préparez complètement les premières phrases afin de ne pas avoir à chercher vos mots au début. Connaissez votre sujet mieux que vos auditeurs ne le connaissent, et vous n'avez rien à craindre. Après s'être préparé au succès, s'y attendre Que votre attitude soit modestement confiante, mais surtout que vous soyez modestement confiant en vous.

L'excès de confiance est mauvais, mais tolérer les prémonitions d'échec est pire, car un homme audacieux peut attirer l'attention par son attitude même, tandis qu'un lâche au cœur de lapin invite au désastre. L'humilité n'est pas la réduction personnelle que nous devons offrir en présence des autres - contre cette vieille interprétation, il y a eu une réaction moderne des plus saines. La véritable humilité, tout homme qui se connaît parfaitement doit la ressentir ; mais ce n'est pas une humilité qui suppose une mollesse de vermisseau ; c'est plutôt une prière forte et vibrante pour une plus grande puissance de service - une prière qu'Uriah Heep n'aurait jamais pu prononcer. Washington Irving a un jour présenté Charles Dickens lors d'un dîner donné en l'honneur de ce dernier. Au milieu de son discours, Irving hésita, fut embarrassé et s'assit maladroitement. Se tournant vers un ami à côté de lui, il remarqua : "Voilà, je vous avais dit que j'échouerais, et je l'ai fait." Si vous pensez que vous allez échouer, il n'y a aucun espoir pour vous. Vous échouerez. Débarrassez-vous de cette idée du "je suis un pauvre vermisseau dans la poussière". Vous êtes un dieu, avec des capacités infinies. "Tout est prêt si l'esprit est ainsi." L'aigle regarde le soleil sans nuage en face. Assumez la maîtrise de votre public Dans le discours public, comme dans l'électricité, il existe une force positive et une force négative. Le facteur positif, c'est soit vous, soit votre auditoire qui le possédez. Si vous l'assumez, vous pouvez presque invariablement le faire vôtre. Si vous assumez le facteur négatif, vous êtes sûr d'être négatif. Assumer une vertu ou un vice la vitalise. Faites appel à tout votre pouvoir d'autodirection et rappelez-vous que si votre public est infiniment plus important que vous, la vérité est plus importante que vous deux, car elle est éternelle. Si votre esprit vacille dans sa direction, l'épée vous tombera des mains. L'idée que vous vous faites d'être capable d'instruire, de diriger ou d'inspirer une multitude ou même un petit groupe de personnes peut vous effrayer comme étant d'une impudence colossale - comme cela peut être le cas ; mais une fois que vous avez essayé de parler, soyez courageux. Soyez courageux - il est en vous d'être ce que vous voulez. FAITES en sorte que vous soyez calme et confiant. Réfléchissez au fait que votre auditoire ne vous fera pas de mal. Si Beecher, à Liverpool, avait parlé derrière un grillage, il aurait invité l'auditoire à lancer les missiles trop mûrs dont il était chargé

; mais il était un homme, il a affronté ses auditeurs hostiles sans crainte - et il les a gagnés. Face à votre auditoire, prenez un moment pour l'observer - il y a cent chances sur une qu'il souhaite que vous réussissiez, car quel homme est assez stupide pour dépenser son temps, voire son argent, dans l'espoir que vous gaspilliez son investissement en parlant sans intérêt ? Conseils pour conclure Ne vous hâtez pas de commencer - la hâte montre un manque de contrôle. Ne vous excusez pas. Cela ne devrait pas être nécessaire ; et si cela l'est, cela ne servira à rien. Allez droit devant vous. Respirez profondément, détendez-vous et commencez sur un ton de conversation tranquille, comme si vous parliez à un grand ami. Vous ne trouverez pas cela aussi pénible que vous l'imaginiez ; en fait, c'est comme plonger dans l'eau froide : une fois que vous y êtes, l'eau est bonne. En fait, après avoir parlé quelques fois, vous anticiperez même le plongeon avec exaltation. Se tenir devant un public et faire en sorte qu'il pense après vous est l'un des plus grands plaisirs que l'on puisse connaître. Au lieu de le craindre, vous devriez être aussi anxieux que les chiens de chasse qui tendent leurs laisses ou que les chevaux de course qui tirent sur leurs rênes. Chassez donc la peur, car la peur est lâche lorsqu'elle n'est pas maîtrisée. Les plus courageux connaissent la peur, mais ils n'y cèdent pas. Affrontez votre public avec courage - si vos genoux tremblent, FAITES-LE s'arrêter. Dans votre public se trouve une victoire pour vous et la cause que vous représentez. Allez la gagner. Supposez que Charles Martell ait eu peur de frapper le Sarrasin à Tours ; supposez que Colomb ait craint de s'aventurer dans l'ouest inconnu ; supposez que nos ancêtres aient été trop timides pour s'opposer à la tyrannie de Georges III ; supposez que tout homme qui n'a jamais fait quelque chose de valable ait été un lâche ! Le monde doit son progrès aux hommes qui ont osé, et vous devez oser dire le mot efficace qui est dans votre cœur, car il faut souvent du courage pour prononcer une seule phrase. Mais rappelez-vous que les hommes n'érigent pas de monuments et ne tressent pas de lauriers pour ceux qui ont peur de faire ce qu'ils peuvent. Tout cela est-il antipathique, dites-vous ? Ce dont vous avez besoin, ce n'est pas de sympathie, mais d'un coup de pouce. Personne ne doute que le tempérament, les nerfs, la maladie et même une modestie louable peuvent, seuls ou combinés, faire blanchir la joue de l'orateur devant un auditoire, mais personne ne peut non plus douter que la dorloter amplifie cette faiblesse. La victoire réside dans un état d'esprit intrépide. Le professeur

Walter Dill Scott dit : "Le succès ou l'échec dans les affaires est causé plus par l'attitude mentale que par la capacité mentale". Bannissez l'attitude de peur ; acquérez l'attitude de confiance. Et rappelez-vous que la seule façon de l'acquérir est de l'acquérir. Dans ce premier chapitre, nous avons essayé de donner le ton de ce qui va suivre. Beaucoup de ces idées seront amplifiées et appliquées d'une manière plus spécifique ; mais à travers tous ces chapitres sur un art que M. Gladstone croyait plus puissant que la presse publique, la note de confiance en soi justifiée doit résonner encore et encore.

QUESTIONS ET EXERCICES

1. Quelle est la cause de la conscience de soi ?

2. Pourquoi les animaux en sont-ils exempts ?

3. Quelle est votre observation concernant la conscience de soi chez les enfants

4. Pourquoi en êtes-vous libéré sous l'effet d'une excitation inhabituelle ?

5. Comment une excitation modérée vous affecte-t-elle ?

6. Quelles sont les deux conditions fondamentales à l'acquisition de la confiance en soi ? Laquelle est la plus importante ?

7. Quel effet la confiance de l'orateur a-t-elle sur l'auditoire ?

8. Rédigez un discours de deux minutes sur "Confiance et lâcheté".

9. Quel effet les habitudes de pensée ont-elles sur la confiance en soi ? Lisez à ce sujet le chapitre "Pensée juste et personnalité".

10. Écrivez très brièvement toute expérience que vous avez pu avoir concernant les enseignements de ce chapitre.

11. Faites un exposé de trois minutes sur le "trac", en imitant (gentiment) deux ou plusieurs.

Chapitre 2 : Le péché de la monotonie

Un jour, l'Ennui est né de l'Uniformité.

-Motte.

Notre anglais a évolué au fil des ans, si bien que de nombreux mots ont aujourd'hui une connotation plus forte qu'à l'origine. C'est le cas du mot monotone. De "n'ayant qu'un seul ton", il a fini par signifier plus largement "manque de variation". L'orateur monotone ne se contente pas de parler avec le même volume et la même hauteur de ton, il utilise toujours la même emphase, la même vitesse, les mêmes pensées - où se passe complètement de pensée. La monotonie, le péché cardinal et le plus courant de l'orateur public, n'est pas une transgression - c'est plutôt un péché d'omission, car il consiste à se conformer à la confession du Livre de prières : "Nous avons négligé les choses que nous aurions dû faire" : "Nous avons laissé inachevées les choses que nous aurions dû faire". Emerson dit : "La vertu de l'art réside dans le détachement, dans la séquestration d'un objet de la variété embarrassante." C'est justement ce que l'orateur monotone ne parvient pas à faire - il ne détache pas une pensée ou une phrase d'une autre, elles sont toutes exprimées de la même manière. Vous dire que votre discours est monotone ne signifie peut-être pas grand-chose pour vous, alors examinons la nature - et la malédiction - de la monotonie dans d'autres sphères de la vie, et nous comprendrons mieux comment elle peut gâcher un discours autrement bon. Si le Victrola de l'appartement voisin n'émet que trois sélections en boucle, on peut supposer que votre voisin n'a pas d'autres disques. Si un orateur n'utilise que quelques-uns de ses pouvoirs, cela indique très clairement que le reste de ses pouvoirs n'est pas développé. La monotonie révèle nos limites. Dans son effet sur sa victime, la monotonie est en fait mortelle - elle fait disparaître la fleur de la joue et l'éclat de l'œil aussi rapidement que le péché, et conduit souvent à la méchanceté. La pire punition que l'ingéniosité humaine ait jamais été capable d'inventer est la monotonie extrême - l'isolement cellulaire. Posez une bille sur une table et, dix-huit heures par jour, ne faites rien d'autre que de faire passer cette bille d'un point à un autre et vice-versa, et vous deviendrez fou si vous continuez assez longtemps. Ainsi, cette chose qui raccourcit la vie, et qui est utilisée comme la plus cruelle des punitions dans nos prisons, est la chose qui détruira toute la vie et la force d'un discours. Évitez-la comme vous fuiriez un ennui mortel. Le "riche oisif" peut avoir une demi-douzaine de maisons, commander toutes les variétés de nourriture recueillies aux quatre coins du monde, et s'embarquer pour l'Afrique ou l'Alaska à son gré ; mais l'homme pauvre doit marcher ou prendre le tramway - il n'a pas le choix entre le yacht, l'automobile ou le train spécial. Il doit passer la majeure partie de sa vie à travailler et se contenter des produits de base du marché alimentaire. La monotonie est la pauvreté, que ce soit dans le discours ou dans la vie. Efforcez-vous donc d'accroître la variété de votre discours comme l'homme d'affaires s'efforce d'augmenter sa richesse. Les chants d'oiseaux, les forêts, les vallées et les montagnes ne sont pas monotones - ce sont les longues rangées de façades en pierre brune et les kilomètres de rues pavées qui sont terriblement identiques. La nature, dans sa richesse, nous offre une variété infinie ; l'homme, avec ses limites, est souvent monotone. Revenez à la nature dans vos méthodes de discours. Le pouvoir de la variété réside dans sa capacité à procurer du plaisir. Les grandes vérités du monde ont souvent été couchées dans des histoires fascinantes - "Les Misérables", par exemple. Si vous souhaitez enseigner ou influencer les hommes, vous devez leur plaire, en premier ou en dernier. Frappez la même note au piano, encore et encore. Cela vous donnera une idée de l'effet déplaisant et déstabilisant de la monotonie sur l'oreille. Le dictionnaire définit le mot "monotone" comme étant synonyme de "fatigant". C'est un euphémisme. C'est exaspérant. Le prince des grands magasins ne dégoûte pas le public en ne jouant qu'un seul air, "Come Buy My Wares !". Il donne des récitals sur un orgue de 125 000 dollars, et les gens satisfaits se mettent naturellement à acheter. Comment vaincre la monotonie Nous évitons la monotonie dans l'habillement en renouvelant nos garde-robes. Nous évitons également la monotonie dans le discours en multipliant nos pouvoirs d'expression. Nous multiplions nos capacités d'expression en augmentant nos outils. Le charpentier dispose d'outils spéciaux avec lesquels il construit les différentes parties d'un bâtiment. L'organiste dispose de certaines touches et de certains jeux qu'il manipule pour produire ses harmonies et ses effets. De la même manière, l'orateur a à sa disposition certains instruments et outils qui lui permettent de construire son argumentation, de jouer sur les sentiments et de guider les croyances de son auditoire. Les chapitres suivants ont pour but de vous donner une idée de ces instruments et une aide pratique pour vous apprendre à les utiliser. Pourquoi les enfants d'Israël n'ont-ils pas traversé le désert dans des limousines, et pourquoi Noé n'a-t-il pas eu des divertissements en images animées et des machines parlantes sur l'arche ? Les lois qui nous permettent de faire fonctionner une automobile, de produire des images animées ou de la musique sur le Victrola, auraient fonctionné aussi bien à l'époque qu'aujourd'hui. C'est l'ignorance de la loi qui, pendant des siècles, a privé l'humanité de nos commodités modernes. De nombreux orateurs utilisent encore les méthodes du char à bœufs dans leur discours au lieu d'employer les méthodes de l'automobile ou de l'overland-express. Ils ignorent les lois qui permettent de parler efficacement. Ce n'est que dans la mesure où vous tiendrez compte des lois que nous allons examiner et apprendre à utiliser que vous aurez de l'efficacité et de la force dans votre discours ; et ce n'est que dans la mesure où vous les ignorerez que votre discours sera faible et inefficace. Nous ne saurions trop insister sur la nécessité d'une maîtrise réelle de ces principes. Ils sont les fondements mêmes d'un discours réussi. "Mettez vos principes au point", disait Napoléon, "et le reste n'est qu'une question de détail". Il est inutile de ferrer un cheval mort, et tous les bons principes de la chrétienté ne feront jamais d'un discours mort un discours vivant. Il faut donc comprendre que parler en public n'est pas une question de maîtrise de quelques règles mortes ; la loi la plus importante du discours public est la nécessité de la vérité, de la force, du sentiment et de la vie. Oubliez tout le reste, mais pas cela. Lorsque vous aurez maîtrisé les mécanismes de l'élocution exposés dans les prochains chapitres, vous ne serez plus troublé par la monotonie. La connaissance complète de ces principes et la capacité de les appliquer vous donneront une grande variété dans vos pouvoirs d'expression. Mais il est impossible de les maîtriser et de les appliquer en y réfléchissant ou en les lisant : vous devez pratiquer, pratiquer, PRATIQUER. Si personne d'autre ne veut vous écouter, écoutez-vous vous-même - vous devez toujours être votre meilleur critique, et le plus sévère de tous. Les principes techniques que nous énonçons dans les chapitres suivants ne sont pas des créations arbitraires de notre part. Ils sont tous fondés sur les pratiques que les bons orateurs et acteurs adoptent - soit naturellement et inconsciemment, soit sous instruction - pour obtenir leurs effets. Il est inutile d'avertir l'étudiant qu'il doit être naturel. Être naturel, c'est peut-être être monotone. La petite fraise de l'Arctique, avec ses quelques graines minuscules et sa saveur acide, est une baie naturelle, mais elle ne doit pas être comparée à la variété améliorée que nous apprécions ici. Le chêne nain sur le flanc d'une colline rocheuse est naturel, mais il n'est rien comparé au bel arbre que l'on trouve dans les terres riches et humides du fond. Soyez naturels, mais améliorez vos dons naturels jusqu'à ce que vous vous approchiez de l'idéal, car nous devons nous efforcer d'atteindre une nature idéalisée, que ce soit dans les fruits, les arbres ou la parole.

QUESTIONS ET EXERCICES

1. Quelles sont les causes de la monotonie ?

2. Citez quelques exemples dans la nature.

3. Citez des exemples dans la vie quotidienne de l'homme.

4. Décrivez certains des effets de la monotonie dans les deux cas.

5. Lire à haute voix un discours sans prêter une attention particulière à son sens ou à sa force.

6. Maintenant, répétez-le après en avoir assimilé la matière et l'esprit. Quelle différence remarquez-vous dans sa restitution ?

7. Pourquoi la monotonie est-elle l'un des pires défauts des orateurs et l'un des plus courants ?

Chapitre 3 : L'efficacité par l'accentuation et la subordination

En un mot, le principe de l'emphase ... est mieux suivi, non pas en se rappelant des règles particulières, mais en étant plein d'un sentiment particulier.

-C.S. Baldwin, Writing and Speaking.

Le fusil qui disperse trop ne met pas les oiseaux en cage. Le même principe s'applique au discours. L'orateur qui lance sa force et son emphase au hasard dans une phrase n'obtiendra pas de résultats. Chaque mot n'est pas d'une importance particulière, c'est pourquoi seuls certains mots doivent être soulignés.

Vous dites Massachussetts et Minneapolis, vous n'accentuez pas chaque syllabe de la même façon, mais vous frappez la syllabe accentuée avec force et vous vous empressez d'oublier les syllabes sans importance. Pourquoi n'appliquez-vous pas ce principe lorsque vous prononcez une phrase ? Dans une certaine mesure, vous le faites, dans le discours ordinaire ; mais le faites-vous dans les discours publics ? C'est là que la monotonie causée par le manque d'accentuation est si douloureusement apparente.

En ce qui concerne l'accentuation, vous pouvez considérer la phrase moyenne comme un seul grand mot, le mot important étant la syllabe accentuée. Notez ce qui suit :

"Le destin n'est pas une question de chance. C'est une question de choix."

Vous pourriez aussi bien dire MASS-A-CHU-SETTS, en soulignant chaque syllabe de la même manière, que de mettre le même accent sur chaque mot dans les phrases précédentes.

Prononcez-la à haute voix et voyez. Bien sûr, vous voudrez mettre l'accent sur le destin, car c'est l'idée principale de votre déclaration, et vous mettrez l'accent sur le non, sinon vos auditeurs pourraient penser que vous affirmez que le destin est une question de chance. Vous devez absolument insister sur le hasard, car c'est l'une des deux grandes idées de la déclaration.

Une autre raison pour laquelle le hasard prend de l'importance est qu'il est opposé au choix dans la phrase suivante. De toute évidence, l'auteur a opposé ces idées à dessein, afin qu'elles soient plus emphatiques, et nous voyons ici que le contraste est l'un des tout premiers moyens de mettre l'accent.

En tant qu'orateur, vous pouvez contribuer à cette accentuation du contraste avec votre voix. Si vous dites : "Mon cheval n'est pas noir", quelle couleur vous vient immédiatement à l'esprit ? Le blanc, naturellement, car c'est l'opposé du noir. Si vous souhaitez faire ressortir la pensée que le destin est une question de choix, vous pouvez le faire plus efficacement en disant d'abord que "LE DESTIN n'est PAS une question de CHANCE". La couleur du cheval ne nous est-elle pas présentée avec plus d'insistance lorsque vous dites : "Mon cheval n'est PAS NOIR. Il est BLANC" qu'en vous entendant affirmer simplement que votre cheval est blanc ?

Dans la deuxième phrase de l'énoncé, il n'y a qu'un seul choix de mot important. C'est le seul mot qui définit positivement la qualité du sujet traité, et l'auteur de ces lignes a voulu le faire ressortir avec insistance, comme il l'a montré en le contrastant avec une autre idée. Ces lignes se liraient donc comme suit :

"Le DESTIN n'est PAS une question de CHANCE. C'est une question de CHOIX." Maintenant, relisez ceci, en frappant les mots en majuscules avec beaucoup de force.

Dans presque chaque phrase, il y a quelques mots de MOUNTAIN PEAK WORDS qui représentent les grandes idées importantes. Lorsque vous prenez le journal du soir, vous pouvez voir en un coup d'œil quels sont les articles d'actualité importants. Grâce au rédacteur en chef, il ne parle pas d'un "hold up" à Hong Kong avec des caractères de la même taille que ceux qu'il utilise pour annoncer la mort de cinq pompiers dans votre ville. La taille des caractères est son moyen de mettre l'accent sur le relief en gras. Il fait parfois ressortir, même dans des titres rouges, les nouvelles marquantes du jour.

Il serait bon que les orateurs conservent l'attention de leur auditoire de la même manière et n'insistent que sur les mots représentant les idées importantes. L'orateur moyen prononcera la phrase qui précède sur le destin en mettant à peu près la même importance sur chaque mot. Au lieu de dire "C'est une question de CHOIX", il dira "C'est une question de choix" ou "C'EST UNE QUESTION DE CHOIX", deux expressions tout aussi mauvaises.

Charles Dana, le célèbre rédacteur en chef du New York Sun, a dit à l'un de ses reporters que s'il allait dans la rue et voyait un chien mordre un homme, il ne devait pas y prêter attention. Le Sun ne pouvait pas se permettre de gaspiller le temps et l'attention de ses lecteurs sur des événements aussi peu importants. "Mais", dit M. Dana, "si vous voyez un homme mordre un chien, retournez vite au bureau et écrivez l'histoire." Bien sûr, c'est une nouvelle ; c'est inhabituel.

L'orateur qui dit "C'EST UNE QUESTION DE CHOIX" met trop l'accent sur des choses qui n'ont pas plus d'importance pour les lecteurs métropolitains qu'une morsure de chien, et lorsqu'il ne met pas l'accent sur le "choix", il est comme le journaliste qui "passe sous silence" le fait qu'un homme ait mordu un chien. L'orateur idéal fait ressortir ses grands mots comme des sommets de montagne ; ses mots sans importance sont submergés comme le lit d'un ruisseau. Ses grandes idées se dressent comme d'énormes chênes ; ses idées sans valeur particulière sont simplement comme l'herbe autour de l'arbre.

De tout cela, nous pouvons déduire ce principe important : l'emphase est une question de CONTRASTE et de COMPARAISON.

Récemment, le New York American a publié un éditorial d'Arthur Brisbane. Notez ce qui suit, imprimé dans les mêmes caractères que ceux donnés ici.

Nous ne savons pas ce que le président a PENSÉ lorsqu'il a reçu ce message, ni ce que l'éléphant pense lorsqu'il voit la souris, mais nous savons ce que le président A FAIT.

Les mots THOUGHT et DID attirent immédiatement l'attention du lecteur parce qu'ils sont différents des autres, et pas spécialement parce qu'ils sont plus grands. Si tous les autres mots de cette phrase étaient dix fois plus grands qu'ils ne le sont, et que DID et THOUGHT étaient maintenus à leur taille actuelle, ils seraient toujours emphatiques, car différents.

Prenez l'extrait suivant du roman de Robert Chambers, "The Business of Life". Les mots you, had, would, sont tous emphatiques, car ils ont été rendus différents.

Il la regarda avec un étonnement furieux.

"Eh bien, comment appelez-vous ça si ce n'est pas de la lâcheté de vous éclipser et d'épouser une fille sans défense comme ça !"

"Vous attendiez-vous à ce que je vous donne une chance de me détruire et d'empoisonner l'esprit de Jacqueline ? Si j'avais été coupable de la chose dont vous m'accusez, ce que j'ai fait aurait été lâche. Sinon, c'est justifié."

Un bus de la Cinquième Avenue attirerait l'attention à Minisink Ford, dans l'État de New York, tandis qu'un des attelages de boeufs qui y passent fréquemment attirerait l'attention sur la Cinquième Avenue. Pour rendre un mot emphatique, il faut le prononcer différemment de la manière dont les mots qui l'entourent sont prononcés. Si vous avez parlé fort, prononcez le mot emphatique dans un murmure concentré - et vous avez une emphase intense. Si vous avez été rapide, allez très lentement sur le mot emphatique. Si vous avez parlé à voix basse, passez à une voix haute sur le mot emphatique. Si vous avez parlé sur un ton élevé, prenez un ton bas sur vos idées emphatiques. Lisez les chapitres "Inflexion", "Sentiment", "Pause", "Changement de tonalité", "Changement de tempo". Chacun de ces chapitres explique en détail comment mettre l'accent en utilisant un certain principe.

Dans ce chapitre, cependant, nous ne considérons qu'une seule forme d'accentuation : celle qui consiste à donner de la force au mot important et à subordonner les mots sans importance. N'oubliez pas : c'est l'une des principales méthodes que vous devez continuellement employer pour obtenir vos effets.

Ne confondons pas l'intensité sonore avec l'emphase. Crier n'est pas un signe de sérieux, d'intelligence ou de sentiment. Le type de force que nous voulons appliquer au mot emphatique n'est pas entièrement physique. Il est vrai que le mot emphatique peut être prononcé plus fort ou plus doucement, mais la véritable qualité recherchée est l'intensité, le sérieux. Cela doit venir de l'intérieur, vers l'extérieur.

Hier soir, un orateur a dit : "La malédiction de ce pays n'est pas un manque d'éducation. C'est la politique." Il a insisté sur la malédiction, le manque, l'éducation, la politique. Il a insisté sur la malédiction, le manque, l'éducation et la politique. Les autres mots ont été survolés et n'ont pas eu d'importance comparative. Le mot politique a été prononcé avec beaucoup d'émotion alors qu'il frappait ses mains l'une contre l'autre avec indignation. Son emphase était à la fois correcte et puissante. Il a concentré toute notre attention sur les mots qui signifiaient quelque chose, au lieu de la retenir sur des mots tels que of this, a, of, It's.

Que penseriez-vous d'un guide qui accepterait de faire découvrir New York à un étranger et qui prendrait son temps pour visiter des blanchisseries chinoises et des "salons" de cireurs de bottes dans les rues secondaires ? Il n'y a qu'une seule excuse pour qu'un orateur demande l'attention de son auditoire : Il doit leur présenter soit la vérité, soit un divertissement. S'il fatigue leur attention avec des bagatelles, ils n'auront plus ni vivacité ni envie lorsqu'il en viendra à des mots importants pour Wall-Street et les gratte-ciels. Si vous ne vous attardez pas sur ces petits mots dans votre conversation quotidienne, c'est parce que vous n'êtes pas ennuyeux. Appliquez à l'estrade la méthode correcte du discours quotidien. Comme nous l'avons noté ailleurs, l'art oratoire ressemble beaucoup à une conversation élargie.

Parfois, pour une grande emphase, il est conseillé de mettre l'accent sur chaque syllabe d'un mot, comme absolument dans la phrase suivante :

Je refuse catégoriquement d'accéder à votre demande.

De temps en temps, ce principe devrait être appliqué à une phrase emphatique en soulignant chaque mot. C'est un bon moyen d'attirer l'attention, et cela donne une variété agréable. Le remarquable point culminant de Patrick Henry pourrait être prononcé de cette manière de manière très efficace : "Donne-moi la liberté ou donne-moi la mort." La partie en italique de ce qui suit pourrait également être prononcée avec cet accent sur chaque mot. Bien sûr, il y a de nombreuses façons de le prononcer ; ce n'est qu'une des nombreuses bonnes interprétations qui pourraient être choisies.

Sachant le prix que nous devons payer, le sacrifice que nous devons faire, les fardeaux que nous devons porter, les assauts que nous devons endurer - sachant parfaitement ce qu'il en coûte - nous nous enrôlons pourtant, et nous nous enrôlons pour la guerre. Car nous connaissons la justice de notre cause, et nous savons aussi qu'elle triomphera certainement.

Extrait de "Pass Prosperity Around", par Albert J. Beveridge, devant la Convention nationale de Chicago du Parti progressiste.

Le fait de mettre l'accent sur un seul mot a tendance à suggérer son antithèse. Remarquez comment le sens change en mettant simplement l'accent sur différents mots dans la phrase suivante. Les expressions entre parenthèses ne seraient vraiment pas nécessaires pour compléter les mots emphatiques.

J'avais l'intention d'acheter une maison ce printemps (même si vous ne l'aviez pas fait).

J'avais l'INTENTION d'acheter une maison ce printemps (mais quelque chose a empêché).

J'avais l'intention d'ACHETER une maison ce printemps (au lieu de louer comme jusqu'à présent).

J'avais l'intention d'acheter une MAISON ce printemps (et non une automobile).

J'avais l'intention d'acheter une maison CE printemps (au lieu du printemps prochain).

J'avais l'intention d'acheter une maison au PRINTEMPS (et non à l'automne).

Lorsqu'une grande bataille est relatée dans les journaux, ils ne soulignent pas toujours les mêmes faits. Ils essaient d'obtenir de nouvelles informations, ou un "nouveau point de vue". Les nouvelles qui occupent une place importante dans l'édition du matin seront reléguées à un petit espace dans l'édition de fin d'après-midi. Nous sommes intéressés par les nouvelles idées et les nouveaux faits. Ce principe a une incidence très importante sur la détermination de vos priorités. N'insistez pas sur la même idée à plusieurs reprises, à moins que vous ne souhaitiez y mettre davantage l'accent. Le sénateur Thurston souhaitait mettre le maximum d'emphase sur la "force" dans son discours de la page 50. Notez comment la force est soulignée à plusieurs reprises. En règle générale, cependant, l'idée nouvelle, le " nouveau point de vue ", qu'il s'agisse du compte rendu d'une bataille dans un journal ou de l'énoncé des idées d'un orateur, doit être souligné.

Dans la sélection suivante, le mot "plus grand" est accentué, car il s'agit de l'idée nouvelle. Tous les hommes ont des yeux, mais cet homme demande un œil PLUS GRAND.

Cet homme à l'œil plus grand dit qu'il découvrira, non pas des rivières ou des dispositifs de sécurité pour les avions, mais de NOUVELLES ETOILES et de NOUVEAUX SOLEILS. "De nouvelles étoiles et de nouveaux soleils" ne sont pas aussi catégoriques que le mot "plus grand". Pourquoi ? Parce que nous attendons d'un astronome qu'il découvre des corps célestes plutôt que des recettes de cuisine. Les mots "La République a besoin", dans la phrase suivante, sont emphatiques ; ils introduisent une idée nouvelle et importante.

Les républiques ont toujours eu besoin d'hommes, mais l'auteur dit qu'elles ont besoin de NOUVEAUX hommes. "Nouveaux" est emphatique car il introduit une idée nouvelle. De la même manière, "sol", "grain", "outils", sont également emphatiques.

Les mots les plus insistants sont en italique dans cette sélection. Y a-t-il d'autres mots que vous mettriez en valeur ? Pourquoi ?

Le vieil astronome disait : "Donnez-moi un œil plus grand, et je découvrirai de nouvelles étoiles et de nouveaux soleils." C'est ce dont la république a besoin aujourd'hui - des hommes nouveaux - des hommes sages envers le sol, envers les grains, envers les outils. Si Dieu pouvait seulement susciter pour le peuple deux ou trois hommes comme Watt, Fulton et McCormick, ils vaudraient plus pour l'État que cette boîte à trésors nommée Californie ou Mexique. Et la véritable suprématie de l'homme est fondée sur sa capacité d'éducation. L'homme est unique par la durée de son enfance, c'est-à-dire la période de plasticité et d'éducation. L'enfance d'un papillon de nuit, la distance qui sépare l'éclosion du merle et sa maturité, représentent quelques heures ou quelques semaines, mais vingt ans de croissance séparent le berceau de l'homme de sa citoyenneté. Cette enfance prolongée permet de transmettre au garçon toutes les réserves accumulées par les races et les civilisations au cours de milliers d'années.

Un anonyme.

Vous devez comprendre qu'il n'existe pas de règles d'emphase blindées. Il n'est pas toujours possible de désigner quel mot doit ou ne doit pas être mis en valeur. Un orateur donnera une interprétation à un discours, un autre orateur utilisera un accent différent pour faire ressortir une autre interprétation. Personne ne peut dire qu'une interprétation est bonne et l'autre mauvaise. Ce principe doit être gardé à l'esprit dans tous nos exercices marqués. C'est votre propre intelligence qui doit vous guider, à votre grand avantage.

QUESTIONS ET EXERCICES

1. Qu'est-ce que l'accentuation ?

2. Décrivez une méthode permettant de détruire la monotonie de la présentation de la pensée.

3. Quel rapport cela a-t-il avec l'utilisation de la voix ?

4. Dans une phrase, quels mots doivent être mis en valeur, lesquels doivent être subordonnés ?

5. Lisez des discours de votre choix en veillant à mettre en valeur les mots ou les phrases importants et à subordonner ceux qui ne le sont pas. Relisez-les en modifiant légèrement l'accentuation. Quel est l'effet produit ?

6. Lisez une phrase à plusieurs reprises, en insistant sur un mot différent à chaque fois, et montrez comment le sens est modifié.

7. Quel est l'effet d'un manque d'emphase ?

8. Quand est-il permis d'insister sur chaque mot d'une phrase ?

9. Notez l'accentuation et la subordination dans une conversation ou un discours que vous avez entendu. Étaient-ils bien faits ? Pourquoi ? Pouvez-vous suggérer une amélioration ?

10. Dans un journal ou un magazine, découpez le compte rendu d'un discours ou d'un éloge biographique. Marquez le passage pour le mettre en valeur et apportez-le en classe.

11. Dans le passage suivant, feriez-vous des changements dans les marques de l'auteur pour l'accentuation ? Où ? Pourquoi ? Gardez à l'esprit que tous les mots marqués ne requièrent pas le même degré d'emphase. L'excellence du discours emphatique réside dans la grande variété des emphases et dans l'agréable nuance des gradations.

Je l'appellerais bien Napoléon, mais Napoléon s'est frayé un chemin vers l'empire en brisant des serments et en traversant une mer de sang. Cet homme n'a jamais manqué à sa parole. "Pas de représailles" était sa grande devise et la règle de sa vie ; et les derniers mots prononcés à son fils en France étaient les suivants : "Mon garçon, tu retourneras un jour à Saint-Domingue ; oublie que la France a assassiné ton père". Je voudrais l'appeler Cromwell, mais Cromwell n'était qu'un soldat, et l'État qu'il a fondé est descendu avec lui dans sa tombe. Je l'appellerais Washington, mais le grand Virginien avait des esclaves. Cet homme a risqué son empire plutôt que de permettre le commerce d'esclaves dans le plus humble village de son royaume.

Vous me prenez pour un fanatique ce soir, car vous lisez l'histoire, non pas avec vos yeux, mais avec vos préjugés. Mais dans cinquante ans, quand la vérité sera entendue, la muse de l'histoire mettra Phocion pour le Grec, et Brutus pour le Romain, Hampden pour l'Angleterre, Lafayette pour la France, choisira Washington comme la fleur brillante et consommée de notre civilisation antérieure, et John Brown comme le fruit mûr de notre midi, puis, trempant sa plume dans la lumière du soleil, elle écrira dans l'azur clair, au-dessus de tous, le nom du soldat, de l'homme d'État, du martyr,TOUSSAINT L'OUVERTURE.

-Wendell Phillips, Toussaint l'Ouverture.

Chapitre 4 : L'efficacité grâce à la modification du pas

La parole est simplement une forme modifiée du chant : la principale différence réside dans le fait que dans le chant, les voyelles sont prolongées et les intervalles sont courts, alors que dans la parole, les mots sont prononcés dans des tons que l'on peut appeler "staccato", les voyelles n'étant pas spécialement prolongées et les intervalles entre les mots étant plus distincts. Le fait que le chant présente une plus grande gamme de tons ne le distingue pas vraiment de la parole ordinaire. Dans la parole, nous avons également une variation de tons, et même dans la conversation ordinaire, il y a une différence de trois à six demi-tons, comme je l'ai constaté dans mes recherches, et chez certaines personnes, la gamme est aussi élevée qu'une octave.

-William Scheppegrell, Popular Science Monthly.

Par hauteur, comme chacun sait, nous entendons la position relative d'un ton vocal - comme, haut, moyen, bas, ou toute variation entre les deux. Dans le discours public, nous l'appliquons non seulement à une seule énonciation, comme une exclamation ou un monosyllabe (Oh ! ou le), mais à tout groupe de syllabes, de mots et même de phrases qui peuvent être prononcés sur un seul ton. Il est important de garder cette distinction à l'esprit, car le locuteur efficace non seulement change la hauteur des syllabes successives (voir chapitre VII, "L'efficacité par l'inflexion"), mais donne une hauteur différente aux différentes parties, ou groupes de mots, des phrases successives. C'est cette phase du sujet que nous examinons dans ce chapitre.

Chaque changement dans la pensée exige un changement dans le ton de la voix.

Que l'orateur suive cette règle consciemment, inconsciemment ou subconsciemment, c'est la base logique sur laquelle repose toute bonne variation de voix, et pourtant cette loi est violée plus souvent que toute autre par les orateurs publics. Un criminel peut ignorer une loi de l'État sans être détecté et puni, mais l'orateur qui viole ce règlement en subit immédiatement la sanction par une perte d'efficacité, tandis que ses auditeurs innocents doivent supporter la monotonie - car la monotonie n'est pas seulement un péché de l'auteur, comme nous l'avons montré, mais aussi un fléau pour les victimes.

Le changement de ton est une pierre d'achoppement pour presque tous les débutants, mais aussi pour de nombreux orateurs expérimentés. Cela est particulièrement vrai lorsque les mots du discours ont été mémorisés.

Si vous voulez entendre le son de la monotonie des hauteurs, frappez la même note au piano, encore et encore. Dans votre voix, vous disposez d'une gamme de hauteurs de son allant de l'aigu au grave, avec un grand nombre de nuances entre les extrêmes. Avec toutes ces notes disponibles, il n'y a aucune excuse pour offenser les oreilles et le goût de votre public en utilisant continuellement la même note. Il est vrai que la répétition d'un même ton dans la musique - comme dans le point de pédale d'une composition pour orgue - peut être le fondement de la beauté, car l'harmonie qui se tisse autour de ce ton de base produit une qualité cohérente et insistante que l'on ne ressent pas dans la pure variété des séquences d'accords. De la même manière, la voix d'intonation dans un rituel peut - bien que ce soit rarement le cas - posséder une beauté solennelle. Mais l'orateur public devrait fuir le monotone comme il fuirait la peste.

Le changement continu de tonalité est la meilleure méthode de la nature

Dans notre recherche des principes d'efficacité, nous devons sans cesse revenir à la nature. Écoutez - écoutez vraiment - le chant des oiseaux. Laquelle de ces tribus à plumes est la plus agréable dans ses efforts vocaux : celles dont la voix, bien que douce, a peu ou pas d'étendue, ou celles qui, comme le canari, l'alouette et le rossignol, non seulement possèdent une étendue considérable mais émettent leurs notes dans une variété continuelle de combinaisons ? Même un gazouillis au ton doux, s'il est répété sans changement, peut devenir exaspérant pour l'auditeur forcé.

Le petit enfant parle rarement sur un ton monotone. Observez les conversations des petites gens que vous entendez dans la rue ou à la maison, et notez les changements continuels de tonalité. La parole inconsciente de la plupart des adultes est également pleine de variations agréables.

Imaginez que quelqu'un prononce ce qui suit, et demandez-vous si l'effet ne serait pas à peu près celui indiqué. N'oubliez pas que nous ne discutons pas ici de l'inflexion de mots isolés, mais de la hauteur générale des phrases prononcées.

(Plus haut) "Je voudrais partir en vacances demain, -(plus bas) pourtant, j'ai tant de choses à faire. (Plus haut) Pourtant, je suppose que si j'attends d'avoir le temps, je ne partirai jamais."

Répétez l'opération, d'abord dans les hauteurs indiquées, puis dans une seule hauteur, comme le feraient plusieurs orateurs. Observez la différence de naturel de l'effet.

L'exercice suivant doit être prononcé sur un ton purement conversationnel, avec de nombreux changements de ton. Exercez-vous jusqu'à ce qu'un étranger dans la pièce voisine pense que vous discutez d'un incident réel avec un ami, au lieu de prononcer un monologue mémorisé. Si vous avez un doute sur l'effet obtenu, répétez-le à un ami et demandez-lui si cela ressemble à des mots appris par cœur. Si c'est le cas, c'est faux.

UN CAS SIMILAIRE

Jack, j'ai entendu dire que vous l'avez fait. - Oui, je sais ; la plupart des hommes le font ; j'ai moi-même essayé une fois, monsieur, bien que, comme vous le voyez, je sois toujours célibataire. Et vous l'avez rencontrée - m'avez-vous dit - à Newport, en juillet dernier, et vous avez décidé de lui poser la question lors d'une soirée ? C'est ce que j'ai fait.

Je suppose que vous avez quitté la salle de bal, avec sa musique et sa lumière ; car on dit que la flamme de l'amour est plus brillante dans l'obscurité de la nuit. Eh bien, vous avez marché ensemble, au-dessus du ciel étoilé ; et je parie - vieil homme, avouez-le - que vous avez été effrayé. Moi aussi.

Vous vous êtes donc promenés sur la terrasse, vous avez vu le clair de lune d'été déverser tout son éclat sur les eaux qui ondulaient sur le rivage, jusqu'à ce que finalement vous repreniez courage, quand vous avez vu que personne n'était proche - l'avez-vous attirée près de vous et lui avez-vous dit que vous l'aimiez ? C'est ce que j'ai fait.

Eh bien, je n'ai pas besoin de vous demander plus, et je suis sûr que je vous souhaite de la joie. Je pense que je descendrai te voir quand tu seras marié, hein, mon garçon ? Quand la lune de miel sera terminée et que tu seras installé, nous essaierons... Quoi ? Tu parles ! Rejeté, vous avez été rejeté ? Moi aussi.-Anonyme.

La nécessité de changer de tonalité est si évidente qu'elle doit être saisie et appliquée immédiatement. Cependant, il faut s'exercer avec patience pour se libérer de la monotonie de la hauteur du son.

Dans une conversation naturelle, on pense d'abord à une idée, puis on trouve les mots pour l'exprimer. Dans les discours mémorisés, on risque de prononcer les mots, puis de penser à ce qu'ils signifient - et de nombreux orateurs semblent ne pas se préoccuper de cela. Faut-il s'étonner qu'en inversant le processus, le résultat soit inversé ? Revenez à la nature dans vos méthodes d'expression.

Lisez la sélection suivante d'une manière nonchalante, sans jamais vous arrêter pour réfléchir au sens réel des mots. Réessayez, en étudiant attentivement la pensée que vous avez assimilée. Croyez en l'idée, désirez l'exprimer efficacement, et imaginez un public devant vous. Regardez-les sérieusement en face et répétez cette vérité. Si vous suivez les instructions, vous constaterez que vous avez effectué de nombreux changements de tonalité après plusieurs lectures.

Ce n'est pas le travail qui tue les hommes, c'est le souci. Le travail est sain ; on ne peut guère imposer à un homme plus qu'il ne peut supporter. L'inquiétude est la rouille sur la lame. Ce n'est pas la révolution qui détruit la machinerie, mais la friction - Henry Ward Beecher.

Le changement de tonalité produit de l'emphase

Il s'agit d'une affirmation très importante. La variation de la hauteur de la voix maintient l'intérêt de l'auditeur, mais l'un des moyens les plus sûrs d'attirer l'attention - d'obtenir une emphase inhabituelle - est de changer la hauteur de votre voix de manière soudaine et marquée. Un grand contraste attire toujours l'attention. Le blanc apparaît plus blanc contre le noir ; un canon rugit plus fort dans le silence du Sahara que dans le brouhaha de Chicago - ce sont là de simples illustrations du pouvoir du contraste.

"Que va faire le Congrès ensuite ?

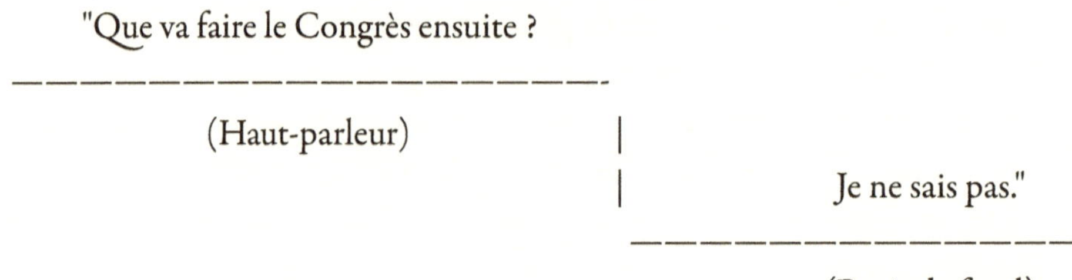

Par un tel changement soudain de ton au cours d'un sermon, le Dr Newell Dwight Hillis a récemment obtenu une grande emphase et suggéré la gravité de la question qu'il avait soulevée.

L'ordre précédent de changement de tonalité peut être inversé avec un effet tout aussi efficace, bien qu'avec un léger changement de sérieux - l'une ou l'autre méthode produit de l'emphase lorsqu'elle est utilisée intelligemment, c'est-à-dire avec une appréciation pleine de bon sens du type d'emphase à atteindre.

En essayant ces contrastes de hauteur, il est important d'éviter les extrêmes désagréables. La plupart des orateurs ont une voix trop aiguë. L'un des secrets de l'éloquence de M. Bryan est sa voix basse, semblable à une cloche. Shakespeare a dit qu'une voix douce et basse était "une chose excellente chez la femme" ; elle ne l'est pas moins chez l'homme, car une voix n'a pas besoin d'être criarde pour être puissante, et ne doit pas l'être pour être agréable.

Pour conclure, soulignons à nouveau l'importance d'utiliser la variété des hauteurs. Vous chantez en montant et en descendant la gamme, en touchant d'abord une note, puis une autre au-dessus ou au-dessous. Faites de même en parlant.

La réflexion et le goût individuel doivent généralement vous guider quant à l'utilisation d'un ton bas, modéré ou haut.

QUESTIONS ET EXERCICES

1. Citez deux méthodes permettant de détruire la monotonie et de gagner en force dans l'expression orale.

2. Pourquoi est-il nécessaire de changer continuellement de tonalité en parlant

3. Remarquez vos tons habituels en parlant. Sont-ils trop élevés pour être agréables ?

4. Exprimons-nous les pensées et les émotions suivantes dans un ton grave ou aigu ? Lesquelles peuvent être exprimées dans l'aigu ou le grave ? L'excitation. La victoire. La défaite. La tristesse. L'amour. Générosité. Peur.

5. Comment varieriez-vous naturellement le ton en introduisant une expression explicative ou parenthétique comme la suivante :

Il a commencé - c'est-à-dire qu'il s'est préparé à commencer - le 3 septembre.

6. Prononcez les vers suivants avec des variations de hauteur aussi marquées que votre interprétation du sens peut l'exiger. Essayez chaque ligne

de deux manières différentes. Laquelle, dans chaque cas, est la plus efficace et pourquoi

Qu'ai-je à gagner de vous ? Rien.

Engager notre nation dans un tel accord serait une infamie.

Note : Dans la phrase précédente, faites des expériences pour savoir où le changement de tonalité serait le mieux effectué.

Autrefois, les fleurs distillaient leur parfum ici, mais aujourd'hui, elles voient les ravages de la guerre.

Il avait compté sans un facteur primordial : sa conscience.

7. Faites un schéma d'une conversation que vous avez entendue, en montrant où les hauteurs de son élevées et basses ont été utilisées. Ces changements de tonalité étaient-ils souhaitables ? Pourquoi ou pourquoi pas ?

8. Lisez les sélections pour la pratique suivates, en faisant bien attention aux changements de tonalité. Relisez, en remplaçant la tonalité grave par la tonalité aiguë, et vice versa.

Sélections pour la pratique

Note : Dans les sélections suivantes, les passages qui peuvent être prononcés à un ton modéré sont imprimés en caractères ordinaires (romains). Ceux qui peuvent être prononcés à voix haute - ne commettez pas l'erreur de trop élever la voix - sont imprimés en italiques. Les passages qui peuvent être prononcés à voix basse sont imprimés en MAJUSCULES.

Ces dispositions, cependant, ne sont que des suggestions - nous ne saurions trop insister sur le fait que vous devez faire appel à votre propre jugement pour interpréter une sélection. Avant de le faire, cependant, il est bon de pratiquer ces passages tels qu'ils sont marqués.

Oui, tous les hommes travaillent. RUFUS CHOATE ET DANIEL WEBSTER travaillent, disent les critiques. Mais tout homme qui lit la question du travail sait qu'il s'agit du mouvement des hommes qui gagnent leur vie avec leurs mains ; qui sont employés, et reçoivent un salaire ; qui sont rassemblés sous les toits des usines, envoyés dans les fermes, envoyés sur les bateaux, rassemblés sur les murs. Dans l'acception populaire, la classe ouvrière désigne les hommes qui travaillent de leurs mains, pour un salaire, tant d'heures par jour, employés par les grands capitalistes ; qui travaillent pour tous les autres. Pourquoi nous déplaçons-nous pour cette classe ?

"Pourquoi", demande un critique, "ne vous déplacez-vous pas POUR TOUS LES TRAVAILLEURS ?" PARCE QUE, TANT QUE DANIEL WEBSTER REÇUT QUATRE MILLE DOLLARS POUR ARGUMENTER LES REVENDICATIONS MEXICAINES, il n'y a pas besoin que quelqu'un bouge pour lui. PARCE QUE, pendant que RUFUS CHOATE GAGNE CINQ MILLE DOLLARS POUR FAIRE UN ARGUMENT DEVANT UN JURY, il n'y a pas besoin de bouger pour lui, ou pour les hommes qui travaillent avec leurs cerveaux, qui font un travail hautement discipliné et qualifié, qui inventent et écrivent des livres. La raison pour laquelle le mouvement ouvrier se limite à une seule classe est que cette classe de travail N'EST PAS PAYÉE, n'est pas protégée. Le TRAVAIL MENTAL est correctement rémunéré, et PLUS QU'ADÉQUATEMENT protégé. IL PEUT DÉPLACER SES CANAUX ; il peut varier selon l'offre et la demande.

SI UN HOMME ÉCHOUE EN TANT QUE MINISTRE, il devient conducteur de train. Si cela ne lui convient pas, il va dans l'Ouest et devient gouverneur d'un territoire. ET S'IL SE TROUVE INCAPABLE DE L'UNE OU L'AUTRE DE CES POSITIONS, il rentre au pays et devient rédacteur en chef d'une ville. Il varie son occupation comme il veut, et n'a pas besoin de protection. Mais la grande masse, enchaînée à un commerce, condamnée à être écrasée dans le moulin de l'offre et de la demande, qui travaille tant d'heures par jour, et qui doit courir dans les grandes rues des affaires, ce sont les hommes dont la protection insuffisante, dont la part injuste du produit général, réclame un mouvement en leur faveur.

Wendell Phillips.

COMPRENANT LE PRIX QUE NOUS DEVONS PAYER, LE SACRIFICE QUE NOUS DEVONS FAIRE, LES CHARGES QUE NOUS DEVONS PORTER, LES ASSISTANCES QUE NOUS DEVONS SUBIR - COMPRENANT BIEN LE COÛT - pourtant nous nous enrôlons, et nous nous enrôlons pour la guerre. Car nous savons que notre cause est juste, et nous savons aussi qu'elle triomphera certainement.

Ce n'est pas avec réticence, mais avec empressement, non pas avec un cœur faible, mais avec force, que nous nous avançons maintenant vers les ennemis du peuple. Car l'appel qui nous est adressé est l'appel qui a été adressé à nos pères. Comme ils ont répondu, nous répondrons.

"IL A FAIT SONNER UNE TIRUMPE qui n'appellera jamais à la retraite. Il arrache les cœurs des hommes devant son siège de jugement. OH, SOUFFLEZ NOS ÂMES POUR LUI RÉPONDRE, JUBILONS NOS PIEDS, Notre Dieu est en marche."

-Albert J. Beveridge.

Rappelez-vous que deux phrases, ou deux parties de la même phrase, qui contiennent des changements de pensée, ne peuvent pas être données efficacement dans la même tonalité. Répétons-le, tout grand changement de pensée nécessite un grand changement de tonalité. Ce que l'étudiant débutant considérera comme de grands changements de tonalité sera monotone. Apprenez à exprimer certaines pensées sur un ton très aigu, d'autres sur un ton très, très bas. DÉVELOPPEZ LA GAMME. Il est presque impossible d'en utiliser trop.

JE SUIS HEUREUX QUE CETTE MISSION A APPORTÉ MES PIEDS AU SOL HISTORIQUE DE LA NOUVELLE ANGLETERRE et mes yeux à la connaissance de sa beauté et de son économie. Ici, à proximité de Plymouth Rock et de Bunker Hill - là où WEBSTER a soufflé et Longfellow a chanté, Emerson a pensé et CHANNING a prêché - là, dans le caveau des lettres américaines et presque de la liberté américaine, je m'empresse de faire l'obéissance que tout Américain doit à la Nouvelle-Angleterre lorsqu'il se tient pour la première fois à découvert en sa puissante présence. Étrange apparition ! Cette figure austère et unique, sculptée dans l'océan et dans la nature sauvage, sa majesté s'est enflammée et a grandi au milieu des tempêtes de l'hiver et des guerres, jusqu'à ce qu'enfin l'obscurité soit brisée, sa beauté révélée dans le soleil, et les travailleurs héroïques se sont reposés à sa base - tandis que les rois et les empereurs surpris regardaient et s'émerveillaient que de la rude touche de cette poignée jetée sur un rivage sombre et inconnu soit né le génie incarné du gouvernement humain ET LE MODÈLE PARFAIT DE LA LIBERTÉ HUMAINE ! Que Dieu bénisse la mémoire de ces travailleurs immortels, qu'il fasse prospérer la fortune de leurs fils vivants et qu'il perpétue l'inspiration de leur œuvre.....

Loin au sud, Monsieur le Président, séparé de cette section par une ligne - autrefois définie par une différence irrépressible, autrefois tracée dans le sang fratricide, et maintenant, grâce à Dieu, une ombre qui disparaît - se trouve le domaine le plus beau et le plus riche de cette terre. C'est la demeure d'un peuple courageux et hospitalier. ON Y TROUVE AU CENTRE TOUT CE QUI PEUT PLAIRE OU FAIRE PROSPÉRER L'HUMANITÉ. UN CLIMAT PARFAIT AU-DESSUS Un sol fertile donne à l'agriculteur tous les produits de la zone tempérée.

Là-bas, la nuit, le coton blanchit sous les étoiles, et le jour, le blé capte le soleil dans son germe barbu. Dans le même champ, le trèfle vole le parfum du vent, et le tabac attrape l'arôme rapide des pluies. Il y a des montagnes qui renferment des trésors inépuisables, des forêts, vastes et vierges, et des rivières qui, tumultueuses ou vagabondes, se jettent dans la mer. Des trois éléments essentiels de toutes les industries - le coton, le fer et le bois - cette région a un contrôle facile. En coton, un monopole fixe ; en fer, une suprématie avérée ; en bois, la réserve de la République. De cet avantage assuré et permanent, contre lequel les conditions artificielles ne peuvent plus prévaloir, est né un étonnant système d'industries. Non pas maintenu par des artifices humains de tarifs ou de capitaux, loin de la source d'approvisionnement la plus complète et la moins chère, mais reposant sur l'assurance divine, au contact des champs, des mines et des forêts - non pas au milieu de fermes coûteuses d'où la concurrence a chassé le fermier avec désespoir, mais au milieu de terres bon marché et ensoleillées, riches en agriculture, auxquelles ni la saison ni le sol n'ont fixé de limite - ce système d'industries atteint une splendeur qui éblouira et illuminera le monde. Voilà, Monsieur, l'image et la promesse de mon pays - une terre meilleure et plus équitable que je ne vous l'ai dit, mais qui, dans son excellence matérielle, n'est pas adaptée à la qualité loyale et douce de ses citoyens.

Cette heure n'a guère besoin de la LOYAUTÉ QUI EST LOYALE À UNE SECTION et qui pourtant tient l'autre dans une suspicion et un éloignement durable. Donnez-nous la loyauté large et parfaite qui aime et fait confiance à la GÉORGIE comme au Massachusetts, qui ne connaît ni le SUD, ni le Nord, ni l'EST, ni l'Ouest, mais qui aime d'un amour égal et patriotique chaque pied de notre sol, chaque État de notre Union.

Un puissant devoir, Monsieur, et une puissante inspiration poussent chacun d'entre nous ce soir à perdre dans la consécration patriotique QUELS QUE SOIENT LES ESTRANGES, QUELS QUE SOIENT LES DIVISIONS.

NOUS, monsieur, sommes américains - et nous défendons la liberté humaine ! La force ascendante de l'idée américaine est sous tous les trônes de la terre. La France, le Brésil - CE SONT NOS VICTOIRES. Pour racheter la terre de la royauté et de l'oppression, C'EST NOTRE MISSION ! ET NOUS N'ÉCHOUERONS PAS. Dieu a semé dans notre sol la graine de Sa moisson millénaire, et Il ne mettra pas la faucille sur la récolte mûre avant que Son jour plein et parfait ne soit venu. Notre histoire, Monsieur, a été un miracle constant et en expansion, depuis PLYMOUTH ROCK et JAMESTOWN, jusqu'à l'heure où, depuis l'océan sans voix et sans trace, un nouveau monde s'est élevé à la vue du marin inspiré. À l'approche du quatrième centenaire de ce jour stupéfiant - où le vieux monde viendra s'émerveiller et s'instruire parmi les trésors que nous avons rassemblés - prenons la résolution de couronner les miracles de notre passé par le spectacle d'une République, compacte, unie, INDISSOLUBLE DANS LES BONS DE L'AMOUR - s'aimant des Lacs au Golfe - les blessures de la guerre guéries dans chaque coeur comme sur chaque colline, sereine et resplendissante AU SOMMET DE L'ACCOMPLISSEMENT HUMAIN ET DE LA GLOIRE TERRESTRE, traçant le chemin et dégageant la voie par laquelle toutes les nations de la terre doivent venir au temps fixé par Dieu !

-Henry W. Grady, Le problème de la race.

... JE L'APPELLERAIS NAPOLEON, mais Napoléon s'est frayé un chemin vers l'empire en brisant des serments et en traversant une mer de sang. Cet homme n'a jamais manqué à sa parole. "Pas de représailles" était sa grande devise et la règle de sa vie ; et les dernières paroles prononcées à son fils en France étaient les suivantes : "Mon garçon, tu retourneras un jour à Saint-Domingue ; oublie que la France a assassiné ton père". JE L'APPELLERAIS CROMWELL, mais Cromwell n'était qu'un soldat, et l'État qu'il a fondé est descendu avec lui dans sa tombe. Je l'appellerais WASHINGTON, mais le grand Virginien avait des esclaves. CET HOMME A RISQUÉ SON EMPIRE plutôt que de permettre le commerce d'esclaves dans le plus humble village de son territoire.

Vous me prenez pour un fanatique ce soir, car vous lisez l'histoire, non pas avec vos yeux, mais avec vos préjugés. Mais dans cinquante ans, quand la vérité sera entendue, la muse de l'histoire mettra PHOCION pour le Grec, et BRUTUS pour le Romain, HAMPDEN pour l'Angleterre, LAFAYETTE pour la France, et choisira WASHINGTON comme la fleur brillante et consommée de notre civilisation EARLIER, et JOHN BROWN le fruit mûr de notre NOONDAY, puis, trempant sa plume dans la lumière du soleil, écrira dans le bleu clair, au-dessus de tous, le nom du SOLDAT, de l'ETAT, du MARTYR, de TOUSSAINT L'OUVERTURE.

-Wendell Phillips, Toussaint l'Ouverture.

Chapitre 5 : L'efficacité par le changement de rythme

Écoutez comment il clarifie les points de la foi avec des cliquetis et des coups de poing ! Tantôt humblement calme, tantôt furieux, il trépigne et saute.

-Robert Burns, Holy Fair.

Les Latins nous ont légué un mot qui n'a pas d'équivalent précis dans notre langue, c'est pourquoi nous l'avons accepté, corps inchangé - il s'agit du mot tempo, qui signifie la vitesse du mouvement, mesurée par le temps consommé pour exécuter ce mouvement.

Jusqu'à présent, son utilisation a été largement limitée aux arts vocaux et musicaux, mais il ne serait pas surprenant d'entendre le tempo appliqué à des sujets plus concrets, car cela illustre parfaitement la signification réelle du mot de dire qu'un char à bœufs se déplace en tempo lent, un train express en tempo rapide. Nos fusils, qui tirent six cents fois par minute, ont un tempo rapide ; le vieux canon à chargement par la bouche, qui mettait trois minutes à se charger, avait un tempo lent. Tout musicien comprend ce principe : il faut plus de temps pour chanter une demi note qu'une croche.

Le tempo est un élément extrêmement important dans le travail d'une bonne plate-forme, car lorsqu'un orateur prononce un discours entier à une vitesse presque identique, il se prive de l'un de ses principaux moyens d'accentuation et de puissance. Le lanceur de base-ball, le joueur de cricket, le serveur de tennis, tous connaissent la valeur du changement de rythme - changement de tempo - pour lancer leur balle, et l'orateur public doit aussi en observer la puissance.

Le changement de tempo donne un caractère naturel à l'intervention

Le naturel, ou du moins l'apparence de naturel, comme nous l'avons expliqué dans le chapitre sur la "monotonie", est grandement souhaité, et un changement continu de rythme contribuera grandement à l'établir. M. Howard Lindsay, régisseur de Miss Margaret Anglin, a récemment déclaré au présent auteur que le changement de rythme était l'un des outils les plus efficaces de l'acteur. Bien qu'il faille admettre que les bouches guindées de nombreux acteurs indiquent des miroirs troubles, l'orateur public ferait bien d'étudier l'utilisation du tempo par l'acteur.

Il existe cependant une source plus fondamentale et plus efficace pour étudier le naturel - un trait qui, une fois perdu, est difficile à retrouver : cette source est la conversation commune de tout cercle bien élevé. C'est la norme que nous nous efforçons d'atteindre sur la scène et sur l'estrade - avec certaines différences, bien sûr, qui apparaîtront au fur et à mesure. Si l'orateur et l'acteur devaient reproduire avec une fidélité absolue chaque variation d'énonciation - chaque chuchotement, grognement, pause, silence et explosion - de la conversation telle que nous la trouvons typiquement dans la vie quotidienne, une grande partie de l'intérêt quitterait l'énoncé public. Le naturel dans le discours public est quelque chose de plus que la reproduction fidèle de la nature - c'est la reproduction des parties typiques de l'œuvre de la nature qui sont vraiment représentatives de l'ensemble.

Le scénariste réaliste le comprend en écrivant les dialogues, et nous devons en tenir compte en recherchant le naturel par le changement de tempo.

Supposons que vous prononciez la première des phrases suivantes sur un tempo lent, la seconde rapidement, en observant combien l'effet est naturel. Ensuite, prononcez les deux phrases avec la même rapidité et notez la différence.

Je ne me souviens pas de ce que j'ai fait avec mon couteau. Oh, maintenant je me souviens que je l'ai donné à Mary.

Nous voyons ici qu'un changement de tempo se produit souvent dans la même phrase, car le tempo ne s'applique pas seulement à des mots isolés, à des groupes de mots et à des groupes de phrases, mais aussi aux principales parties d'un discours public.

QUESTIONS ET EXERCICES

1. Dans ce qui suit, prononcez les mots "long, long moment" très lentement ; le reste de la phrase est prononcé dans un tempo modérément rapide.

Quand toi et moi, derrière le voile, nous serons passés, Oh, mais le long, long moment que durera le monde, Qui de notre arrivée et de notre départ fait attention, Comme les sept mers devraient faire attention à un galet jeté.

Note : Dans les sélections suivantes, les passages qui doivent être donnés en tempo rapide sont en italique ; ceux qui doivent être donnés en tempo lent sont en petites capitales. Pratiquez ces sélections, puis essayez-en d'autres, en passant du tempo rapide au tempo lent sur différentes parties, en notant soigneusement l'effet produit.

2. Pas de MIRABEAU, de NAPOLEON, de BURNS, de CROMWELL, PAS D'HOMME ADÉQUAT à FAIRE QUELQUE CHOSE, mais qui soit d'abord dans le DROIT de le faire - ce que j'appelle un homme SINCÈRE. Je devrais dire que la SINCERITE, une SINCERITE GRANDE, PROFONDE, GENUINE, est la première CARACTERISTIQUE d'un homme en quelque sorte HEROIQUE. Pas la sincérité qui se DIT sincère. Ah non. C'est une bien piètre affaire en effet - une sincérité FAIBLE, BRAGGART, CONSCIENTE, le plus souvent de l'AUTO-CONCEIT principalement. La SINCERITE du GRAND HOMME est d'un genre dont il NE PEUT PARLER. Il n'en est pas conscient - THOMAS CARLYLE.

3. La VRAIE VALEUR consiste à ÊTRE - et non à paraître - à faire chaque jour un peu de bien, et non à rêver de GRANDES CHOSES à faire d'ici peu. Car quoi qu'en disent les hommes dans leur aveuglement, et malgré la FOLIE des jeunes, il n'y a rien de plus ROYAL que la BONTÉ, et rien de plus ROYAL que la VÉRITÉ.-Anonyme.

4. Pour obtenir un effet naturel, où utiliseriez-vous un tempo lent et où un tempo rapide dans ce qui suit ?

FOOL'S GOLD

Vous le voyez là, froid et gris, regardez-le essayer de jouer ; non, il ne connaît pas le chemin, il a commencé à apprendre trop tard. C'est une vieille sorcière sinistre, le destin, car elle l'a laissé avoir son tas, tout en souriant, sachant ce qu'il en coûterait, quand il aurait trouvé la Clé d'or. Il est arrivé ici il y a de nombreuses années, il ne connaissait personne, il avait une faim d'argent terrible, il était fou d'argent, fou comme un cochon, il ne laissait pas une joie le distraire, ni une peine le blesser, ses amis et sa famille l'abandonnaient, pendant qu'il planifiait, branchait et se dépêchait.

En quête d'or et de pouvoir. Chaque heure de veille, il pensait à l'argent qu'il allait dépenser. Tout en vieillissant, il s'enhardissait et se refroidissait. Et il pensait qu'un jour il prendrait le temps de jouer.Les roses étaient rouges alors qu'il passait en trombe, et de glorieuses tapisseries étaient suspendues dans le ciel, et le trèfle ondulait sous le labeur des abeilles ; un oiseau, là-bas, faisait retentir un air doux ; mais l'homme n'avait pas le temps de cueillir des fleurs, ou de se reposer dans les bosquets, ou de contempler des cieux qui réjouissaient les yeux.Ainsi, il a continué et a balayé sur à travers les années sordides et méchantes.Maintenant, il est jusqu'à ses oreilles dans les plus belles actions.Il possède des blocs sans fin de maisons et de magasins, et le flux ne cesse de déverser dans ses banques.Je suppose qu'il se classe assez près du sommet.Ce que j'ai ne serait pas un soupçon de son ambition ; et pourtant, avec mon peu, je ne me soucie pas de faire du commerce.

Avec le marché qu'il a fait. Regardez-le aujourd'hui, regardez-le essayer de jouer. Il est revenu pour des cieux bleus, mais ils sont dans une nouvelle apparence - l'hiver est là, tout est gris, les oiseaux sont partis, les prairies sont brunes, les feuilles sont couchées, et le ruisseau joyeux qui s'enroulait avec un tourbillon d'eaux, se replie dans la glace.Et il n'a pas le prix, avec tout son or, pour acheter ce qu'il a vendu. Il sait maintenant le coût du printemps qu'il a perdu, des fleurs qu'il a jetées hors de son chemin, et il paierait n'importe quel prix si le jour pouvait être moins gris. Il ne peut pas jouer.

-Herbert Kaufman. Utilisé avec la permission de Everybody's Magazine.

Le changement de rythme évite la monotonie

Le canari dans la cage devant la fenêtre ajoute à la beauté et au charme de son chant en changeant continuellement de tempo. Si le roi Salomon avait été un orateur, il aurait sans doute puisé sa sagesse dans le chant des oiseaux sauvages aussi bien que dans celui des abeilles. Imaginez une chanson écrite avec seulement des noires. Imaginez une voiture avec une seule vitesse.

EXERCICES

1. Notez le changement de tempo indiqué dans le texte suivant, et comment il donne une variété agréable. Lisez-le à haute voix. (Le tempo rapide est indiqué en italique, le lent en petites capitales).

Et il pensait qu'un jour il prendrait le temps de jouer ; mais, disons-le, il se trompait. La vie est une chanson ; au printemps, les jeunes peuvent chanter et voler ; mais les joies arrivent quand on est plus vieux, comme les oiseaux quand il fait plus froid. Les roses étaient rouges quand il passait en trombe, et de glorieuses tapisseries étaient suspendues dans le ciel.

2. Utilisez les changements de tempo indiqués ci-dessous, en notant comment ils évitent la monotonie. Lorsqu'aucun changement de tempo n'est indiqué, utilisez une vitesse modérée. Une trop grande variété serait en réalité un retour à la monotonie.

LA MOB

"UNE FOULE TUE LE MAUVAIS HOMME" a fait la une d'un journal dernièrement. La foule est une MASSES IRRESPONSABLE ET INCROYABLE. Elle détruit toujours MAIS NE CONSTRUIT JAMAIS. Elle critique, mais ne crée jamais.

Dites une grande vérité ET LE MOB VOUS DÉTESTERA. Voyez comment il a condamné DANTE à l'EXIL. Affrontez les dangers du monde inconnu pour son bien, ET LE MOB VOUS DÉCLARERA FOU. Il a ridiculisé COLOMBUS, et pour avoir découvert un nouveau monde, il lui a donné la prison et les chaînes.

Écrivez un poème pour faire vibrer de plaisir le cœur des hommes, ET LE MOB VOUS PERMETTRA D'AVOIR FAIM : L'HOMÈRE aveugle mendiait du pain dans les rues. Inventez une machine pour économiser le travail et le monstre vous déclarera son ennemi. Il y a moins de cent ans, une populace furieuse a détruit l'invention de Thimonier, la machine à coudre.

CONSTRUISEZ UN BATEAU À VAPEUR POUR TRANSPORTER DES MARCHANDISES ET ACCÉLÉRER LES VOYAGES et la foule vous traitera d'idiot. Une foule s'est massée le long des rives du fleuve HUDSON pour se moquer de la tentative de construction du "FOLLY de FULTON", comme ils appelaient son petit bateau à vapeur.

Emerson dit : "Une foule est une société de corps se dépouillant volontairement de la raison et traversant son œuvre. La foule est l'homme volontairement descendu à la nature de la bête. Son heure d'activité idéale est la NUIT. Ses actions sont insensées, comme toute sa constitution. Elle persécute un principe - elle veut supprimer un droit. Elle goudronnerait et plumerait la justice en infligeant le feu et l'outrage à la maison et aux personnes de ceux qui les ont."

L'esprit de la foule rôde aujourd'hui dans notre pays. Chaque semaine apporte une nouvelle victime à son cri malin pour le sang. Il y a eu 48 personnes tuées par la foule aux États-Unis en 1913 ; 64 en 1912, et 71 en 1911. Parmi les 48 de l'année dernière, il y avait une femme et un enfant. Deux victimes ont été prouvées innocentes après leur mort.

En 399 avant J.-C., un démagogue s'adressa à la foule populaire pour que SOCRATES soit mis à mort et il fut condamné à la coupe de ciguë. QUATORZE CENT ANS PLUS TARD, UN ENTHUSIASTE

S'ADRESSE AU PETIT MONDE POPULAIRE et toute l'Europe se précipite en Terre Sainte pour tuer et mutiler les païens. Au dix-septième siècle, un démagogue a fait appel à l'ignorance des hommes et VINGT PERSONNES ont été exécutées à SALEM (MASS) en l'espace de six mois pour sorcellerie. Il y a deux mille ans, la foule criait : "Relâchez-nous BARABBAS" - et BARABBAS était un meurtrier !

Extrait d'un éditorial de D.C. dans "Leslie's Weekly", avec autorisation.

Les affaires d'aujourd'hui sont aussi différentes des affaires d'antan que le char à bœufs d'antan est différent de la locomotive d'aujourd'hui. L'INVENTION a refait le monde entier. Le chemin de fer, le télégraphe, le téléphone ont lié les habitants des NATIONS MODERNES en FAMILLES. Pour faire les affaires de ces millions de personnes étroitement liées dans tous les pays modernes, de grands soucis d'affaires sont apparus. Ce que nous appelons la grande entreprise est l'enfant du progrès économique de l'humanité. Ainsi, la guerre visant à détruire les grandes entreprises est stupide parce qu'elle ne peut pas réussir et méchante parce qu'elle ne doit pas réussir. La guerre visant à détruire les grandes entreprises ne nuit pas aux grandes entreprises, qui sortent toujours gagnantes, mais elle nuit à toutes les autres entreprises qui, dans une telle guerre, ne sortent jamais gagnantes - A.J. Beveridge.

Le changement de tempo produit de l'emphase

Tout changement important de rythme est emphatique et attire l'attention. Vous pouvez à peine vous rendre compte qu'un train de voyageurs est en mouvement lorsqu'il roule sur les rails à 90 miles à l'heure, mais s'il ralentit très soudainement à une allure de 10 miles, votre attention sera attirée de façon très nette. Vous pouvez oublier que vous écoutez de la musique pendant que vous dînez, mais si l'orchestre augmente ou diminue son tempo de manière très marquée, votre attention sera immédiatement attirée.

Ce même principe permet d'insister dans un discours. Si vous avez un point que vous voulez faire comprendre à votre auditoire avec force, faites un changement soudain et important de tempo, et ils seront impuissants à ne pas prêter attention à ce point. Récemment, l'auteur a vu une pièce de théâtre dans laquelle ces lignes ont été prononcées :

"Je ne veux pas que tu oublies ce que j'ai dit. Je veux que tu t'en souviennes le jour le plus long où tu... je me fiche que tu aies six fusils." La partie jusqu'au trait était prononcée sur un tempo très lent, le reste était nommé à la vitesse de l'éclair, tandis que le personnage à qui l'on s'adressait dégainait un revolver. L'effet était si fort que l'on se souvient de ces répliques six mois après, alors que la majeure partie de la pièce a disparu de la mémoire. L'étudiant qui a le sens de l'observation verra ce principe appliqué par tous nos meilleurs acteurs dans leurs efforts pour mettre l'accent là où il le faut. Mais rappelez-vous que l'émotion du sujet doit justifier l'intensité de la manière, sinon l'effet sera ridicule. Trop d'orateurs publics sont impressionnants pour rien.

C'est la pensée plutôt que les règles qui doit vous gouverner lorsque vous pratiquez le changement de rythme. Il est souvent sans importance de savoir quelle partie d'une phrase est prononcée lentement et quelle partie est donnée en rythme rapide. La principale chose à désirer est le changement lui-même. Par exemple, dans la sélection "La mafia", page 46, notez le dernier paragraphe. Inversez les instructions données, en délivrant tout ce qui est marqué pour le tempo lent, rapidement ; et tout ce qui est marqué pour le tempo rapide, lentement. Vous constaterez que la force ou le sens du passage n'a pas été détruit.

Cependant, de nombreux passages ne peuvent pas être passés à un tempo lent sans détruire leur force. Exemple : le passage suivant de "Barefoot Boy" de Whittier.

O pour le temps de juin de l'enfance, les années s'entassant dans une brève lune, quand toutes les choses que j'entendais ou voyais, moi, leur maître, les attendais. J'étais riche en fleurs et en arbres, en colibris et en abeilles ; pour mon plaisir, l'écureuil jouait ; pour mon goût, le museau de la taupe lançait sa bêche ; le cône de la mûre ronronnait au-dessus de la haie et de la pierre ; le ruisseau riait pour mon plaisir, jour et nuit, murmurait au mur du jardin, me parlait d'automne en automne ; à moi l'étang de brochet bordé de sable ; à moi les pentes de noyer au-delà ; à moi, un verger d'arbres penchés, les pommes des Hespérides ! Pourtant, plus mon horizon grandissait, plus mes richesses grandissaient aussi ; tout le monde que je voyais ou connaissais semblait un jouet chinois complexe, façonné pour un garçon aux pieds nus !
-J.G. Whittier.

Faites attention en réglant votre tempo de ne pas avoir un mouvement trop rapide. C'est un défaut courant chez les orateurs amateurs. La règle de Mme Siddons était : "Prenez votre temps". Il y a cent ans, on utilisait dans les cercles médicaux une préparation connue sous le nom de "remède de fusil à pompe" ; il s'agissait d'un mélange d'une cinquantaine d'ingrédients différents, que l'on donnait au patient dans l'espoir qu'au moins l'un d'entre eux se révélerait efficace ! Le tempo, comme le régime alimentaire, est meilleur lorsqu'il est mélangé.

QUESTIONS ET EXERCICES

1. Définir le tempo.

2. Quels sont les mots qui viennent de la même racine ?

3. Que signifie un changement de tempo ?

4. Quels sont les effets obtenus ?

5. Citez trois méthodes permettant de détruire la monotonie et de gagner en force dans l'expression orale.

6. Notez les changements de tempo dans une conversation ou un discours que vous entendez. Étaient-ils bien faits ? Pourquoi ? Illustrez.

7. Lisez A PLEA FOR CUBA, en prêtant attention aux changements de tempo.

8. En règle générale, l'excitation, la joie ou la colère intense prennent un tempo rapide, tandis que la tristesse et les sentiments de grande dignité ou de solennité tendent vers un tempo lent. Essayez de prononcer le discours de Lincoln à Gettysburg, sur un tempo rapide, puis sur un tempo lent, et notez combien l'effet sera ridicule.

Pratiquez les sélections suivantes, en notant soigneusement les endroits où le tempo peut être modifié de manière avantageuse. Expérimentez en effectuant de nombreux changements. Laquelle vous plaît le plus ?

DEDICATION OF GETTYSBURG CEMETERY

Il y a quatre-vingt-sept ans, nos pères ont fait naître sur ce continent une nouvelle nation, conçue dans la liberté et dédiée à la proposition que tous les hommes sont créés égaux. Aujourd'hui, nous sommes engagés dans une grande guerre civile, qui vise à déterminer si cette nation - ou toute autre nation ainsi conçue et aussi dévouée - peut durer longtemps.

Nous sommes réunis sur un grand champ de bataille de cette guerre. Nous sommes réunis pour en consacrer une partie comme lieu de repos final de ceux qui ont donné leur vie pour que cette nation puisse vivre. Il est tout à fait approprié que nous fassions cela.

Mais, dans un sens plus large, nous ne pouvons pas dédier, nous ne pouvons pas consacrer, nous ne pouvons pas sanctifier ce sol. Les hommes courageux, vivants et morts, qui ont lutté ici, l'ont consacré, bien au-delà de notre pouvoir d'ajouter ou de retrancher. Le monde ne se souviendra pas longtemps de ce que nous disons ici, mais il ne pourra jamais oublier ce qu'ils ont fait ici.

C'est plutôt à nous, les vivants, de nous consacrer ici à l'œuvre inachevée qu'ils ont si noblement menée jusqu'ici. C'est plutôt à nous, les vivants, de nous consacrer ici à la grande tâche qui nous reste à accomplir : que de ces morts honorés nous tirions un dévouement accru à la cause pour laquelle ils ont donné ici la dernière mesure de leur dévouement ; que nous prenions ici la ferme résolution que ces morts ne soient pas morts en vain ; que la nation ait, sous Dieu, une nouvelle naissance de liberté, et que le gouvernement du peuple, par le peuple, pour le peuple, ne périsse pas de la terre.

Abraham Lincoln.

A PLEA FOR CUBA

[Cette oraison délibérée a été prononcée par le sénateur Thurston au Sénat des États-Unis le 24 mars 1898. Elle est enregistrée dans son intégralité dans le Congressional Record de cette date. Mme Thurston est décédée à Cuba. Dans sa dernière volonté, elle a exhorté son mari, qui enquêtait sur les affaires de l'île, à faire tout son possible pour inciter les États-Unis à intervenir - d'où cette oraison].

Monsieur le Président, je suis ici par ordre des lèvres silencieuses pour parler une fois pour toutes de la situation cubaine. Je m'efforcerai d'être honnête, conservateur et juste. Je n'ai pas l'intention d'exciter la passion du public pour une action qui ne soit pas nécessaire et impérative pour répondre aux devoirs et aux nécessités de la responsabilité américaine, de l'humanité chrétienne et de l'honneur national. Je me déroberais à cette tâche si je le pouvais, mais je n'ose pas. Je ne peux satisfaire ma conscience qu'en parlant, et en parlant maintenant.

Je suis allé à Cuba avec la ferme conviction que la presse avait grandement exagéré la situation dans ce pays, et mes propres efforts ont d'abord visé à tenter de démasquer ces prétendues exagérations. Il y a sans doute eu beaucoup de sensationnalisme dans le journalisme de l'époque, mais en ce qui concerne la situation à Cuba, il n'y a pas eu d'exagération, parce que l'exagération était impossible.

En vertu de la politique inhumaine de Weyler, pas moins de quatre cent mille campagnards autonomes, simples, pacifiques et sans défense ont été chassés de leurs maisons dans les parties agricoles des provinces espagnoles vers les villes, et emprisonnés sur les terres stériles à l'extérieur des parties résidentielles de ces villes et à l'intérieur des lignes de retranchement établies un peu plus loin. Leurs humbles maisons furent brûlées, leurs champs mis à sac, leurs outils de travail détruits, leur bétail et leurs réserves de nourriture pour la plupart confisqués. La plupart des gens étaient des hommes âgés, des femmes et des enfants. Ils étaient ainsi placés dans un emprisonnement sans espoir, sans abri ni nourriture. Il n'y avait pas de travail pour eux dans les villes vers lesquelles ils étaient chassés. Ils n'avaient rien d'autre à dépendre que de la maigre charité des habitants des villes et la lenteur de la famine était leur destin inévitable. ....

Les photos dans les journaux américains des reconcentrados affamés sont vraies. Elles peuvent toutes être reproduites par milliers. Je n'ai jamais vu auparavant, et, s'il plaît à Dieu, je ne verrai peut-être plus jamais, un spectacle aussi déplorable que celui des reconcentrados dans les faubourgs de Matanzas. Je n'oublierai jamais, jusqu'à mon dernier jour, l'angoisse désespérée dans leurs yeux désespérés. Recroquevillés sur leurs petites huttes d'écorce, ils n'élevaient aucune voix pour nous demander l'aumône lorsque nous passions parmi eux....

Des hommes, des femmes et des enfants se tiennent silencieux, affamés. Leur seul attrait vient de leurs yeux tristes, à travers lesquels on regarde comme à travers une fenêtre ouverte dans leurs âmes agonisantes.

Le gouvernement espagnol n'a pas affecté et n'affectera pas un dollar pour sauver ces gens. Ils sont maintenant assistés, soignés et administrés par la charité des États-Unis. Pensez au spectacle ! Nous nourrissons ces citoyens d'Espagne ; nous soignons leurs malades ; nous sauvons ceux qui peuvent l'être, et pourtant il y a ceux qui disent encore qu'il est juste que nous envoyions de la nourriture, mais que nous ne devons pas intervenir. Je dis que le temps est venu où les mousquets doivent aller avec la nourriture.

Nous avons demandé au gouverneur s'il avait connaissance d'une aide pour ces personnes, sauf par le biais de la charité des États-Unis. Il ne l'a pas fait. Nous lui avons demandé : "Quand pensez-vous que le moment viendra où ces gens pourront être placés dans une position d'autosuffisance ?" Il nous a répondu, avec un profond sentiment : "Seul le bon Dieu ou le grand gouvernement des États-Unis répondra à cette question." J'espère et je crois que le bon Dieu par le grand gouvernement des États-Unis répondra à cette question.

Je ne ferai plus référence à ces choses horribles. Elles sont là. Dieu ait pitié de moi, je les ai vues ; elles resteront à jamais dans mon esprit - et nous sommes presque au vingtième siècle. Le Christ est mort il y a mille neuf cents ans, et l'Espagne est une nation chrétienne. Elle a érigé plus de croix sur plus de terres, sous plus de cieux, et sous celles-ci, elle a massacré plus de gens que toutes les autres nations de la terre réunies. L'Europe peut tolérer son existence aussi longtemps que les peuples de l'Ancien Monde le souhaitent. Dieu veuille qu'avant un autre matin de Noël, le dernier vestige de la tyrannie et de l'oppression espagnoles ait disparu de l'hémisphère occidental !

Le temps de l'action est venu. Il n'existe pas de raison plus valable pour agir demain qu'aujourd'hui. Chaque heure de retard ne fait qu'ajouter un nouveau chapitre à l'horrible histoire de la misère et de la mort. Une seule puissance peut intervenir : les États-Unis d'Amérique. La nôtre est la seule grande nation du monde, la mère des républiques américaines. Elle occupe une position de confiance et de responsabilité envers les peuples et les affaires de tout l'hémisphère occidental. C'est son glorieux exemple qui a inspiré les patriotes de Cuba à hisser le drapeau de la liberté sur ses collines éternelles. Nous ne pouvons pas refuser d'accepter cette responsabilité que le Dieu de l'univers nous a confiée en tant que grande puissance du Nouveau Monde. Nous devons agir ! Quelle sera notre action ?

Contre l'intervention des États-Unis dans cette cause sainte, il n'y a qu'une seule voix de dissidence ; cette voix est celle des changeurs de monnaie. Ils craignent la guerre ! Non pas en raison d'un quelconque sentiment chrétien ou ennoblissant contre la guerre et en faveur de la paix, mais parce qu'ils craignent qu'une déclaration de guerre, ou l'intervention qui pourrait entraîner la guerre, ait un effet dépressif sur le marché boursier. Laissez-les partir. Ils ne représentent pas le sentiment américain ; ils ne représentent pas le patriotisme américain. Laissez-les tenter leur chance comme ils le peuvent. Leur bonheur ou leur malheur n'a que peu d'importance pour le peuple épris de liberté des États-Unis. Ils ne se battront pas ; leur sang ne coulera pas ; ils continueront à négocier des options sur la vie humaine. Que les hommes dont la loyauté est envers le dollar se tiennent à l'écart pendant que les hommes dont la loyauté est envers le drapeau montent au front.

Monsieur le Président, il n'y a qu'une seule action possible, si tant est qu'il y en ait une, c'est l'intervention pour l'indépendance de l'île. Mais nous ne pouvons pas intervenir et sauver Cuba sans l'exercice de la force, et la force signifie la guerre ; la guerre signifie le sang. Le modeste Nazaréen, sur les rives de la Galilée, a prêché la doctrine divine de l'amour : "Paix sur la terre, bonne volonté envers les hommes." Pas la paix sur terre au détriment de la liberté et de l'humanité. Pas la bonne volonté envers les hommes qui spolient, asservissent, dégradent et affament leurs semblables. Je crois en la doctrine du Christ. Je crois en la doctrine de la paix ; mais, Monsieur le Président, les hommes doivent jouir de la liberté avant de pouvoir jouir d'une paix durable.

Intervention signifie force. La force signifie la guerre. La guerre signifie du sang. Mais ce sera la force de Dieu. Quand une bataille pour l'humanité et la liberté a-t-elle jamais été gagnée autrement que par la force ? Quelle barricade de mal, d'injustice et d'oppression n'a jamais été franchie que par la force ?

La force a forcé la signature d'une royauté réticente à la grande Magna Charta ; la force a donné vie à la Déclaration d'indépendance et a rendu effective la Proclamation d'émancipation ; la force a frappé à mains nues la porte de fer du Bastile et a exercé des représailles en une heure terrible pour des siècles de crimes royaux ; la force a agité le drapeau de la révolution sur Bunker Hill et a marqué les neiges de Valley Forge de ses pieds tachés de sang ; la force a tenu la ligne brisée de Shiloh, a gravi la colline balayée par les flammes de Chattanooga et a pris d'assaut les nuages sur Lookout Heights ; la force a marché avec Sherman jusqu'à la mer, a chevauché avec Sheridan dans la vallée de Shenandoah et a donné à Grant la victoire à Appomattox ; la force a sauvé l'Union, a maintenu les étoiles dans le drapeau, a fait des "nègres" des hommes. Le temps de la force de Dieu est à nouveau venu. Que les lèvres passionnées des patriotes américains reprennent une fois de plus le chant : - "La force a sauvé l'Union, maintenu les étoiles dans le drapeau, fait des "nègres" des hommes".

"Dans la beauté des lys, le Christ est né de l'autre côté de la mer. Avec une gloire en son sein qui nous transfigure vous et moi. Comme il est mort pour rendre les hommes saints, mourons pour rendre les hommes libres. Alors que Dieu est en marche."

D'autres peuvent hésiter, d'autres peuvent tergiverser, d'autres peuvent plaider pour la poursuite des négociations diplomatiques, ce qui signifie un retard ; mais pour moi, je suis prêt à agir maintenant, et pour mon action, je suis prêt à répondre à ma conscience, à mon pays et à mon Dieu.

James Mellen Thurston.

Chapitre 6 : Pause et puissance

La véritable activité de l'artiste littéraire est de tresser ou de tisser son sens, en l'impliquant autour de lui-même ; de sorte que chaque phrase, par des phrases successives, doit d'abord former une sorte de nœud, puis, après un moment de suspension du sens, se résoudre et se clarifier.

George Saintsbury, sur le style de la prose anglaise, dans Miscellaneous Essays.

... la pause ... a une valeur distinctive, exprimée dans le silence ; en d'autres termes, pendant que la voix attend, la musique du mouvement se poursuit ... La gérer, avec ses délicatesses et ses compensations, exige cette même finesse d'oreille dont nous devons dépendre pour tout rythme de prose sans faille. Quand il n'y a pas de compensation, quand la pause est involontaire ... il y a une sensation de secousse et de manque, comme si une épingle ou une fixation était tombée.

-John Franklin Genung, Les principes de travail de la rhétorique.

La pause, dans un discours public, n'est pas un simple silence - c'est un silence rendu délibérément éloquent.

Lorsqu'un homme dit : "Je, euh, c'est avec un profond plaisir que, euh, j'ai été autorisé à vous parler ce soir et, euh, euh, je devrais dire, euh", ce n'est pas une pause, c'est un faux pas. Il est concevable qu'un orateur puisse être efficace en dépit des trébuchements, mais jamais à cause d'eux.

D'autre part, l'un des moyens les plus importants pour développer la puissance de l'art oratoire est de faire une pause avant ou après, ou à la fois avant et après, un mot ou une phrase importante. Quiconque souhaite devenir un orateur puissant ne peut se permettre de négliger ce principe, l'un des plus importants que l'on ait jamais déduit de l'écoute des grands orateurs. Étudiez ce dispositif potentiel jusqu'à ce que vous l'ayez absorbé et assimilé.

Il semblerait que ce principe de pause rhétorique devrait être facile à saisir et à appliquer, mais une longue expérience de formation d'étudiants et d'orateurs plus âgés a démontré que le dispositif n'est pas plus facilement compris par l'homme moyen lorsqu'il lui est expliqué pour la première fois que s'il était parlé en hindouostani. Cela est peut-être dû au fait que nous ne dévorons pas avidement le fruit de l'expérience lorsqu'il est présenté de manière impressionnante devant nous sur le plateau de l'autorité ; nous aimons cueillir les fruits pour nous-mêmes - non seulement ils ont meilleur goût, mais nous n'oublions jamais cet arbre ! Heureusement, ce n'est pas une tâche difficile, en l'occurrence, car les arbres se dressent tout autour de nous.

Un homme plaide la cause d'un autre :

"Cet homme, mes amis, a fait ce merveilleux sacrifice pour vous et moi."

La pause n'a-t-elle pas étonnamment renforcé la puissance de cette déclaration ? Voyez comment il a rassemblé sa réserve de force et d'impression pour prononcer les mots "pour vous et moi". Répétez ce passage sans faire de pause. A-t-il perdu en efficacité ?

Naturellement, pendant une pause préméditée de ce genre, l'esprit de l'orateur est concentré sur la pensée qu'il est sur le point d'exprimer. Il n'ose pas laisser ses pensées vagabonder un seul instant, il centre plutôt sa pensée et son émotion sur le sacrifice dont il souligne le service, la douceur et la divinité par son appel.

La concentration est donc le mot clé ici - sans elle, aucune pause ne peut être parfaitement réussie.

Une pause efficace permet d'obtenir l'un ou l'autre des quatre résultats suivants

1. La pause permet à l'esprit de l'orateur de rassembler ses forces avant de lancer la volée finale.

Il est souvent dangereux de se précipiter au combat sans faire de pause pour se préparer ou attendre des recrues. Prenons l'exemple du massacre de Custer.

Vous pouvez allumer une allumette en la tenant sous une lentille et en concentrant les rayons du soleil. Vous ne vous attendez pas à ce que l'allumette s'enflamme si vous secouez rapidement la lentille d'avant en arrière. Faites une pause, et la lentille recueille la chaleur. Vos pensées ne mettront pas le feu à l'esprit de vos auditeurs à moins que vous ne fassiez une pause pour recueillir la force qui résulte d'une seconde ou deux de concentration. Les érables et les puits de gaz sont rarement exploités continuellement ; lorsqu'on veut un débit plus fort, on fait une pause, la nature a le temps de rassembler ses forces de réserve, et lorsqu'on rouvre l'arbre ou le puits, on obtient un débit plus fort.

Faites preuve du même bon sens avec votre esprit. Si vous voulez qu'une pensée soit particulièrement efficace, faites une pause juste avant de la formuler, concentrez les énergies de votre esprit, puis exprimez-la avec une vigueur renouvelée. Carlyle avait raison : " Ne parle pas, je t'en conjure passionnément, avant que ta pensée n'ait mûri en silence. C'est du silence que naît ta force. La parole est argentée, le silence est doré ; la parole est humaine, le silence est divin."

Le silence a été appelé le père de la parole. Il devrait l'être. Trop de nos discours publics n'ont pas de père. Ils divaguent sans arrêt ni pause. Comme le ruisseau de Tennyson, ils s'éternisent. Écoutez les petits enfants, le policier au coin de la rue, la conversation familiale autour de la table, et voyez combien de pauses ils utilisent naturellement, car ils sont inconscients des effets. Lorsque nous nous trouvons devant un public, nous abandonnons la plupart de nos méthodes naturelles d'expression et recherchons des effets artificiels. Revenez aux méthodes de la nature et faites des pauses.

2. La pause prépare l'esprit de l'auditeur à recevoir votre message

Herbert Spencer a dit que tout l'univers est en mouvement. Il en est ainsi, et tout mouvement parfait est un rythme. Le repos fait partie du rythme. Le repos suit l'activité dans toute la nature. Exemples : le jour et la nuit ; le printemps, l'été, l'automne et l'hiver ; une période de repos entre deux respirations ; un instant de repos complet entre deux battements de cœur. Faites une pause et laissez les capacités d'attention de votre public se reposer. Ce que vous dites après un tel silence aura alors beaucoup plus d'effet.

Lorsque vos cousins de la campagne viennent en ville, le bruit d'une voiture qui passe les réveille, alors qu'il affecte rarement un citadin aguerri. À force de voir passer les voitures, son pouvoir d'attention s'est émoussé. Chez celui qui ne visite la ville que rarement, la valeur de l'attention est insistante. Pour lui, le bruit survient après une longue pause, d'où sa puissance. Pour vous, habitant de la ville, il n'y a pas de pause, d'où la faible valeur de l'attention. Après avoir voyagé dans un train pendant plusieurs heures, vous vous habituerez tellement à son grondement qu'il perdra sa valeur d'attention, à moins que le train ne s'arrête un moment et ne redémarre. Si vous essayez d'écouter le tic-tac d'une horloge qui se trouve si loin de vous que vous l'entendez à peine, vous vous apercevrez que, par moments, vous ne pouvez pas le distinguer, mais qu'après quelques instants, le son redevient distinct. Votre esprit s'arrête pour se reposer, que vous le souhaitiez ou non.

L'attention de votre public agira de la même manière. Reconnaissez cette loi et préparez-vous à y faire face en faisant une pause. Qu'on se le dise : la pensée qui suit une pause est beaucoup plus dynamique que si aucune pause n'avait eu lieu. Ce que l'on vous dit la nuit n'aura pas le même effet sur votre esprit que si cela avait été dit le matin, lorsque votre attention avait été récemment rafraîchie par la pause du sommeil. Il nous est dit à la première page de la Bible que même l'énergie créatrice de Dieu s'est reposée le "septième jour". Vous pouvez donc être sûr que l'esprit fragile et fini de votre auditoire demandera également du repos. Observez la nature, étudiez ses lois et respectez-les dans votre discours.

3. La pause crée un suspense efficace

Le suspense est responsable d'une grande partie de notre intérêt dans la vie ; il en sera de même pour votre discours. Une pièce de théâtre ou un roman perd souvent une grande partie de son intérêt si l'on connaît l'intrigue à l'avance. Nous aimons continuer à deviner l'issue de l'histoire. La capacité à créer du suspense fait partie du pouvoir de la femme à tenir l'autre sexe. L'acrobate de cirque utilise ce principe lorsqu'il échoue volontairement à plusieurs reprises dans l'accomplissement d'un exploit, puis le réussit. Même la manière délibérée dont il organise les préliminaires accroît notre attente - nous aimons qu'on nous fasse attendre. Dans le dernier acte de la pièce "Polly of the Circus", il y a une scène de cirque dans laquelle un petit chien fait un saut périlleux arrière sur le dos d'un poney qui court. Un soir, alors qu'il hésitait et qu'il fallait l'amadouer et le faire travailler longtemps avant qu'il n'accomplisse son exploit, il a été beaucoup plus applaudi que lorsqu'il l'a fait immédiatement. Non seulement nous aimons attendre, mais nous apprécions ce que nous attendons. Si le poisson mord trop vite, le sport cesse rapidement d'être un sport.

C'est ce même principe de suspense qui vous retient dans une histoire de Sherlock Holmes - vous attendez de voir comment le mystère est résolu, et s'il est résolu trop tôt, vous rejetez le conte sans l'avoir terminé. La recette de Wilkie Collins pour l'écriture de fiction s'applique bien au discours public : "Faites-les rire, faites-les pleurer, faites-les attendre". Par-dessus tout, faites-les attendre ; s'ils ne le font pas, vous pouvez être sûrs qu'ils ne riront ni ne pleureront.

La pause est donc un instrument précieux dans les mains d'un orateur entraîné pour susciter et maintenir le suspense. Nous avons entendu une fois M. Bryan dire dans un discours : "J'ai eu le privilège d'entendre"-et il a fait une pause, tandis que l'auditoire s'est demandé pendant une seconde qui il avait eu le privilège d'entendre-"le grand évangéliste"-et il a fait une nouvelle pause ; nous en savions un peu plus sur l'homme qu'il avait entendu, mais nous nous demandions encore à quel évangéliste il faisait référence ; puis il a conclu : "Dwight L. Moody". M. Bryan marqua une nouvelle pause et poursuivit : "J'en suis venu à le considérer" - ici il fit une nouvelle pause et tint l'auditoire dans un bref moment de suspense quant à la façon dont il avait considéré M. Moody, puis continua - "comme le plus grand prédicateur de son temps". Que les tirets illustrent les pauses et nous avons ce qui suit :

"J'ai eu le privilège d'entendre le grand évangéliste Dwight L. Moody. J'en suis venu à le considérer comme le plus grand prédicateur de son temps."

L'orateur non qualifié aurait enchaîné ces phrases sans pause ni suspense, et les phrases seraient tombées à plat sur l'auditoire. C'est précisément l'application de ces petites choses qui fait la différence entre l'orateur qui réussit et celui qui échoue.

4. S'arrêter après une idée importante pour lui donner le temps de pénétrer

N'importe quel agriculteur du Missouri vous dira qu'une pluie qui tombe trop vite s'écoule dans les ruisseaux et ne profite guère aux cultures. On raconte l'histoire d'un diacre de campagne qui priait pour la pluie de cette manière : "Seigneur, ne nous envoie pas de flotteur de pacotille. Donne-nous juste une bonne vieille bruine." Un discours, comme une pluie, ne fera pas grand bien à qui que ce soit s'il arrive trop vite pour être absorbé. La femme du fermier suit ce même principe lorsqu'elle fait sa lessive : elle met les vêtements dans l'eau et fait une pause de plusieurs heures pour que l'eau s'imprègne. Le médecin met de la cocaïne sur vos turbines et fait une pause pour la laisser agir avant de l'enlever. Pourquoi utilisons-nous ce principe partout, sauf dans la communication des idées ? Si vous avez donné une grande idée à votre auditoire, faites une pause d'une seconde ou deux et laissez-le la retourner. Voyez quel effet elle produit. Une fois la fumée dissipée, vous devrez peut-être tirer un autre obus de 14 pouces sur le même sujet avant de démolir la citadelle d'erreurs que vous essayez de détruire. Prenez votre temps. Ne laissez pas votre discours ressembler à ces touristes qui essaient de "faire" New York en une journée. Ils passent quinze minutes à regarder les chefs-d'œuvre du Metropolitan Museum of Arts, dix minutes au Museum of Natural History, jettent un coup d'œil à l'Aquarium, se dépêchent de traverser le pont de Brooklyn, se précipitent vers le zoo et reviennent par la tombe de Grant - et ils appellent cela "voir New York". Si vous passez rapidement sur vos points importants sans faire de pause, votre public aura une idée tout aussi adéquate de ce que vous avez essayé de transmettre.

Prenez votre temps, vous en avez autant que notre plus riche multimillionnaire. Votre public vous attendra. C'est un signe de petitesse que de se presser. Les grands séquoias de Californie étaient sortis de terre cinq cents ans avant que Socrate ne boive sa tasse de poison de ciguë, et ne sont qu'à leur apogée aujourd'hui. La nature nous fait honte avec notre hâte mesquine. Le silence est l'une des choses les plus éloquentes au monde. Maîtrisez-le et utilisez-le en faisant une pause.

Dans les sélections suivantes, des tirets ont été insérés là où les pauses peuvent être utilisées efficacement. Naturellement, vous pouvez en omettre certains et en insérer d'autres sans vous tromper : un orateur interprétera un passage d'une certaine manière, un autre d'une autre ; c'est en grande partie une question de préférence personnelle. Une douzaine de grands acteurs ont bien joué Hamlet, et pourtant chacun a joué le rôle différemment. Laquelle de ces interprétations se rapproche le plus de la perfection est une question d'opinion. Vous réussirez mieux en osant suivre votre propre voie - si vous êtes assez individuel pour ouvrir une voie originale.

Une halte momentanée - un goût momentané de l'être du puits au milieu des déchets - et voilà que la caravane fantôme a atteint le néant d'où elle était partie - Oh, hâtez-vous !

L'espoir mondain sur lequel les hommes ont jeté leur dévolu se transforme en cendres - ou bien il prospère - et aussitôt, comme la neige sur le visage poussiéreux du désert - éclairant une petite heure ou deux - il disparaît.

L'oiseau du temps n'a qu'un petit bout de chemin à parcourir pour voler, et l'oiseau est sur l'aile.

Vous remarquerez que les signes de ponctuation n'ont rien à voir avec les pauses. Vous pouvez passer très vite sur un point et faire une longue pause là où il n'y a aucune sorte de ponctuation. La pensée est plus grande que la ponctuation. Elle doit vous guider dans vos pauses.

Un livre de vers sous la branche, une cruche de vin, une miche de pain et toi à côté de moi chantant dans la nature - Oh, la nature est un paradis.

Vous ne devez pas confondre la pause pour l'emphase avec les pauses naturelles qui viennent en prenant la respiration et en phrasant. Par exemple, notez les pauses indiquées dans cette sélection de Byron :

Mais chut ! -hark ! ... ce son profond éclate une fois de plus, et plus près ! plus clair ! -plus mortel qu'avant. Arme, ARME!-c'est-c'est le rugissement d'ouverture du canon !

Il n'est pas nécessaire de s'attarder sur ces distinctions évidentes. Vous remarquerez que dans la conversation naturelle, nos mots sont rassemblés en groupes ou en phrases, et que nous faisons souvent une pause pour respirer entre eux. Ainsi, dans un discours public, respirez naturellement et ne parlez pas jusqu'à ce que vous deviez reprendre votre souffle, ni jusqu'à ce que l'auditoire soit également essoufflé.

Une sérieuse mise en garde s'impose ici : n'abusez pas de la pause. Si vous le faites, votre discours sera lourd et guindé. Et ne croyez pas que la pause puisse transformer des pensées banales en un discours grandiose et digne. Une manière grandiose combinée à des idées insignifiantes, c'est comme atteler un Hambletonian à un âne. Vous vous souvenez de la déclamation farfelue de la vieille école, "Un meurtre à minuit", qui se déroulait de façon grandiose jusqu'à un point culminant palpitant, et se terminait par "et assassinait sans relâche un moustique !".

La pause, traitée de façon dramatique, a toujours suscité le rire des auditeurs tolérants. C'est très bien dans la farce, mais cet anti-climax devient pénible lorsque l'orateur passe du sublime au ridicule sans le vouloir. La pause, pour être efficace autrement que sous la forme d'un boomerang, doit précéder ou suivre une pensée qui en vaut vraiment la peine, ou du moins une idée dont le rapport avec le reste du discours est important.

William Pittenger relate dans son ouvrage "Extempore Speech" un exemple de l'utilisation inconsciemment farfelue de la pause par un très grand homme d'État et orateur américain. "Il avait visité les chutes du Niagara et devait faire un discours à Buffalo le même jour, mais, malheureusement, il s'est assis trop longtemps autour du vin après le dîner. Lorsqu'il se leva pour prendre la parole, l'instinct oratoire se débattit avec des difficultés, alors qu'il déclara : "Messieurs, je suis allé voir votre mag-mag-magnifique cataracte, haute de cent quarante-sept pieds ! Messieurs, la Grèce et Rome, dans leurs plus beaux jours, n'ont jamais eu de cataracte de cent quarante-sept pieds de haut !".

QUESTIONS ET EXERCICES

1. Nommez quatre méthodes pour détruire la monotonie et gagner en puissance à l'oral.

2. Quels sont les quatre effets spéciaux de la pause ?

3. Notez les pauses dans une conversation, une pièce de théâtre ou un discours. Étaient-elles les meilleures que l'on aurait pu utiliser ? Illustrez.

4. Lisez à haute voix une sélection de votre choix, en accordant une attention particulière aux pauses.

5. Lisez les phrases suivantes sans faire de pauses. Relisez correctement et notez la différence :

Bientôt la nuit passera, et quand, de la Sentinelle sur les remparts de la Liberté, les anxieux demanderont : "Veilleur, qu'en est-il de la nuit ?", il répondra : "Voici l'aube."

Connaissant le prix que nous devons payer, | le sacrifice que nous devons faire, | les fardeaux | que nous devons porter, | les assauts | que nous devons endurer, | connaissant parfaitement le coût, | pourtant nous nous enrôlons, et nous nous enrôlons | pour la guerre. | Car nous connaissons la justice de notre cause, | et nous savons, aussi, son triomphe certain. |

Ce n'est donc pas à contrecœur, | mais avec empressement, | non pas avec un cœur faible, | mais avec force, que nous nous avançons maintenant vers les ennemis du peuple. | Car l'appel qui nous est adressé est celui qui a été adressé à nos pères. | Comme ils ont répondu, nous répondrons.

"Il a fait retentir une trompette qui ne se retirera jamais, Il passe au crible les cœurs des hommes devant son siège de jugement. Oh, que nos âmes s'empressent de lui répondre, que nos pieds soient joyeux, notre Dieu est en marche."

Albert J. Beveride, extrait de son discours en tant que président temporaire de la Progressive National Convention, Chicago, 1912.

6. Faites ressortir les idées contrastées dans ce qui suit en utilisant la pause :

Mets maintenant en contraste les circonstances de ta vie et de la mienne, doucement et avec humeur, Æschines ; et puis demande à ces personnes quelle fortune elles préféreraient chacune. Tu as enseigné la lecture, j'ai été à l'école ; tu as fait des initiations, je les ai reçues ; tu as dansé dans le chœur, je l'ai meublé ; tu as été greffier d'assemblée, j'ai été orateur ; tu as joué des tiers rôles, je t'ai entendu ; tu as craqué, j'ai sifflé ; tu as travaillé comme homme d'État pour l'ennemi, moi pour mon pays. Je passe sur le reste ; mais aujourd'hui même je suis à l'épreuve pour une couronne, et je suis reconnu innocent de tout délit ; tandis que vous êtes déjà jugé comme un brouilleur, et la question est de savoir si vous continuerez ce métier, ou si vous serez immédiatement réduit au silence en n'obtenant pas un cinquième des voix. Quelle heureuse fortune, voyez-vous, vous avez eue, que de dénoncer la mienne comme misérable !

-Démosthène.

7. Après avoir soigneusement étudié et pratiqué, marquez les pauses dans les phrases suivantes :

Le passé se dresse devant moi comme un rêve. Nous sommes à nouveau dans la grande lutte pour la vie nationale. Nous entendons les bruits des préparatifs - la musique des tambours endiablés, les voix d'argent des clairons héroïques. Nous voyons des milliers de rassemblements, nous entendons les appels des orateurs ; nous voyons les joues pâles des femmes et les visages rougis des hommes ; et dans ces rassemblements, nous voyons tous les morts dont nous avons couvert la poussière de fleurs. Nous ne les perdons plus de vue. Nous sommes avec eux lorsqu'ils s'engagent dans la grande armée de la liberté. Nous les voyons se séparer de ceux qu'ils aiment. Certains marchent pour la dernière fois dans des endroits boisés et tranquilles avec la jeune fille qu'ils adorent. Nous entendons les chuchotements et les doux vœux d'amour éternel alors qu'ils s'attardent à se séparer pour toujours. D'autres sont penchés sur des berceaux, embrassant des bébés endormis. Certains reçoivent les bénédictions des vieillards. Certains se séparent de ceux qui les tiennent dans leurs bras et les serrent contre leur cœur, encore et encore, sans rien dire ; et certains parlent avec leurs épouses et s'efforcent, par des mots courageux prononcés sur le ton de l'ancien temps, de chasser de leur cœur la terrible peur. Nous les voyons se séparer. Nous voyons la femme debout à la porte, avec le bébé dans ses bras - debout dans la lumière du soleil, sanglotant ; au tournant de la route, une main agite le bras - elle répond en tenant haut l'enfant dans ses mains aimantes. Il est parti - et pour toujours.

-Robert J. Ingersoll, aux soldats d'Indianapolis.

8. Où feriez-vous une pause dans les sélections suivantes ? Essayez de faire une pause à différents endroits et notez l'effet que cela produit.

Le doigt qui bouge écrit, et après avoir écrit, il avance : ni toute votre piété ni votre esprit ne l'amèneront à annuler une demi-ligne, ni toutes vos larmes n'en effaceront un mot.

L'histoire de la femme est une histoire d'abus. Pendant des siècles, les hommes ont battu, vendu et maltraité leurs femmes et leurs filles comme du bétail. La mère spartiate qui donnait naissance à un enfant de son propre sexe se déshonorait ; les bébés filles étaient souvent abandonnés dans les montagnes pour mourir de faim ; la Chine liait et déformait leurs pieds ; la Turquie voilait leur visage ; l'Amérique leur refusait les mêmes avantages éducatifs qu'aux hommes. La plupart des pays du monde leur refusent encore le droit de participer au gouvernement et, partout, les femmes font les frais d'une moralité inégale.

Mais les femmes sont en marche. Elles s'élèvent vers les plaines ensoleillées où règnent les gens réfléchis. La Chine a cessé de leur lier les pieds. Dans l'ombre du Harem, la Turquie a ouvert une école pour les filles. L'Amérique a donné aux femmes des avantages égaux en matière d'éducation, et l'Amérique, nous le croyons, les émancipera.

Nous pouvons faire peu pour aider et peu pour entraver ce grand mouvement. Les gens qui réfléchissent ont donné leur accord. Il avance vers son but tout aussi sûrement que cette vieille terre se balance de l'emprise de l'hiver vers les fleurs du printemps et les récoltes de l'été.

9. Lisez à haute voix le discours suivant, en faisant attention aux pauses lorsque l'accentuation peut être renforcée.

LE CONFLIT IRRÉPRESSIBLE

... Enfin, le parti républicain est apparu. Il affirme aujourd'hui, comme l'a fait le parti républicain de 1800, en un mot, sa foi et ses œuvres, "Une justice égale et exacte pour tous les hommes". Même lorsqu'il est entré sur le terrain, à moitié organisé, il a frappé un coup qui a manqué de peu d'assurer une victoire complète et triomphante. Dans cette deuxième campagne, elle a déjà gagné des avantages qui rendent ce triomphe à la fois facile et certain. Le secret de son succès assuré réside dans cette caractéristique même qui, dans la bouche des moqueurs, constitue sa grande et durable imbécillité et son reproche. Il réside dans le fait qu'il est le parti d'une seule idée, mais d'une idée noble, d'une idée qui remplit et dilate toutes les âmes généreuses, l'idée de l'égalité de tous les hommes devant les tribunaux humains et les lois humaines, comme ils sont tous égaux devant le tribunal divin et les lois divines.

Je sais, et vous savez, qu'une révolution a commencé. Je sais, et le monde entier sait, que les révolutions ne reviennent jamais en arrière. Vingt sénateurs et cent représentants proclament hardiment aujourd'hui au Congrès des sentiments, des opinions et des principes de liberté que presque aucun homme, même dans cet État libre, n'osait exprimer chez lui il y a vingt ans. Tandis que le gouvernement des États-Unis, sous la conduite du parti démocrate, cédait pendant tout ce temps une plaine et un château après l'autre à l'esclavage, le peuple des États-Unis n'a pas moins rassemblé avec constance et persévérance les forces qui lui permettront de reconquérir tous les champs et tous les châteaux perdus, et de confondre et renverser, d'un coup décisif, les traîtres de la Constitution et de la liberté pour toujours.-W.H. Seward.

Chapitre 7 : L'efficacité par l'inflexion

Comme elle est douce, la musique de ces cloches de village, qui tombent par intervalles sur l'oreille, en une douce cadence, puis s'éteignent, puis sonnent à nouveau fort, et plus fort encore, claires et sonores, quand le vent se lève ! -William COWPER, The Task. Herbert Spencer a fait remarquer que "la cadence" - par laquelle il entendait la modulation des tons de la voix en parlant - "est le commentaire courant des émotions sur les propositions de l'intellect". On comprendra à quel point cela est vrai si l'on considère que les petites nuances de la voix, vers le haut ou vers le bas, disent plus fidèlement ce que nous voulons dire que nos paroles. L'expressivité du langage est littéralement multipliée par ce pouvoir subtil de nuancer les tons de la voix, et cette nuance de la voix, nous l'appelons inflexion. Le changement de hauteur à l'intérieur d'un mot est encore plus important, car plus délicat, que le changement de hauteur d'une phrase à l'autre. En effet, l'un ne peut être pratiqué sans l'autre. Les mots nus ne sont qu'autant de briques - l'inflexion en fera un trottoir, un garage ou une cathédrale. C'est le pouvoir de l'inflexion de changer le sens des mots qui a donné naissance au vieux dicton : "Ce n'est pas tant ce que vous dites que la façon dont vous le dites". Mme Jameson, la commentatrice de Shakespeare, nous a donné un exemple pénétrant de l'effet de l'inflexion : " Dans son interprétation du rôle de Lady Macbeth, Mme Siddons a adopté successivement trois intonations différentes pour prononcer les mots " Nous échouons ". D'abord une interrogation rapide et méprisante - 'Nous échouons ? Ensuite, avec une note d'admiration - " Nous échouons ", un accent d'étonnement indigné mettant principalement l'accent sur le mot " nous " - " nous échouons ". Enfin, elle s'est fixée sur ce qui est, j'en suis convaincu, la vraie lecture - Nous échouons - avec le simple point, en modulant la voix sur un ton profond, grave, résolu, qui règle la question d'un seul coup, comme si elle avait dit : "Si nous échouons, alors nous échouons, et tout est fini". Cet élément le plus expressif de notre discours est le dernier à être maîtrisé pour atteindre le naturel dans une langue étrangère, et son utilisation correcte est l'élément principal d'une prononciation naturelle et souple de notre langue maternelle. Sans inflexions variées, la parole devient boisée et monotone. Il n'y a que deux types d'inflexion, l'ascendante et la descendante, mais ces deux types peuvent être tellement nuancés ou combinés qu'ils sont capables de produire autant de variétés de modulation que l'on peut illustrer par une ou deux lignes, droites ou courbes, ainsi : Forte hausse Montée longue Niveau Descente longue Forte baisse Nette ascendante et descendante Forte baisse et forte hausse Hésitant On peut les faire varier indéfiniment, et elles servent simplement à illustrer la grande variété de combinaisons que l'on peut obtenir avec ces deux simples inflexions de la voix. Il est impossible de répertorier les diverses inflexions qui servent à exprimer les différentes nuances de la pensée et du sentiment. Quelques suggestions sont proposées ici, ainsi que de nombreux exercices pour s'exercer, mais la seule véritable façon de maîtriser les inflexions est d'observer, d'expérimenter et de s'exercer. Par exemple, prenez la phrase courante "Oh, il est très bien". Notez comment une inflexion ascendante peut être utilisée pour exprimer un faible éloge, un doute poli ou une incertitude d'opinion. Notez ensuite comment les mêmes mots, prononcés avec une inflexion généralement descendante, peuvent dénoter une certitude, une approbation de bon aloi, un éloge enthousiaste, et ainsi de suite. En général, donc, nous constatons qu'une inflexion vers le haut de la voix suggère le doute et l'incertitude, tandis qu'une inflexion décisive vers le bas suggère que vous êtes certain de votre position. Les étudiants n'aiment pas qu'on leur dise que leurs discours ne sont "pas si mauvais", prononcés avec une inflexion montante. Énoncer ces mots avec une longue inflexion descendante reviendrait à approuver le discours de manière plutôt chaleureuse. Dites au revoir à une personne imaginaire que vous pensez revoir demain, puis à un ami cher que vous ne pensez jamais revoir. Notez la différence d'inflexion. "J'ai passé un moment délicieux", prononcé à la fin d'un thé officiel par une femme frivole, prend une inflexion tout à fait différente de celle des mêmes mots prononcés entre des amoureux qui se sont amusés. Mimez les deux personnages en répétant cela et observez la différence. Notez combien les inflexions sont légères et courtes dans la brève citation suivante, tirée de "Anthony the Absolute", de Samuel Mervin. En mer - 28 mars. Ce soir, j'ai dit à Sir Robert Quel est son nom qu'il était un imbécile. J'avais raison sur ce point. Il l'est. Tous les soirs depuis que le navire a quitté Vancouver, il préside la table ronde au milieu du fumoir. Il y sirote son café et sa liqueur, et s'exprime sur tous les sujets connus de l'esprit humain. Chaque sujet est son sujet. C'est une personne âgée, avec un mauvais visage et une paupière gauche tombante. Ils me disent qu'il est dans le service britannique - un juge quelque part en Malaisie, où ils boivent plus que ce qui est bon pour eux. Lisez les deux sélections suivantes avec beaucoup de sérieux, et notez comment les inflexions diffèrent de celles qui précèdent. Relisez ensuite ces sélections de manière légère et superficielle, en notant que le changement d'attitude s'exprime par un changement d'inflexion. Quand je lis un fait sublime dans Plutarque, ou un acte désintéressé dans un vers de poésie, ou que je frissonne sous une légende héroïque, ce n'est plus un conte de fées, je l'ai vu assorti.-Wendell PHILLIPS.

La pensée est plus profonde que tout discours, le sentiment plus profond que toute pensée ; les âmes aux âmes ne peuvent jamais enseigner ce qui leur a été enseigné. -CRANCH Il doit être parfaitement clair que l'inflexion concerne principalement des nuances subtiles et délicates à l'intérieur d'un seul mot, et qu'elle n'est en aucun cas accomplie par une montée ou une descente générale de la voix en prononçant une phrase. Pourtant, certaines phrases peuvent être prononcées efficacement avec une telle inflexion. Essayez cette phrase de plusieurs façons, en ne faisant aucune modulation jusqu'à ce que vous arriviez aux deux dernières syllabes, comme indiqué. Et pourtant, je lui ai dit que...————————————————(haut) | | tinctly.————————————————(bas) tinctly.————————————————| (haut) Et pourtant, je lui ai dit que... |————————————————(bas) Essayez maintenant cette phrase en infléchissant les mots importants de manière à faire ressortir différentes nuances de sens. Les premières formes, illustrées ci-dessus, montrent le changement de tonalité d'un seul mot ; les formes que vous allez élaborer vous-même doivent montrer un certain nombre de ces inflexions tout au long de la phrase. L'un des principaux moyens d'assurer l'emphase est d'employer une inflexion descendante longue sur les mots emphatiques, c'est-à-dire de laisser la voix descendre à un ton plus bas sur un son de voyelle intérieur dans un mot. Essayez-le sur les mots "every", "eleemosynary" et "destroy". Utilisez les inflexions descendantes longues sur les mots en italique dans la sélection suivante, en notant leur puissance emphatique. Y a-t-il d'autres mots ici que les inflexions descendantes longues aideraient à rendre expressifs ?

DISCOURS DANS L'AFFAIRE DU COLLÈGE DE DARTMOUTH

Ceci, monsieur, est mon cas. Ce n'est pas seulement le cas de cette humble institution, c'est le cas de tous les collèges de notre pays. C'est plus encore ; c'est le cas de chaque institution élémonosyllénique de notre pays - de toutes ces grandes œuvres de charité fondées par la piété de nos ancêtres pour soulager la misère humaine et répandre des bénédictions sur le chemin de la vie. Monsieur, vous pouvez détruire cette petite institution - elle est faible, elle est entre vos mains. Je sais que c'est l'une des plus petites lumières dans l'horizon littéraire de notre pays. Vous pouvez l'éteindre. Mais si vous le faites, vous devez poursuivre votre œuvre ; vous devez éteindre, l'une après l'autre, toutes ces grandes lumières de la science qui, depuis plus d'un siècle, ont jeté leur éclat sur notre pays ! C'est, monsieur, comme je l'ai dit, un petit collège, et pourtant - il y a ceux qui l'aiment ! Monsieur, je ne sais pas ce que les autres peuvent ressentir, mais en ce qui me concerne, lorsque je vois mon alma mater entourée, comme César dans la salle du sénat, par ceux qui répètent coup de poignard après coup de poignard, je ne voudrais pas, pour cette main droite, qu'elle se tourne vers moi et me dise : "Et toi aussi, mon fils". Daniel WEBSTER. Veillez à ne pas trop moduler. Trop de modulation produit un effet désagréable d'artificialité, comme une matrone mature essayant d'être chaton. Il n'y a qu'un pas entre la véritable expression et le burlesque involontaires. Examinez vos propres tonalités. Prenez une seule expression comme "Oh, non !" ou "Oh, je vois" ou "En effet" et, par un examen patient de vous-même, voyez combien de nuances de sens peuvent être exprimées par l'inflexion. Ce genre d'exercice de bon sens vous fera plus de bien qu'un livre de règles. Mais n'oubliez pas d'écouter votre propre voix.

QUESTIONS ET EXERCICES

1. Définissez dans vos propres mots (a) la cadence, (b) la modulation, (c) l'inflexion, (d) l'accentuation.

2. Citez cinq moyens de détruire la monotonie et de gagner en efficacité dans le discours.

3. Quels états d'esprit l'inflexion descendante signifie-t-elle ? Faites une liste aussi complète que possible.

4. Faites de même pour l'inflexion montante.

5. Comment la voix se plie-t-elle pour exprimer (a) la surprise ? (b) la honte ? (c) la haine ? (d) la formalité ? (e) l'excitation ?

6. Relisez une phrase plusieurs fois et, en utilisant des inflexions différentes, changez le sens à chaque lecture.

7. Notez les inflexions employées dans un discours ou une conversation. Étaient-elles les meilleures que l'on pouvait utiliser pour faire ressortir le sens ? Critiquez et illustrez.

8. Rendez les passages suivants : Est-ce que le monsieur a fini ? A-t-il terminé ? Et Dieu dit : Que la lumière soit ! Et la lumière fut.

9. Inventez une question indirecte et montrez comment elle serait naturellement infléchie. 10. Une question directe nécessite-t-elle toujours une inflexion montante ? Illustrez.

11. Illustrez comment la fin complète d'une expression ou d'un discours est indiquée par l'inflexion.

12. Faites de même pour l'incomplétude de l'idée.

13. Illustrez (a) le tremblement, (b) l'hésitation, et (c) le doute au moyen de l'inflexion.

14. Montrez comment le contraste peut être exprimé.

15. Essayez les effets des inflexions montantes et descendantes sur les mots en italique dans les phrases suivantes. Indiquez votre préférence. Messieurs, je suis persuadé, non, je suis résolu à parler. Il est semé un corps naturel ; il est ressuscité un corps spirituel.

SÉLECTIONS POUR LA PRATIQUE

Dans les sélections suivantes, assurez l'accentuation par des inflexions longues et tombantes plutôt que par l'intensité sonore. Répétez ces sélections, en essayant de mettre en pratique tous les principes techniques que nous avons vus jusqu'à présent : accentuation des mots importants, subordination des mots sans importance, variété de la hauteur, changement de tempo, pause et inflexion. Si ces principes sont appliqués, vous n'aurez aucun problème de monotonie. Une pratique constante donnera une grande facilité dans l'utilisation de l'inflexion et rendra la voix elle-même flexible.

CHARLES I

Nous l'accusons d'avoir rompu son serment de couronnement ; et on nous dit qu'il a tenu son serment de mariage ! Nous l'accusons d'avoir livré son peuple aux inflictions impitoyables du plus impétueux et du plus dur des prélats ; et la défense est qu'il a pris son petit-fils sur ses genoux et l'a embrassé ! Nous le blâmons d'avoir violé les articles de la Pétition de Droit, après avoir, pour une bonne et précieuse considération, promis de les observer ; et nous sommes informés qu'il avait l'habitude d'entendre des prières à six heures du matin ! C'est à de telles considérations, ainsi qu'à sa robe Vandyke, à son beau visage et à sa barbe en pointe, qu'il doit, nous le croyons sincèrement, la plus grande partie de sa popularité auprès de la génération actuelle.

-T.B. MACAULAY. ABRAHAM LINCOLN

Nous n'avions pas besoin qu'il mette sur le papier qu'il croyait à l'esclavage, qui, avec la trahison, avec le meurtre, avec une cruauté infernale, planait autour de cet homme majestueux pour détruire sa vie. Il n'était lui-même que le long aiguillon avec lequel l'esclavage frappait la liberté ; et il portait le poison qui appartenait à l'esclavage. Aussi longtemps que durera cette nation, on n'oubliera jamais que nous avons un président martyr - jamais ! Jamais, tant que durera le temps, tant que durera le ciel, tant que durera l'enfer, on n'oubliera que l'esclavage, par ses serviteurs, l'a tué et, en le tuant, a manifesté toute sa nature et sa tendance. Mais ce qu'il faut aussi retenir, c'est que ce coup a visé la vie du gouvernement et de la nation. Lincoln a été tué ; l'Amérique a été signifiée. L'homme a été renversé ; le gouvernement a été frappé. C'est le Président qui a été tué. C'est la vie nationale, respirant la liberté et signifiant la bienfaisance, qui était recherchée. Lui, l'homme de l'Illinois, l'homme privé, dépouillé des robes et des insignes de l'autorité, ne représentant rien d'autre que son moi personnel, aurait pu être haï, mais cela n'aurait pas déclenché le coup du meurtrier. C'est parce qu'il se tenait à la place du gouvernement, représentant le gouvernement et un gouvernement qui représentait le droit et la liberté, qu'il a été distingué. C'est donc un crime contre le gouvernement universel. C'est un coup porté aux fondements de notre gouvernement, plus qu'aux fondements du gouvernement anglais, du gouvernement français, de tout gouvernement compact et bien organisé. C'est un crime contre l'humanité. Le monde entier le répudiera et le stigmatisera comme un acte sans l'ombre d'une lumière rédemptrice.... Le coup, cependant, a échoué de manière significative. La cause n'est pas frappée, elle est renforcée. Cette nation s'est dissoute, mais dans les larmes seulement. Elle se tient debout, en carré, plus solide, aujourd'hui, que n'importe quelle pyramide d'Égypte. Ce peuple n'est ni perdu, ni découragé, ni désordonné. Les hommes haïssent l'esclavage et aiment la liberté avec plus de haine et d'amour aujourd'hui que jamais auparavant. Le gouvernement n'est pas affaibli, il est rendu plus fort.... Et maintenant le martyr se déplace en marche triomphale, plus puissant que de son vivant. La nation se lève à chaque étape de sa venue. Les villes et les états sont ses porteurs de cercueils, et le canon bat les heures avec une progression solennelle. Mort-mort-mort-mort, il parle encore ! Washington est-il mort ? Hampden est-il mort ? Est-ce que David est mort ? Y a-t-il un homme mort qui n'ait jamais été en état de vivre ? Détaché de la chair, et élevé dans la sphère libre où la passion ne vient jamais, il commence son œuvre illimitée. Sa vie est maintenant greffée sur l'Infini, et sera fructueuse comme aucune vie terrestre ne peut l'être. Passe, toi qui as vaincu ! Tes peines, ô peuple, sont sa paix ! Vos cloches, vos fanfares, vos tambours étouffés sonnent le triomphe à son oreille. Gémissez et pleurez ici ; Dieu fait résonner là-bas la joie et le triomphe. Passe, vainqueur ! Il y a quatre ans, ô Illinois, nous avons pris parmi vous un homme qui n'avait pas fait ses preuves, et parmi le peuple ; nous vous le rendons en puissant conquérant. Non plus le tien, mais celui de la nation ; non plus le nôtre, mais celui du monde.

Donnez-lui une place, vous les prairies ! Au milieu de ce grand continent, sa poussière reposera, un trésor sacré pour des myriades de personnes qui feront un pèlerinage à ce sanctuaire pour raviver leur zèle et leur patriotisme. Vous, les vents, qui vous déplacent sur les lieux puissants de l'Ouest, chantez son requiem ! Peuple, voyez un martyr dont le sang, comme autant de mots inarticulés, plaide pour la fidélité, pour le droit, pour la liberté !

-Henry WARD BEECHER.

L'HISTOIRE DE LA LIBERTÉ

L'événement que nous commémorons est d'une importance capitale, non seulement dans nos propres annales, mais aussi dans celles du monde. Le poète anglais a déclaré que "l'homme est l'objet de l'étude de l'humanité", et de toutes les enquêtes de nature temporelle, l'histoire de nos semblables est incontestablement l'une des plus intéressantes. Mais tous les chapitres de l'histoire humaine n'ont pas la même importance. Les annales de notre race ont été remplies d'incidents qui ne concernent pas, ou du moins qui ne devraient pas concerner, la grande majorité de l'humanité. L'histoire, comme on l'a souvent écrit, est la généalogie des princes, le livre de campagne des conquérants ; et le sort de nos semblables n'a été traité que dans la mesure où il a été affecté par l'influence des grands maîtres et des destructeurs de notre race. Une telle histoire est, je ne dirai pas une étude sans valeur, car il est nécessaire que nous connaissions le côté sombre aussi bien que le côté lumineux de notre condition. Mais c'est une étude mélancolique qui remplit de tristesse le cœur du philanthrope et de l'ami de la liberté. Mais l'histoire de la liberté - l'histoire des hommes qui luttent pour être libres - l'histoire des hommes qui ont acquis et qui exercent leur liberté - l'histoire de ces grands mouvements dans le monde, par lesquels la liberté a été établie et perpétuée, constitue un sujet que nous ne pouvons pas contempler de trop près. C'est la véritable histoire de l'homme, de la famille humaine, des êtres rationnels immortels.... L'épreuve de l'adversité était la leur ; l'épreuve de la prospérité est la nôtre. Affrontons-la comme des hommes qui connaissent leur devoir et apprécient leurs bienfaits. Notre position est la plus enviable, la plus responsable, que les hommes puissent occuper. Si cette génération fait son devoir, la cause de la liberté constitutionnelle est sauve. Si nous échouons - si nous échouons - non seulement nous spolions nos enfants de l'héritage que nous avons reçu de nos pères, mais nous anéantissons les espoirs des amis de la liberté sur notre continent, en Europe, dans le monde entier, jusqu'à la fin des temps. L'histoire n'est pas dépourvue d'exemples de champs de bataille où la bannière de la liberté a flotté triomphalement sur la tempête la plus sauvage de la bataille. Elle ne manque pas non plus d'exemples d'un peuple qui a su utiliser avec sagesse et transmettre en toute sécurité le trésor qu'il avait acheté. Les yeux du monde sont tournés vers nous pour trouver cet exemple.... Alors, au moment où nous nous réunissons pour l'anniversaire de la nation, au moment où nous nous réunissons sur le gazon vert, autrefois mouillé d'un sang précieux, consacrons-nous à la cause sacrée de la liberté constitutionnelle ! Abjurons les intérêts et les passions qui divisent la grande famille des libres Américains ! Laissons dormir aujourd'hui la rage de l'esprit de parti ! Résolvons de faire en sorte que nos enfants aient une raison de bénir la mémoire de leurs pères, comme nous avons une raison de bénir la mémoire des nôtres !

-Edward EVERETT.

Chapitre 8 : Concentration dans la livraison

L'attention est le microscope de l'œil mental. Sa puissance peut être élevée ou faible, son champ de vision étroit ou large. Lorsque la puissance est élevée, l'attention est confinée dans des limites très circonscrites, mais son action est extrêmement intense et absorbante. Elle ne voit que peu de choses, mais ces quelques choses sont observées "de part en part"... L'énergie et l'activité mentale, qu'il s'agisse de perception ou de pensée, ainsi concentrées, agissent comme les rayons du soleil concentrés par le verre brûlant. L'objet est illuminé, chauffé, enflammé. Les impressions sont si profondes qu'elles ne peuvent jamais être effacées. Une attention de ce genre est la condition première du travail mental le plus productif.

- Daniel PUTNAM, Psychologie

Essayez de frotter le sommet de votre tête d'avant en arrière en même temps que vous vous tapotez la poitrine. À moins que vos pouvoirs de coordination ne soient bien développés, vous trouverez cela confus, voire impossible. Le cerveau a besoin d'un entraînement spécial avant de pouvoir faire deux ou plusieurs choses efficacement au même moment. On pourrait croire qu'il s'agit de couper un cheveu entre son coin nord et son coin nord-ouest, mais certains psychologues soutiennent qu'aucun cerveau ne peut avoir deux pensées distinctes, absolument simultanées - que ce qui semble être simultané est en réalité une rotation très rapide de la première pensée à la seconde et vice-versa, tout comme dans l'expérience citée plus haut, l'attention doit passer d'une main à l'autre jusqu'à ce que l'un ou l'autre mouvement devienne partiellement ou totalement automatique. Quelle que soit la vérité psychologique de cette affirmation, il est indéniable que l'esprit perd sensiblement son emprise sur une idée au moment où l'attention est projetée résolument vers une deuxième ou une troisième idée. Un défaut aussi pernicieux que courant chez les orateurs publics est qu'ils essaient de penser à la phrase suivante tout en prononçant la première, ce qui les déconcentre ; en conséquence, ils commencent leurs phrases fortement et les terminent faiblement.

Dans un discours écrit bien préparé, le mot emphatique est généralement placé à la fin de la phrase. Mais un mot emphatique a besoin d'une expression emphatique, et c'est précisément ce qu'il n'obtient pas lorsque la concentration faiblit en sautant trop tôt sur ce qui doit être prononcé ensuite. Concentrez toutes vos énergies mentales sur la phrase actuelle. Rappelez-vous que l'esprit de votre auditoire suit le vôtre de très près, et si vous retirez votre attention de ce que vous dites à ce que vous allez dire, votre auditoire retirera aussi la sienne. Il se peut qu'il ne le fasse pas consciemment et délibérément, mais il cessera certainement d'accorder de l'importance aux choses que vous négligez vous-même. Il est fatal pour l'acteur ou l'orateur de traverser ses ponts trop tôt. Bien sûr, tout cela ne veut pas dire que dans les pauses naturelles de votre discours, vous ne devez pas faire de rapides sondages vers l'avant - ils sont aussi importants que le regard vers l'avant dans la conduite d'une automobile ; la prudence est d'un tout autre ordre : pendant que vous prononcez une phrase, ne pensez pas à la phrase qui va suivre. Laissez-la venir de sa propre source - à l'intérieur de vous-même. Vous ne pouvez pas lancer une bordée sans une force concentrée - c'est ce qui produit l'explosion. Pendant la préparation, vous emmagasinez et concentrez les pensées et les sentiments ; pendant les pauses de l'élocution, vous regardez rapidement devant vous et vous vous rassemblez pour une attaque efficace ; pendant les moments du discours proprement dit, PARLEZ - N'ANTICIPEZ PAS. Divisez votre attention et vous divisez votre pouvoir.

Cette question de l'effet de l'homme intérieur sur l'extérieur nécessite un mot supplémentaire ici, en particulier en ce qui concerne la concentration. "Que lisez-vous, mon seigneur ?" Hamlet répondit : "Des mots. Des mots. Des mots." C'est un problème vieux comme le monde. L'appel mécanique des mots n'est pas de l'expression, tant s'en faut. Avez-vous déjà remarqué à quel point un discours mémorisé sonne généralement creux ? Vous avez écouté la cadence ronflante et mécanique d'acteurs, d'avocats et de prédicateurs inefficaces. Leur problème est d'ordre mental : ils ne se concentrent pas sur les pensées qui font jaillir les mots avec sincérité et conviction, mais se contentent d'énoncer les sons des mots de façon mécanique. Expérience pénible pour l'auditoire comme pour l'orateur ! Un perroquet est tout aussi éloquent. Une fois encore, laissons Shakespeare nous instruire, cet air dans la prière insincère du roi, l'oncle d'Hamlet. Il se lamente ainsi : Mes mots s'envolent, mes pensées restent en bas : les mots sans les pensées ne vont jamais au ciel. La vérité est que, en tant qu'orateur, vos mots doivent naître à nouveau chaque fois qu'ils sont prononcés, alors ils ne souffriront pas dans leur énonciation, même s'ils doivent être mémorisés et répétés, comme la conférence du Dr Russell Conwell, "Acres of Diamonds", cinq mille fois. De tels discours ne perdent rien à être répétés pour la raison parfaitement évidente qu'ils sont le fruit d'une pensée et d'un sentiment concentrés et non d'une simple nécessité de dire quelque chose - ce qui signifie généralement n'importe quoi, et qui, à son tour, n'équivaut à rien.

Si la pensée qui sous-tend vos mots est chaude, fraîche, spontanée, une partie de vous-même, votre énoncé aura du souffle et de la vie. Les mots ne sont qu'un résultat. N'essayez pas d'obtenir le résultat sans stimuler la cause. Vous vous demandez comment se concentrer. Pensez au mot lui-même, et à son frère philologique, concentrique. Pensez à la façon dont une lentille rassemble et concentre les rayons de lumière dans un cercle donné. Elle les centre par un processus de retrait. Cela peut sembler dur à dire, mais l'homme qui ne peut pas se concentrer est soit faible de volonté, soit une épave nerveuse, soit il n'a jamais appris à quoi sert la volonté. Vous devez vous concentrer en retirant résolument votre attention de tout le reste. Si vous concentrez votre pensée sur une douleur qui vous afflige, cette douleur s'intensifiera. "Comptez vos bénédictions" et elles se multiplieront. Centrez votre pensée sur vos coups et votre jeu de tennis s'améliorera progressivement. Se concentrer, c'est simplement s'occuper d'une chose, et ne s'occuper de rien d'autre. Si vous constatez que vous n'y arrivez pas, c'est qu'il y a quelque chose qui ne va pas - réglez d'abord ce problème. Supprimez la cause et le symptôme disparaîtra. Lisez le chapitre sur "La volonté". Cultivez votre volonté en voulant puis en faisant, à tout prix. Concentrez-vous et vous gagnerez.

QUESTIONS ET EXERCICES

1. Choisissez dans n'importe quelle source plusieurs phrases qui conviennent pour être prononcées à haute voix ; prononcez-les d'abord de la manière condamnée dans ce chapitre, et ensuite en tenant compte de l'accentuation vers la fin de chaque phrase.

2. Expliquez en une centaine de mots votre impression de l'effet produit.

3. Décrivez les méthodes particulières que vous avez pu observer ou dont vous avez entendu parler et par lesquelles les orateurs ont cherché à améliorer

leur capacité de concentration, par exemple en regardant fixement un point vide au plafond ou en faisant tourner le charme d'une montre.

4. Quel effet ces habitudes ont-elles sur le public ?

5. Quelle est la relation entre la pause et la concentration ?

6. Dites pourquoi la concentration aide naturellement un orateur à changer de ton, de tempo et d'accentuation.

7. Lisez la sélection suivante jusqu'au bout pour en saisir clairement le sens et l'esprit dans votre esprit. Puis lisez-le à haute voix, en vous concentrant uniquement sur la pensée que vous exprimez - ne vous préoccupez pas de la phrase ou de la pensée qui va suivre. La moitié des problèmes de l'humanité provient de l'anticipation d'épreuves qui ne se produisent jamais. Évitez cela en parlant. Faites en sorte que la fin de vos phrases soit aussi forte que le début.

CONCENTRER.

WAR ! Le dernier des instincts sauvages est la guerre. La massue de l'homme des cavernes faisait la loi et procurait de la nourriture. La force décrète le droit. Les guerriers étaient des sauveurs. À Nazareth, un charpentier a posé sa scie et prêché la fraternité des hommes. Douze siècles plus tard, ses disciples ont marché vers la Terre Sainte pour détruire tous ceux qui différaient d'eux dans le culte du Dieu d'amour. Triomphants, ils ont écrit : "Dans le porche de Salomon et dans son temple, nos hommes ont roulé dans le sang des Sarrasins jusqu'aux genoux de leurs chevaux." L'histoire est un effroyable récit de guerre. Au dix-septième siècle, l'Allemagne, la France, la Suède et l'Espagne se sont fait la guerre pendant trente ans. À Magdebourg, 30 000 personnes sur 36 000 ont été tuées sans distinction de sexe ou d'âge. En Allemagne, les écoles ont été fermées pendant un tiers de siècle, les maisons brûlées, les femmes outragées, les villes démolies et les terres non cultivées devenues sauvages. Les deux tiers des biens de l'Allemagne ont été détruits et 18 millions de ses citoyens ont été tués, parce que les hommes se sont disputés sur la façon de glorifier "le prince de la paix". Marcher sous la pluie et la neige, dormir à même le sol, manger de la nourriture périmée ou mourir de faim, contracter des maladies et affronter des canons qui tirent six cents fois par minute, pour cinquante cents par jour - voilà la vie du soldat. À la fenêtre, la mère veuve est assise et pleure. Les petits enfants, le visage en larmes, pressés contre la vitre, regardent et attendent. Leur moyen de subsistance, leur maison, leur bonheur ont disparu. Des enfants sans père, des femmes au cœur brisé, des hommes malades, handicapés et morts, voilà le salaire de la guerre. Nous dépensons plus d'argent pour préparer les hommes à s'entretuer que pour leur apprendre à vivre. Nous dépensons plus d'argent pour construire un seul cuirassé que pour l'entretien annuel de toutes nos universités d'État. La perte financière résultant de la destruction des maisons des uns et des autres pendant la guerre civile aurait permis de construire 15 000 000 de maisons, chacune coûtant 2 000 $. Nous prions pour l'amour, mais nous nous préparons pour la haine. Nous prêchons la paix, mais nous nous équipons pour la guerre. Si la moitié de la puissance qui remplit le monde de terreur, si la moitié de la richesse accordée au camp et à la cour, était donnée pour racheter ce monde de l'erreur, il n'y avait pas besoin d'arsenal et de fort. La guerre ne fait que reporter une question. Aucune question ne sera jamais vraiment réglée tant qu'elle ne l'aura pas été à juste titre. Comme des "gangs d'armes" rivaux dans une ruelle, les nations du monde, à travers les âges sanglants, se sont battues pour régler leurs différends. Denver ne peut pas se battre contre Chicago et l'Iowa ne peut pas se battre contre l'Ohio. Pourquoi l'Allemagne devrait-elle être autorisée à se battre contre la France, ou la Bulgarie contre la Turquie ? Lorsque l'humanité s'élèvera au-dessus des croyances, des couleurs et des pays, lorsque nous serons citoyens, non pas d'une nation, mais du monde, les armées et les marines de la terre constitueront une force de police internationale pour préserver la paix et la colombe prendra la place de l'aigle. Nos différends seront réglés par un tribunal international ayant le pouvoir de faire appliquer ses mandats. En temps de paix, préparez la paix. Le salaire de la guerre est le salaire du péché, et le "salaire du péché, c'est la mort".

Chapitre 9 : Force

Cependant, il convient de se méfier : l'indifférence, certes, ne produit pas la détresse ; et l'enthousiasme irréfléchi dans la bonne société ne serait qu'une ivresse morale.

Byron, Don Juan.

Vous avez assisté à des pièces de théâtre qui semblaient justes, mais qui ne vous ont pas ému, qui ne vous ont pas saisi. Dans le langage théâtral, elles n'ont pas réussi à "passer", ce qui signifie que leur message n'a pas franchi la rampe d'accès au public. Elles n'avaient pas de punch, pas de coup de poing - elles n'avaient pas de force.

Bien sûr, tout cela est synonyme de désastre, en grosses lettres, non seulement dans une production théâtrale mais aussi dans tout effort de plate-forme. Toute présentation de ce type n'existe que pour le public, et si elle ne parvient pas à le toucher - et l'expression est bonne - elle n'a aucune excuse pour vivre, et elle ne vivra pas longtemps.

Qu'est-ce que la force ?

Certains de nos mots les plus évidents révèlent des significations secrètes lorsqu'on les examine de près, et celui-ci en fait partie.

Pour commencer, nous devons reconnaître la distinction entre la force intérieure et extérieure. L'une est cause, l'autre effet. L'une est spirituelle, l'autre physique. Sur ce point important, la force animée diffère de la force inanimée. La force de l'homme, qui vient de l'intérieur et s'exprime vers l'extérieur, est d'une autre nature que la force de la poudre de Shimose, qui attend une influence extérieure pour exploser. Quelle que soit sa sensibilité aux stimuli extérieurs, la véritable source de puissance de l'homme se trouve en lui-même. Cela peut sembler être de la "simple psychologie", mais cela a un rapport extrêmement pratique avec l'art oratoire, comme on va le voir.

Non seulement nous devons discerner la différence entre la force humaine et la simple force physique, mais nous ne devons pas confondre sa véritable essence avec certaines des choses qui peuvent - ou ne peuvent pas - l'accompagner. Par exemple, le bruit n'est pas la force, bien que la force puisse parfois être accompagnée de bruit. Un simple rugissement n'a jamais fait un bon discours, mais il y a des moments - des moments, remarquez, pas des minutes - où la puissance de la voix peut être utilisée avec un effet formidable.

Un mouvement violent n'est pas non plus une force, mais la force peut entraîner un mouvement violent. Hamlet a conseillé les joueurs :

Ne sciez pas non plus trop l'air avec votre main, mais utilisez tout en douceur ; car dans le torrent, la tempête et (comme je peux dire) le tourbillon même de votre passion, vous devez acquérir et engendrer une tempérance qui puisse lui donner de la douceur. Oh, cela m'offense jusqu'à l'âme, d'entendre un robuste compagnon à perruque déchirer une passion en lambeaux, en guenilles, pour fendre les oreilles des enfants du sol, qui, pour la plupart, ne sont capables de rien d'autre que d'inexplicables spectacles et bruits muets. Je ferais fouetter un tel homme pour avoir surpassé Termagant ; il surpasse Hérode. Je vous prie de l'éviter.

Ne soyez pas trop doux, non plus, mais laissez votre discrétion être votre tuteur : adaptez l'action au mot, le mot à l'action ; avec cette observation spéciale, que vous n'outrepassez pas la modestie de la nature ; car tout ce qui est exagéré va à l'encontre du but du jeu, dont le but, à la fois au début et maintenant, était et est de tenir, comme un miroir à la Nature, pour montrer la Vertu son propre trait, le Mépris sa propre image, et l'âge et le corps même du temps sa forme et sa pression. Or, cette mise en scène exagérée ou tardive, bien qu'elle fasse rire les gens peu habiles, ne peut que chagriner les gens judicieux ; la censure de cette mise en scène doit, selon votre jugement, l'emporter sur tout un théâtre d'autres mises en scène. Oh, il y a des joueurs que j'ai vus jouer - et dont d'autres ont fait l'éloge - et qui, sans avoir l'accent du chrétien, ni la démarche du chrétien, du païen ou de l'homme, se sont tellement pavanés et ont tellement mugi que j'ai cru que des compagnons de la nature avaient fait des hommes, et ne les avaient pas bien faits, tant ils imitaient l'humanité de façon abominable.

La force est à la fois une cause et un effet. La force intérieure, qui doit précéder la force extérieure, est une combinaison de quatre éléments, agissant progressivement. Tout d'abord, la force naît de la conviction. Vous devez être convaincu de la vérité, de l'importance ou du sens de ce que vous allez dire avant de pouvoir l'exprimer avec force. Il faut que vos convictions soient bien ancrées avant que vous puissiez saisir votre auditoire. La conviction convainc.

Le Saturday Evening Post, dans un article sur le "T.R. d'Angleterre" - Winston Spencer Churchill - attribue une grande partie du succès de Churchill et de Roosevelt sur la scène publique à la force de leur discours. Peu importe ce qui est en jeu, ces hommes se font croire pour l'instant que cette chose est la plus importante sur terre. C'est pourquoi ils s'adressent à leurs auditoires dans un style "fais-le ou tu le feras".

C'est ce genre de discours qui l'emporte, et c'est cette attitude virile, énergique et agressive qui distingue et maintient les carrières de plateforme de nos plus grands leaders.

Mais regardons d'un peu plus près les origines de la force intérieure. Comment la conviction affecte-t-elle l'homme qui la ressent ? Nous avons répondu à cette question par la question elle-même - il la ressent : La conviction produit une tension émotionnelle. Étudiez les photos de Theodore Roosevelt et de Billy Sunday en action - l'action est le mot. Notez la tension des muscles de leur mâchoire, les lignes tendues des tendons de tout leur corps lorsqu'ils atteignent le point culminant de leur force. La force morale et la force physique sont semblables en ce qu'elles sont à la fois précédées et accompagnées par la tension des cordes du pouvoir.

C'est cette tension de la corde de l'arc, ce nouage des muscles, cette contraction avant le ressort, qui permet au public de sentir - presque de voir - la réserve de puissance d'un orateur. D'une manière vraiment merveilleuse, c'est plutôt ce qu'un orateur ne dit pas et ne fait pas qui révèle la dynamo qui est en lui. Une telle force accumulée peut donner lieu à n'importe quoi une fois qu'elle est libérée, ce qui maintient l'auditoire en alerte, suspendu aux lèvres de l'orateur pour le prochain mot. Après tout, tout est une question de virilité, car une poupée en peluche n'a ni convictions ni tension émotionnelle. Si vous êtes rembourré de sciure, ne vous approchez pas de l'estrade, car votre propre discours vous percera.

De cette conviction-tension naît la volonté de faire partager cette conviction-tension à l'auditoire. L'objectif est l'épine dorsale de la force ; sans lui, le discours est mou - il peut briller, mais c'est l'irisation d'une méduse sans queue ni tête. Vous devez tenir fermement votre résolution si vous voulez tenir fermement votre public.

Enfin, toute cette conviction-tension-but est sans vie et inutile si elle ne débouche pas sur une propulsion. Vous vous rappelez comment Young, dans ses merveilleuses "Pensées nocturnes", décrit l'homme qui

Il pousse son but prudent à se résoudre, se résout, et se re-rerésout, et meurt de la même façon.

Ne laissez pas votre force "mourir en naissant" - donnez-lui toute sa vie dans sa conviction, sa tension émotionnelle, sa résolution et sa puissance de propulsion.

La force peut-elle être acquise ?

Oui, si l'acquéreur possède les capacités que nous venons de décrire. La façon d'acquérir ce facteur vital est suggérée dans son analyse même : Vivez avec votre sujet jusqu'à ce que vous soyez convaincu de son importance.

Si votre message ne vous incite pas en soi à la tension, TIREZ-VOUS. Lorsqu'un homme est confronté à la nécessité de sauter à travers une crevasse, il n'attend pas l'inspiration, il veut que ses muscles soient tendus pour le ressort - ce n'est pas sans raison que notre langue anglaise utilise le même mot pour décrire un dispositif d'acier puissant mais délicat et un saut rapide dans les airs. Puis il se résout et fait en sorte que tout se termine par un véritable coup de poing.

Cette vérité mérite d'être répétée : L'homme intérieur est le facteur final. Il doit fournir le combustible. Le public, ou même l'homme lui-même, peut ajouter l'allumette - peu importe laquelle, mais il faut que le feu soit là. Quelle que soit l'habileté avec laquelle votre moteur est construit, quelle que soit la qualité de son fonctionnement, vous n'aurez aucune force si le feu s'est éteint sous la chaudière. Peu importe à quel point vous avez maîtrisé l'équilibre, la pause, la modulation et le tempo, si votre discours manque de feu, il est mort. Ni un moteur mort, ni un discours mort ne feront bouger qui que ce soit.

Quatre facteurs de force sont mesurablement sous votre contrôle, et dans cette mesure peuvent être acquis : les idées, le sentiment sur le sujet, la formulation et la livraison. Chacun de ces facteurs est abordé de manière plus ou moins complète dans cet ouvrage, à l'exception de la formulation, qui nécessite une étude rhétorique plus approfondie que celle à laquelle nous pouvons nous livrer ici. Il est cependant de la plus haute importance que vous soyez conscient de la manière précise dont la formulation influe sur la force d'une phrase. Étudiez "The Working Principles of Rhetoric", de John Franklin

Genung, ou les traités de rhétorique d'Adams Sherman Hill, de Charles Sears Baldwin, ou de tout autre professeur dont les noms peuvent facilement être appris.

Voici quelques suggestions sur l'utilisation des mots pour atteindre la force :

Choix des mots

Les mots CLAIRS ont plus de force que les mots moins courants - jongler a

plus de vigueur que prestidigiter.

Les mots COURTS sont plus forts que les mots longs - end a plus de franchise que terminaison.

Les mots SAXON sont généralement plus percutants que les mots latinistes - pour forcer,

utilisez guerres contre plutôt que militer contre.

Les mots SPÉCIFIQUES sont plus forts que les mots généraux - pressman est plus défini

que printer.

Les mots CONNOTATIFS, ceux qui suggèrent plus qu'ils ne disent, ont plus de pouvoir

que les mots ordinaires - "Elle s'est laissée marier" exprime plus que "Elle s'est mariée".

Les EPITHETS, mots figuratifs descriptifs, sont plus efficaces que les noms directs -

"Va dire à ce vieux renard" a plus de "punch" que "Va dire à ce rusé".

rusé". Les mots ONOMATOPOÉTIQUES, c'est-à-dire les mots qui transmettent le sens par le son, sont plus puissants que les autres mots - "Crash" est plus efficace que "Cataclysme".

Disposition des mots

Supprimez les modificateurs.

Supprimez les connecteurs.

Commencez par des mots qui demandent de l'attention.

"Terminez par des mots qui méritent d'être distingués", dit le professeur Barrett Wendell.

Opposez des idées fortes à des idées plus faibles, de manière à ce que le contraste renforce l'ensemble.

Évitez les structures de phrases compliquées - les phrases courtes sont plus fortes que les longues.

Supprimez tous les mots inutiles, afin de mettre en valeur ceux qui sont vraiment importants.

Que chaque phrase soit un bélier condensé, qui se balance jusqu'à son coup final sur l'attention.

Une expression familière, familiale, si elle n'est pas usée par l'usage, est plus efficace qu'une expression très formelle et savante.

Réfléchissez bien à la valeur relative des différentes positions dans les phrases afin de pouvoir donner la place la plus importante aux idées que vous souhaitez mettre en valeur.

"Mais, dit quelqu'un, n'est-il pas plus honnête de dépendre de l'intérêt inhérent à un sujet, de sa vérité native, de la clarté et de la sincérité de son exposé, de la beauté de son énonciation, pour gagner son auditoire ? Pourquoi ne pas charmer les hommes au lieu de les capturer par l'assaut ?"

Pourquoi utiliser la force ?

Il y a beaucoup de vérité dans un tel appel, mais pas toute la vérité. La clarté, la persuasion, la beauté, l'énoncé simple de la vérité, sont tous essentiels - en fait, ils sont tous des parties définies d'une présentation énergique d'un sujet, sans être les seules parties. La viande forte peut ne pas être aussi attrayante que les glaces, mais tout dépend de l'appétit et de l'étape du repas.

Vous ne pouvez pas délivrer un message agressif avec des petits coups caressants. Non ! Donnez des coups de poing durs et rapides au niveau du plexus solaire. Vous ne pouvez pas faire jaillir le feu d'un silex ou d'un public avec des coups d'amour. Dire à un théâtre bondé d'une manière nonchalante : "Il me semble que la maison est en feu", et votre annonce sera peut-être accueillie par un rire. Si vous lancez les mots : "La maison est en feu !", ils s'écraseront les uns sur les autres pour atteindre les sorties.

L'esprit et le langage de la force sont définis par la conviction. Aucun discours immortel de la littérature ne contient des expressions telles que "il me semble", "je devrais juger", "à mon avis", "je suppose", "peut-être est-ce vrai". Les discours qui vivront ont été prononcés par des hommes enflammés par le courage de leurs convictions, qui ont prononcé leurs paroles comme une vérité éternelle. De Jésus, il a été dit que "les gens du peuple l'ont écouté avec joie". Pourquoi ? "Il les enseignait comme quelqu'un qui a de l'AUTORITÉ". Un auditoire ne sera jamais ému par ce qui vous "semble" être la vérité ou ce qui, à votre "humble avis", peut l'être. Si vous le pouvez honnêtement, affirmez vos convictions comme vos conclusions. Assurez-vous d'avoir raison avant de prononcer votre discours, puis exprimez vos pensées comme si elles étaient un Gibraltar de vérité irréprochable. Livrez-les avec la main de fer et la confiance d'un Cromwell. Affirmez-les avec le feu de l'autorité. Prononcez-les comme un ultimatum. Si vous ne pouvez pas parler avec conviction, taisez-vous.

Quelle force avait ce jeune ministre qui, craignant d'être trop dogmatique, exhortait ainsi ses auditeurs : "Mes amis - comme je suppose que vous l'êtes - il me semble de mon devoir de vous dire que si vous ne vous repentez pas, pour ainsi dire, si vous n'abandonnez pas vos péchés et ne vous tournez pas vers la justice, si je puis m'exprimer ainsi, vous serez perdus, dans une certaine mesure" ?

Un discours efficace doit refléter l'époque. Nous ne sommes pas à l'ère de l'eau de rose, et un discours tiède et sans conviction ne sera pas gagnant. Nous sommes au siècle des marteaux-piqueurs, des express terrestres qui passent sous les villes et dans les tunnels de montagne, et vous devez insuffler cet esprit à votre discours si vous voulez toucher un public populaire. Depuis un siège de premier plan, écoutez une compagnie de première classe présenter un drame moderne de Broadway - pas une comédie, mais un drame captivant et palpitant. Ne vous laissez pas absorber par l'histoire ; réservez toute votre attention à la technique et à la force de l'interprétation. Il y a un coup de pied et un fracas ainsi qu'une intensité infiniment subtile dans les grands discours à l'apogée qui suggèrent cette leçon : la même force bien calculée, contenue, délicatement nuancée rivaliserait simplement avec vos idées dans l'esprit de votre public. Un fusil à air comprimé peut faire résonner des plombs d'oiseaux contre une vitre, mais il faut un fusil pour envoyer une balle à travers une vitre et les murs en chêne au-delà.

Quand utiliser la force

Un public n'est pas comme le royaume des cieux - les violents ne le prennent pas toujours par la force. Il y a des moments où la beauté et la sérénité devraient être les seules cloches de votre carillon. La force n'est qu'un des grands extrêmes du contraste - ne l'utilisez pas, pas plus que l'expression silencieuse, à l'exclusion d'autres tons : soyez variés, et dans la variété, trouvez une force encore plus grande que celle que vous pourriez atteindre en essayant de l'utiliser constamment. Si vous lisez un essai sur les beautés de l'aube, si vous parlez de la délicate floraison d'un chèvrefeuille ou si vous expliquez le mécanisme d'un moteur à gaz, un style vigoureux est tout à fait déplacé. Mais lorsqu'il s'agit de faire appel aux volontés et aux consciences pour une action immédiate, c'est la force qui l'emporte. Dans ce cas, considérez l'esprit de votre auditoire comme autant de coffres-forts verrouillés et dont les clés ont été perdues. N'essayez pas de comprendre les combinaisons. Versez un peu de nitroglycérine dans les fissures et allumez la mèche. Au moment où ces lignes sont écrites, un entrepreneur au bout de la rue est en train de déblayer les rochers à la dynamite pour poser les fondations d'un grand bâtiment. Lorsque vous voulez passer à l'action, n'ayez pas peur d'utiliser de la dynamite.

Le dernier argument en faveur de l'efficacité de la force dans les discours publics est le fait que tout doit être agrandi pour les besoins de la tribune - c'est pourquoi si peu de discours sont bien lus dans les comptes rendus du lendemain matin : les déclarations semblent grossières et exagérées parce qu'elles ne sont pas accompagnées de la force d'un orateur rayonnant devant un public chauffé à blanc. Ainsi, lorsque vous préparez votre discours, vous ne devez pas pécher par excès de modération - votre auditoire atténuera inévitablement vos paroles dans la froide grisaille de la réflexion ultérieure. Lorsque Phidias fut critiqué pour les contours grossiers et audacieux d'une figure qu'il avait présentée en compétition, il sourit et demanda que sa statue et celle de son rival soient placées sur la colonne à laquelle la sculpture était destinée. Lorsque cela fut fait, toutes les exagérations et les crudités, atténuées par les distances, se fondirent dans la grâce exquise des lignes et des formes. Chaque discours doit être une étude spéciale de l'adéquation et de la proportion.

Oubliez le tonnerre de la livraison, si vous voulez, mais comme Wendell Phillips, mettez des "éclairs silencieux" dans votre discours. Faites respirer vos pensées et brûler vos mots. Birrell a dit : "Emerson écrit comme un chat électrique qui émet des étincelles et des chocs dans chaque phrase." Allez-y et parlez de la même façon. Mettez le "gros bâton" dans votre discours - soyez énergique.

QUESTIONS ET EXERCICES

1. Illustrez, en répétant une phrase de mémoire, ce qu'on entend par employer la force dans la parole.

2. Parmi les principes techniques de l'expression orale que vous avez étudiés jusqu'à présent, lequel est, à votre avis, le plus important ? Pourquoi ?

3. Quel est l'effet de trop de force dans un discours ? Trop peu ?

4. Notez une conversation inintéressante ou un discours inefficace, et dites pourquoi il a échoué.

5. Suggérez comment il pourrait être amélioré.

6. Pourquoi les discours doivent-ils être prononcés avec plus de force que les conversations ?

7. Lisez à haute voix une sélection de votre choix, en utilisant les principes techniques exposés dans les chapitres III à VIII, mais en négligeant de mettre une quelconque force derrière l'interprétation. Quel est le résultat ?

8. Relisez plusieurs fois, en faisant de votre mieux pour atteindre la force.

9. Rédigez un discours de cinq minutes, non seulement en discutant les erreurs de ceux qui exagèrent et de ceux qui minimisent l'usage de la force, mais en montrant par imitation leurs faiblesses. Ne soyez pas burlesque, mais imitez de près.

10. Donnez une liste de dix thèmes pour des discours publics, en disant lesquels semblent les plus susceptibles de nécessiter l'usage fréquent de la force dans la prestation.

11. Selon vous, les orateurs ont-ils tendance à utiliser trop ou trop peu de force ?

12. Définissez (a) bombardement ; (b) bathos ; (c) sentimentalité ; (d) dégoût.

13. Dites comment les mots précédents décrivent les faiblesses de la parole publique.

14. Mémorisez les extraits suivants des discours de Wendell Phillips, et prononcez-les avec le style "foudre silencieuse" de Wendell Phillips.

Nous sommes pour une révolution ! Nous disons au nom de ces lyings chassés, que Dieu a créés, et dont les respectueux Webster et Winthrop ont juré qu'ils ne trouveraient pas refuge au Massachusetts, nous disons qu'ils peuvent faire leurs petites motions, et passer leurs petites lois à Washington, mais que Faneuil Hall les abroge au nom de l'humanité et du vieil État de la Baie !

Mon conseil aux travailleurs est le suivant :

Si vous voulez le pouvoir dans ce pays ; si vous voulez vous faire sentir ; si vous ne voulez pas que vos enfants attendent de longues années avant d'avoir le pain sur la table qu'ils devraient avoir, le loisir dans leur vie qu'ils devraient avoir, les opportunités dans la vie qu'ils devraient avoir ; si vous ne voulez pas attendre vous-mêmes, écrivez sur votre bannière, de sorte que tous les politiciens puissent la lire, de sorte que tous les politiciens, aussi myopes soient-ils, puissent la lire, "NOUS N'OUBLIERONS JAMAIS ! Si vous lancez la flèche du sarcasme sur le travail, NOUS N'OUBLIERONS JAMAIS ! S'il y a une division au Congrès, et que vous jetez votre vote dans la mauvaise balance, NOUS N'OUBLIERONS JAMAIS ! Vous pouvez vous mettre à genoux et dire : 'Je suis désolé d'avoir fait cet acte', mais nous vous dirons : 'C'EST AU CIEL que vous serez désolé, mais de ce côté-ci de la tombe, JAMAIS ! '" De sorte qu'un homme, en abordant la question du travail, saura qu'il a affaire à un pistolet à gâchette, et dira : "Je dois être fidèle à la justice et à l'homme ; sinon, je suis un canard mort."

En Russie, il n'y a pas de presse, pas de débat, pas d'explication de ce que fait le gouvernement, pas de remonstrations autorisées, pas d'agitation des questions publiques. Un silence de mort, comme celui qui règne au sommet du Mont Blanc, fige tout l'empire, décrit depuis longtemps comme "un despotisme tempéré par l'assassinat". Entre-temps, ce despotisme a déstabilisé les cerveaux de la famille régnante, comme un pouvoir débridé a sans doute rendu fous certains des douze Césars ; un fou, jouant avec la vie et le confort de cent millions d'hommes. La jeune fille murmure à l'oreille de sa mère, sous un toit de plomb, sa pitié pour un frère knouté et traîné à moitié mort en exil pour ses opinions. La semaine suivante, elle est déshabillée et fouettée à mort sur la place publique. Aucune enquête, aucune explication, aucun procès, aucune protestation, un silence uniforme et mort, la loi du tyran. Où est l'espoir d'un changement pacifique ? Non, non ! Dans un tel pays, la dynamite et le poignard sont les substituts nécessaires et appropriés de Faneuil Hall. Tout ce qui peut faire trembler le fou dans sa chambre à coucher et pousser ses victimes à une résistance téméraire et désespérée. C'est la seule vision qu'un Américain, enfant de 1620 et de 1776, peut avoir du nihilisme. Toute autre vision perturbe et rend perplexe l'éthique de notre civilisation.

Né dans le voisinage de Bunker Hill, fils de Harvard, dont le premier serment était la "Vérité", citoyen d'une république fondée sur l'affirmation qu'aucun gouvernement n'est légitime s'il ne repose pas sur le consentement du peuple, et qui assume la direction de l'affirmation des droits de l'humanité, je ne peux rien dire d'autre et rien de moins, pas même si chaque tuile des toits de Cambridge était un diable qui hulule mes mots !

Chapitre 10 : Sentiment et enthousiasme

L'enthousiasme est cet esprit secret et harmonieux qui plane sur la production du génie.

Isaac Disraeli, Personnage littéraire.

Si vous vous adressez à un groupe de scientifiques sur un sujet tel que les nervures des ailes d'un papillon ou la structure d'une route, il est évident que votre thème ne suscitera pas beaucoup de sentiments, ni chez vous ni chez votre auditoire. Ce sont des sujets purement mentaux. Mais si vous voulez que les hommes votent pour une mesure qui abolit le travail des enfants, ou si vous voulez les inciter à prendre les armes pour la liberté, vous devez frapper directement à leurs sentiments. Nous nous couchons sur des lits moelleux, nous nous asseyons près du radiateur par une journée froide, nous mangeons de la tarte aux cerises et nous consacrons notre attention à une personne du sexe opposé, non pas parce que nous avons raisonné que c'est la bonne chose à faire, mais parce que nous nous sentons bien. Seul un dyspeptique choisit son régime alimentaire à partir d'un tableau. Nos sentiments nous dictent ce que nous allons manger et, en général, comment nous allons agir. L'homme est un animal sensible, c'est pourquoi la capacité de l'orateur à inciter les hommes à agir dépend presque entièrement de sa capacité à toucher leurs émotions.

Les mères noires qui ont vu leurs enfants vendus aux enchères et réduits à l'esclavage sont à l'origine de certains des discours les plus émouvants de l'Amérique. Il est vrai que la mère n'avait aucune connaissance de la technique de la parole, mais elle avait quelque chose de plus grand que toute technique, de plus efficace que la raison : le sentiment. Les grands discours du monde n'ont pas été prononcés sur la réduction des tarifs douaniers ou les crédits des bureaux de poste. Les discours qui vivront ont été chargés de force émotionnelle. La prospérité et la paix sont de piètres révélateurs de l'éloquence. Lorsque de grands torts doivent être redressés, lorsque le cœur du public s'enflamme de passion, c'est l'occasion de prononcer des discours mémorables. Patrick Henry a prononcé un discours immortel, car dans une crise historique, il a plaidé pour la liberté. Il s'était réveillé au point de pouvoir s'exclamer honnêtement et passionnément : "Donnez-moi la liberté ou donnez-moi la mort". Sa renommée aurait été différente s'il avait vécu aujourd'hui et plaidé pour la révocation des juges.

Le pouvoir de l'enthousiasme

Les partis politiques engagent des orchestres et paient pour les applaudissements - ils soutiennent que, pour obtenir des voix, il est plus efficace de susciter l'enthousiasme que de raisonner. La mesure dans laquelle ils ont raison dépend des auditeurs, mais la nature contagieuse de l'enthousiasme ne fait aucun doute. Un fabricant de montres de New York a fait l'essai de deux séries de publicités pour des montres ; l'une d'elles vantait la qualité supérieure de la construction, de la fabrication, de la durabilité et de la garantie offertes avec la montre ; l'autre était intitulée "Une montre dont on peut être fier" et insistait sur le plaisir et la fierté de la posséder. Cette dernière série s'est vendue deux fois plus que la première. Un vendeur d'une usine de locomotives a informé l'auteur que pour vendre des locomotives de chemin de fer, l'attrait émotionnel était plus fort qu'un argument basé sur l'excellence mécanique.

Des illustrations sans nombre pourraient être citées pour montrer que dans toutes nos actions nous sommes des êtres émotionnels. L'orateur qui veut parler efficacement doit développer le pouvoir de susciter des sentiments.

Webster, grand débatteur qu'il était, savait que le véritable secret du pouvoir d'un orateur était d'ordre émotionnel. Il dit de l'éloquence :

"La passion affectée, l'expression intense, la pompe de la déclamation, tous peuvent y aspirer, ils ne peuvent l'atteindre. Elle vient, si elle vient, comme le jaillissement d'une fontaine de la terre, ou l'éclatement de feux volcaniques, avec une force spontanée, originale, native.

" Les grâces enseignées dans les écoles, les ornements coûteux et les artifices étudiés du discours, choquent et dégoûtent les hommes, lorsque leur propre vie, le sort de leur femme, de leurs enfants et de leur pays dépendent de la décision de l'heure. Les mots ont alors perdu leur pouvoir, la rhétorique est vaine, et tout discours élaboré est méprisable. Le génie lui-même se sent alors réprimandé et maîtrisé, comme en présence de qualités supérieures. Alors le patriotisme est éloquent, alors le dévouement est éloquent. La conception claire dépassant les déductions de la logique, le but élevé, la ferme résolution, l'esprit intrépide, parlant sur la langue, rayonnant dans les yeux, informant chaque trait, et poussant l'homme tout entier vers l'avant, vers son sujet - ceci, c'est l'éloquence ; ou plutôt, c'est quelque chose de plus grand et de plus élevé que toute éloquence ; c'est l'action, l'action noble, sublime, divine".

Lors d'un voyage dans le Nord-Ouest, il y a quelque temps, l'un des auteurs actuels se promenait dans une rue de village après le dîner et remarqua une foule qui écoutait un " faussaire " qui parlait au coin d'une boîte à marchandises. Se souvenant du conseil d'Emerson d'apprendre quelque chose de chaque homme que nous rencontrons, l'observateur s'arrêta pour écouter l'appel de cet orateur. Il vendait un tonique pour cheveux, qu'il prétendait avoir découvert en Arizona. Il enleva son chapeau pour montrer ce que ce remède avait fait pour lui, s'en lava le visage pour démontrer qu'il était aussi inoffensif que l'eau, et s'étendit sur ses mérites avec tant d'enthousiasme que les demi-dollars se déversèrent sur lui en un flot d'argent. Après avoir approvisionné l'auditoire en tonique capillaire, il demanda pourquoi une plus grande proportion d'hommes que de femmes étaient chauves. Personne ne le sait. Il expliqua que c'était parce que les femmes portaient des chaussures à semelles fines, et établissaient ainsi une bonne connexion électrique avec la terre mère, tandis que les hommes portaient des chaussures épaisses, à semelles sèches, qui ne transmettaient pas l'électricité de la terre au corps. Les cheveux des hommes, ne recevant pas une quantité adéquate de nourriture électrique, mouraient et tombaient. Bien sûr, il avait un remède - une petite plaque de cuivre qui devait être clouée au fond de la chaussure. Il décrivait en termes enthousiastes et vivants l'intérêt d'échapper à la calvitie et rendait hommage à ses plaques de cuivre. Aussi étrange que cela puisse paraître lorsque l'histoire est racontée en caractères d'imprimerie, l'enthousiasme de l'orateur avait entraîné son public avec lui, et ils s'écrasaient autour de son stand avec des " quarts " tendus dans leur anxiété d'être les possesseurs de ces plaques magiques !

La suggestion d'Emerson avait été bien suivie - l'observateur avait vu à nouveau le pouvoir merveilleux et persuasif de l'enthousiasme !

L'enthousiasme a envoyé des millions de personnes en croisade en Terre Sainte pour la racheter aux Sarrasins. L'enthousiasme a plongé l'Europe dans une guerre de religion de trente ans. L'enthousiasme a envoyé trois petits bateaux naviguer sur une mer inconnue vers les rivages d'un nouveau monde. Lorsque l'armée de Napoléon était épuisée et découragée dans son ascension des Alpes, le petit caporal l'arrêta et ordonna aux fanfares de jouer la Marseillaise. Sous ses airs entraînants, il n'y avait pas d'Alpes.

Ecoutez ! Emerson a dit : "Rien de grand n'a jamais été accompli sans enthousiasme." Carlyle a déclaré que "Chaque grand mouvement dans les annales de l'histoire a été le triomphe de l'enthousiasme." C'est aussi contagieux que la rougeole. L'éloquence est une demi-inspiration. Emportez votre auditoire avec vous dans une pulsation d'enthousiasme. Laissez-vous aller. "Un homme", a dit Oliver Cromwell, "ne s'élève jamais aussi haut que lorsqu'il ne sait pas où il va".

Comment acquérir et développer l'enthousiasme ?

Il ne s'agit pas de l'enfiler comme une veste de smoking. Un livre ne peut pas vous la fournir. C'est une croissance - un effet. Mais un effet de quoi ? Voyons voir.

Emerson a écrit : "Un peintre m'a dit que personne ne pouvait dessiner un arbre sans devenir en quelque sorte un arbre ; ou dessiner un enfant en étudiant simplement les contours de sa forme, mais, en observant pendant un certain temps ses mouvements et ses jeux, le peintre entre dans sa nature, et peut alors le dessiner à volonté dans toutes les attitudes. C'est ainsi que Roos a "pénétré dans la nature profonde de ses moutons". J'ai connu un dessinateur employé dans une enquête publique, qui trouvait qu'il ne pouvait pas dessiner les roches avant qu'on lui ait expliqué leur structure géologique."

Lorsque Sarah Bernhardt joue un rôle difficile, elle ne parle souvent à personne de quatre heures de l'après-midi jusqu'à la fin de la représentation. À partir de quatre heures, elle vit son personnage. Booth, dit-on, ne permettait à personne de lui parler entre les actes de ses rôles shakespériens, car il était alors Macbeth, et non Booth. Dante, exilé de sa Florence bien-aimée, condamné à mort, a vécu dans des grottes, à moitié affamé ; puis Dante a écrit son cœur dans "La Divine Comédie". Bunyan est entré dans l'esprit de son "Pilgrim's Progress" si profondément qu'il est tombé sur le sol de la prison de Bedford et a pleuré de joie. Turner, qui vivait dans une mansarde, se levait avant le lever du jour et parcourait les collines sur neuf miles pour voir le soleil se lever sur l'océan, afin de saisir l'esprit de sa merveilleuse beauté. Les phrases de Wendell Phillips étaient pleines de "foudre silencieuse" parce qu'il portait dans son cœur la douleur de cinq millions d'esclaves.

Il n'y a qu'une seule façon d'introduire des sentiments dans votre discours - et quoi que vous oubliiez d'autre, n'oubliez pas ceci : Vous devez réellement ENTRER DANS le personnage que vous incarnez, dans la cause que vous défendez, dans le cas que vous défendez - y entrer si profondément qu'il vous habille, vous captive, vous possède entièrement. Vous êtes alors, dans le vrai sens du terme, en sympathie avec votre sujet, car son sentiment est le vôtre, vous "ressentez avec" lui, et votre enthousiasme est donc à la fois authentique et contagieux. Le charpentier qui a parlé comme "jamais homme n'a parlé" a prononcé des paroles nées d'une passion d'amour pour l'humanité - il était entré dans l'humanité, et ainsi il est devenu Homme.

Mais nous ne devons pas considérer les mots qui précèdent comme une prescription facile pour décocher un sentiment qui peut ensuite être distribué à la louche à un public complaisant, en quantité adaptée au besoin du moment. Le sentiment authentique dans un discours est l'os et le sang du discours lui-même et non quelque chose que l'on peut ajouter ou soustraire à volonté. Dans le discours idéal, le thème, l'orateur et le public ne font qu'un, fusionnés par l'émotion et la pensée du moment.

La nécessité de la sympathie pour l'humanité

On ne saurait trop insister sur la nécessité pour l'orateur d'avoir une large et profonde tendresse pour la nature humaine. L'un des biographes de Victor Hugo attribue sa puissance d'orateur et d'écrivain à ses larges sympathies et à ses profonds sentiments religieux. Récemment, nous avons entendu le rédacteur en chef du Collier's Weekly parler de l'écriture de nouvelles, et il a si souvent souligné la nécessité de ce large amour pour l'humanité, ce sentiment véritablement religieux, qu'il s'est excusé deux fois de prononcer un sermon. Peu de discours immortels, voire aucun, ont été prononcés pour une cause égoïste ou étroite - ils sont nés d'un désir passionné d'aider l'humanité ; par exemple, le discours de Paul aux Athéniens sur Mars Hill, le discours de Lincoln à Gettysburg, le Sermon sur la Montagne, le discours de Henry devant la Convention des délégués de Virginie.

Le sceau et le signe de la grandeur est le désir de servir les autres. La préservation de soi est la première loi de la vie, mais le renoncement à soi est la première loi de la grandeur et de l'art. L'égoïsme est la cause fondamentale de tout péché, c'est ce que toutes les grandes religions, toutes les philosophies dignes de ce nom, ont attaqué. C'est d'un cœur de réelle sympathie et d'amour que naissent les discours qui émeuvent l'humanité.

L'ancien sénateur américain Albert J. Beveridge, dans une introduction à l'un des volumes de "Modern Eloquence", dit : "Le sentiment le plus profond parmi les masses, l'élément le plus influent de leur caractère, est l'élément religieux. Il est aussi instinctif et élémentaire que la loi de l'auto-préservation. Il informe l'ensemble de l'intellect et de la personnalité du peuple. Et celui qui veut influencer grandement le peuple en exprimant ses pensées non formées doit avoir ce grand et inanalysable lien de sympathie avec lui."

Lorsque les hommes de l'Ulster se sont armés pour s'opposer à l'adoption du Home Rule Act, l'un des auteurs actuels a assigné à une centaine d'hommes le thème du "Home Rule" pour un discours que chacun devait préparer. Parmi ce groupe se trouvaient de brillants orateurs, dont plusieurs étaient des avocats et des militants politiques expérimentés. Certains de leurs discours témoignaient d'une connaissance et d'une maîtrise remarquables du sujet ; d'autres étaient habillés des phrases les plus attrayantes. Mais un clerc, sans grande éducation ni expérience, s'est levé et a raconté comment il avait passé son enfance en Ulster, comment sa mère, tout en le tenant sur ses genoux, lui avait dépeint les actes de bravoure de l'Ulster. Il a parlé d'un tableau dans la maison de son oncle qui montrait les hommes d'Ulster conquérant un tyran et marchant vers la victoire. Sa voix a tremblé et, la main pointant vers le haut, il a déclaré que si les hommes d'Ulster partaient à la guerre, ils n'iraient pas seuls - un grand Dieu les accompagnerait.

Le discours a enthousiasmé et électrisé le public. Il nous fait encore vibrer quand nous nous en souvenons. Les phrases ronflantes, les connaissances historiques, le traitement philosophique des autres orateurs n'ont pas réussi à susciter un intérêt profond, alors que la conviction et le sentiment authentiques du modeste clerc, parlant d'un sujet qui lui tenait à cœur, ont non seulement électrisé son auditoire, mais ont gagné sa sympathie personnelle pour la cause qu'il défendait.

Comme l'a dit Webster, il ne sert à rien d'essayer de prétendre à la sympathie ou aux sentiments. Cela ne peut pas être fait avec succès. "La nature met toujours l'accent sur la réalité." Ce qui est faux est vite détecté comme tel. Les pensées et les sentiments qui créent et façonnent le discours dans l'étude doivent renaître lorsque le discours est prononcé à la tribune. Ne laissez pas vos mots dire une chose, et votre voix et votre attitude une autre. Il n'y a pas de place ici pour les méthodes de présentation nonchalantes et sans conviction. La sincérité est l'âme même de l'éloquence. Carlyle avait raison : "Pas de Mirabeau, de Napoléon, de Burns, de Cromwell, pas d'homme capable de faire quoi que ce soit, mais qui soit d'abord très sérieux à ce sujet ; ce que j'appelle un homme sincère. Je dirais même que la sincérité, une grande, profonde et authentique sincérité, est la première caractéristique de tout homme un tant soit peu héroïque. Pas la sincérité qui se dit sincère ; ah non, c'est une bien piètre affaire en effet ; un fanfaron superficiel, une sincérité consciente, le plus souvent de l'autosatisfaction surtout. La sincérité du grand homme est du genre dont il ne peut parler - dont il n'est pas conscient."

QUESTIONS ET EXERCICES

C'est une chose de convaincre l'orateur en herbe qu'il doit mettre du sentiment dans ses discours, mais c'en est souvent une autre de le faire. L'orateur moyen a peur de se laisser aller et réprime continuellement ses émotions. Si vous mettez suffisamment de sentiment dans vos discours, ils vous sembleront exagérés, à moins que vous ne soyez un orateur expérimenté. Ils sembleront trop forts, si vous n'avez pas l'habitude d'élargir la plate-forme ou la scène, car la délimitation des émotions doit être élargie pour être prononcée en public.

1. Étudiez le discours suivant, en remontant dans votre imagination à l'époque et aux circonstances qui l'ont fait naître. N'en faites pas un document historique appris par cœur, mais ressentez les émotions qui lui ont donné naissance. Le discours n'est qu'un effet ; revivez dans votre cœur les causes qui l'ont produit et essayez de le prononcer à chaud. Il ne vous est pas possible d'y mettre trop de sentiments réels, même si, bien sûr, il serait très facile de le remplir de fausses émotions. Ce discours, selon Thomas Jefferson, a déclenché la révolution. Les hommes étaient alors prêts à sortir et à mourir pour la liberté.

DISCOURS DE PATRICK HENRY
BEFORE THE VIRGINIA CONVENTION OF DELEGATES

M. le Président, il est naturel pour l'homme de s'adonner aux illusions de l'espoir. Nous sommes aptes à fermer les yeux devant une vérité douloureuse, et à écouter le chant de cette sirène, jusqu'à ce qu'elle nous transforme en bêtes. Est-ce là le rôle d'hommes sages, engagés dans une grande et ardue lutte pour la liberté ? Sommes-nous disposés à être du nombre de ceux qui, ayant des yeux, ne voient pas, et ayant des oreilles, n'entendent pas, les choses qui concernent si étroitement notre salut temporel ? Pour ma part, quelle que soit l'angoisse de l'esprit que cela puisse coûter, je suis prêt à connaître toute la vérité ; à connaître le pire, et à y pourvoir.

Je n'ai qu'une seule lampe pour guider mes pas, et c'est celle de l'expérience. Je ne connais pas d'autre moyen de juger de l'avenir que par le passé. Et en jugeant par le passé, je voudrais savoir ce qu'il y a eu dans la conduite du ministère britannique pendant les dix dernières années pour justifier ces espoirs avec lesquels ces messieurs se sont plu à se consoler et à consoler la Chambre ? Est-ce ce sourire insidieux avec lequel notre pétition a été reçue dernièrement ? Ne vous y fiez pas, monsieur ; ce sera un piège pour vos pieds. Ne vous laissez pas "trahir par un baiser" ! Demandez-vous comment cette gracieuse réception de notre pétition s'accorde avec les préparatifs de guerre qui couvrent nos eaux et obscurcissent notre pays. Les flottes et les armées sont-elles nécessaires à une œuvre d'amour et de réconciliation ? Nous sommes-nous montrés si peu disposés à nous réconcilier qu'il faille recourir à la force pour regagner notre amour ? Ne nous leurrons pas, monsieur. Ce sont les instruments de la guerre et de l'asservissement, les derniers "arguments" auxquels les rois ont recours.

Je demande à ces messieurs, monsieur, ce que signifie ce dispositif martial, si son but n'est pas de nous forcer à la soumission ? Ces messieurs peuvent-ils lui attribuer un autre motif possible ? La Grande-Bretagne a-t-elle un ennemi dans cette partie du monde, qui nécessite toute cette accumulation de marines et d'armées ? Non, monsieur, elle n'en a pas. Elles nous sont destinées ; elles ne peuvent être destinées à personne d'autre. Ils sont envoyés pour lier et riveter sur nous ces chaînes que le ministère britannique a forgées depuis si longtemps. Et qu'avons-nous à leur opposer ? Essayerons-nous d'argumenter ? Monsieur, nous l'avons essayé pendant les dix dernières années. Avons-nous quelque chose de nouveau à offrir sur le sujet ? Rien. Nous avons présenté le sujet sous tous les angles possibles, mais tout cela a été vain. Aurons-nous recours à l'imploration et à l'humble supplication ? Quels termes trouverons-nous qui n'aient pas déjà été épuisés ? Ne nous trompons pas plus longtemps, je vous en conjure, monsieur. Monsieur, nous avons fait tout ce qui pouvait être fait pour éviter la tempête qui s'annonce. Nous avons adressé des pétitions, nous avons fait des remontrances, nous avons supplié, nous nous sommes prosternés devant le trône, et nous avons imploré son interposition pour arrêter les mains tyranniques du ministère et du parlement. Nos pétitions ont été négligées ; nos remontrances ont produit des violences et des insultes supplémentaires ; nos supplications ont été ignorées, et nous avons été éconduits avec mépris du pied du trône. C'est en vain, après tout cela, que nous pouvons nourrir l'espoir de la paix et de la réconciliation. Il n'y a plus de place pour l'espoir. Si nous voulons être libres, si nous voulons conserver inviolés ces privilèges inestimables pour lesquels nous nous sommes si longtemps battus ; si nous ne voulons pas abandonner bassement la noble lutte dans laquelle nous sommes si longtemps engagés, et que nous nous sommes engagés à ne jamais abandonner jusqu'à ce que le glorieux objet de notre combat soit obtenu, nous devons combattre ; je le répète, monsieur, nous devons combattre ! Un appel aux armes, et au Dieu des armées, est tout ce qui nous reste !

Ils nous disent, monsieur, que nous sommes faibles - "incapables de faire face à un adversaire aussi redoutable" ! Mais quand serons-nous plus forts ? Est-ce que ce sera la semaine prochaine, ou l'année prochaine ? Est-ce que ce sera lorsque nous serons totalement désarmés et qu'un garde britannique sera posté dans chaque maison ? Allons-nous acquérir de la force par l'irrésolution et l'inaction ? Acquerrons-nous les moyens d'une résistance efficace en restant couchés sur le dos et en étreignant le fantôme illusoire de l'espoir, jusqu'à ce que nos ennemis nous aient liés pieds et poings ? Monsieur, nous ne sommes pas faibles, si nous faisons un bon usage des moyens que le Dieu de la nature a mis en notre pouvoir. Trois millions de personnes, armées pour la sainte cause de la Liberté, et dans un pays tel que celui que nous possédons, sont invincibles par toute force que notre ennemi peut envoyer contre nous. De plus, monsieur, nous ne mènerons pas nos batailles seuls. Il existe une puissance juste qui préside aux destinées des nations, et qui suscitera des amis pour mener nos batailles à notre place. Le combat, monsieur, n'est pas réservé aux seuls forts ; il est réservé aux vigilants, aux actifs, aux braves. De plus, monsieur, nous n'avons pas d'élection. Si nous étions assez vils pour la désirer, il est maintenant trop tard pour nous retirer de la compétition. Il n'y a pas de retraite, mais dans la soumission et l'esclavage. Nos chaînes sont forgées. Leur cliquetis peut être entendu dans les plaines de Boston. La guerre est inévitable, et qu'elle vienne ! Je le répète, monsieur, qu'elle vienne ! Il est vain, monsieur, d'exténuer la question. Ces messieurs peuvent crier "Paix, paix !" mais il n'y a pas de paix ! La guerre est bel et bien commencée ! Le prochain coup de vent qui balaie le nord fera retentir à nos oreilles le fracas des armes ! Nos frères sont déjà sur le terrain ! Pourquoi restons-nous ici sans rien faire ? Que souhaitent ces messieurs ? Que veulent-ils ? La vie est-elle si chère, ou la paix si douce, que l'on puisse l'acheter au prix de chaînes et d'esclavage ? Je ne sais pas ce que les autres peuvent faire, mais moi, je veux la liberté ou la mort !

2. Revivez dans votre imagination toute la solennité et la tristesse que Lincoln a ressenties au cimetière de Gettysburg. Le sentiment qui se dégage de ce discours est très profond, mais il est plus calme et plus modéré que le précédent. Le but du discours d'Henry était d'obtenir une action ; le discours de Lincoln n'était destiné qu'à consacrer la dernière demeure de ceux qui avaient agi. Lisez-le encore et encore jusqu'à ce qu'il brûle dans votre âme. Ensuite, enregistrez-le et répétez-le pour l'exprimer avec émotion.

3. Le discours de Beecher sur Lincoln ; le discours de Thurston sur "A Plea for Cuba"; et la sélection suivante, sont recommandés pour s'exercer à développer le sentiment dans l'exécution.

Une force vivante qui apporte à elle-même toutes les ressources de l'imagination, toutes les inspirations du sentiment, tout ce qui est influent dans le corps, dans la voix, dans l'œil, dans le geste, dans la posture, dans tout l'homme animé, est en stricte analogie avec la pensée divine et l'arrangement divin ; et il n'y a pas d'interprétation erronée plus complètement fausse et fatale que celle-ci : que l'art oratoire est une chose artificielle, qui s'occupe de babioles et de bagatelles, dans le but de faire des bulles de plaisir pour un effet passager sur des audiences mercuriales. Loin de cela, c'est la consécration de l'homme tout entier aux objectifs les plus nobles que l'on puisse se fixer - l'éducation et l'inspiration de ses semblables par tout ce qu'il y a dans l'apprentissage, par tout ce qu'il y a dans la pensée, par tout ce qu'il y a dans les sentiments, par tout ce qu'il y a en chacun d'eux, transmis par les canaux du goût et de la beauté... Henry Ward Beecher.

4. A votre avis, quelles sont les valeurs relatives de la pensée et du sentiment dans un discours ?

5. Peut-on se passer de l'un ou l'autre ?

6. Quels types de sélections ou d'occasions exigent beaucoup de sentiment et d'enthousiasme ? Lesquels en demandent peu ?

7. Inventez une liste de dix sujets de discours, en disant lesquels laisseraient le plus de place à la pensée pure et lesquels aux sentiments.

8. Préparez et prononcez un discours de dix minutes dénonçant le plaidoyer (imaginaire) insensible d'un avocat ; il peut être soit l'avocat de la défense, soit l'avocat de l'accusation, et l'accusé peut être présumé coupable ou innocent, à votre choix.

9. Le sentiment est-il plus important que les principes techniques exposés dans les chapitres III à VII ? Pourquoi ?

10. Analysez le secret d'un discours ou d'un orateur efficace. A quoi ce succès est-il dû ?

11. Donnez un exemple tiré de votre propre observation de l'effet du sentiment et de l'enthousiasme sur les auditeurs.

12. Mémorisez les remarques de Carlyle et d'Emerson sur l'enthousiasme.

13. Prononcez un discours de votre choix, sans montrer de sentiment ou d'enthousiasme. Quel est le résultat ?

14. Répétez, avec toute la sensibilité dont vous êtes capables. Quel est le résultat ?

15. Quelles mesures avez-vous l'intention de prendre pour développer le pouvoir de l'enthousiasme et des sentiments dans votre discours ?

16. Rédigez et prononcez un discours de cinq minutes dans lequel vous ridiculisez un orateur qui utilise la grandiloquence, la pompe et l'enthousiasme excessif. Imitez-le.

Chapitre 11 : L'aisance grâce à la préparation

Animis opibusque parati-Ready dans l'esprit et les ressources.

-Motos de la Caroline du Sud.

In omnibus negotiis prius quam aggrediare, adhibenda est præparatio diligens-Dans toutes les affaires, avant de commencer, une préparation diligente doit être faite.

-Cicéron, De Officiis.

Prenez votre dictionnaire et cherchez les mots qui contiennent le radical latin flu - les résultats seront suggestifs.

À première vue, il semblerait que la fluidité consiste en un usage facile et aisé des mots. Ce n'est pas le cas - la fluidité de la parole est bien plus que cela, car il s'agit d'un effet composite, dont chacune des conditions préalables mérite une attention particulière.

Les sources de la fluidité

D'une manière générale, l'aisance est presque entièrement une question de préparation. Certes, les dons naturels jouent un grand rôle ici, comme dans tout art, mais même la facilité naturelle dépend des mêmes lois de préparation qui s'appliquent à l'homme dont les dons naturels sont supposés être faibles. Que cela vous encourage si, comme Moïse, vous êtes enclin à vous plaindre de ne pas être un orateur accompli.

Vous êtes-vous déjà arrêté pour analyser cette expression, "un orateur prêt" ? L'état de préparation, dans son sens premier, est la préparation, et sont les plus prêts ceux qui sont les mieux préparés. Le tir rapide dépend davantage du doigt alerte que de la gâchette. Votre aisance sera en rapport direct avec deux conditions importantes : votre connaissance de ce que vous allez dire, et votre habitude de dire ce que vous savez à un public. Cela nous donne le deuxième grand élément de la fluidité, auquel il faut ajouter la facilité qui découle de la pratique, dont nous parlerons plus loin.

Les connaissances sont essentielles

M. Bryan s'exprime avec beaucoup d'aisance lorsqu'il parle de problèmes politiques, des tendances de l'époque et des questions de morale. On peut supposer, cependant, qu'il ne serait pas aussi à l'aise pour parler de l'avifaune des Everglades de Floride. M. John Burroughs pourrait être au mieux de sa forme sur ce dernier sujet, mais complètement perdu en parlant de droit international. Ne vous attendez pas à parler couramment d'un sujet que vous connaissez peu ou pas du tout. Ctésiphon se vantait de pouvoir parler toute la journée (un péché en soi) sur n'importe quel sujet suggéré par un auditoire. Il a été banni par les Spartiates.

Mais la préparation va au-delà de l'obtention des faits dans le cas que vous allez présenter : elle comprend également la capacité de penser et d'organiser vos pensées, un vocabulaire complet et précis, une manière facile de parler et de respirer, l'absence de conscience de soi, et plusieurs autres caractéristiques d'une présentation efficace qui ont mérité une attention particulière dans d'autres parties de ce livre plutôt que dans ce chapitre.

La préparation peut être soit générale, soit spécifique ; en général, elle devrait être les deux. Une vie entière de lecture, de compagnonnage avec des pensées émouvantes, de lutte avec les problèmes de la vie - tout cela constitue une préparation générale d'une valeur inestimable. L'orateur devra puiser dans un esprit bien formé, et - ce qui est encore plus riche - dans une vaste expérience, et - surtout - dans un cœur chaleureusement compatissant, une grande quantité de matériel qu'aucune étude immédiate ne pourrait lui fournir. La préparation générale consiste en tout ce qu'un homme a mis en lui-même, tout ce que l'hérédité et le milieu lui ont inculqué, et - cette autre riche source de préparation à la parole - l'amitié de compagnons sages. Lorsque Schiller rentra chez lui après une visite chez Goethe, un ami lui fit remarquer : "Je suis étonné par les progrès que Schiller peut faire en une seule quinzaine de jours." C'était l'influence progressive d'une nouvelle amitié. Les bonnes amitiés constituent l'un des meilleurs moyens de formation des idées et des idéaux, car elles permettent de s'exercer à exprimer la pensée. L'orateur qui veut parler couramment devant un public doit apprendre à parler couramment et de façon divertissante avec un ami. Clarifiez vos idées en les mettant en mots ; le parleur gagne autant de sa conversation que l'auditeur. On commence parfois à converser sur un sujet en pensant avoir très peu à dire, mais une idée donne naissance à une autre, et on est surpris d'apprendre que plus on donne, plus on a à donner. Ce va-et-vient de la conversation amicale développe la mentalité et la fluidité de l'expression. Longfellow a dit : "Une seule conversation à table avec un homme sage vaut mieux que dix ans d'étude de livres", et Holmes déclarait, de façon fantaisiste mais non moins véridique, que la moitié du temps il parlait pour savoir ce qu'il pensait. Mais cette méthode ne doit pas être appliquée sur l'estrade !

Après tout cet enrichissement de la vie par le stockage, doit venir la préparation spéciale pour le discours particulier. Cette préparation est d'une nature si précise qu'elle mérite d'être traitée ultérieurement dans un chapitre distinct.

Pratiquer

Mais la préparation doit aussi être d'une autre nature que la collecte, l'organisation et la mise en forme des matériaux - elle doit inclure la pratique, qui, comme la préparation mentale, doit être à la fois générale et spéciale.

Ne vous sentez pas surpris ou découragé si la mise en pratique des principes d'élocution énoncés ici semble retarder votre fluidité. Pendant un certain temps, cela sera inévitable. Pendant que vous travaillez sur l'inflexion appropriée, par exemple, l'inflexion exigera vos premières pensées, et le flux de votre discours, pour le moment, sera secondaire. Cet avertissement, cependant, est strictement réservé à la garde-robe, pour votre pratique à la maison. N'emportez aucune pensée d'inflexion avec vous sur l'estrade. Là, vous ne devez penser qu'à votre sujet. Il existe une télépathie absolue entre le public et l'orateur. Si votre pensée va à votre geste, leur pensée le fera aussi. Si votre intérêt se porte sur la qualité de votre voix, ils s'intéresseront à cela plutôt qu'à ce que votre voix exprime.

On vous a sans doute conseillé d'"oublier tout sauf votre sujet". Ce conseil en dit trop ou trop peu. La vérité est que, lorsque vous êtes sur l'estrade, vous ne devez pas oublier un grand nombre de choses qui ne font pas partie de votre sujet, mais vous ne devez pas y penser. Votre attention doit consciemment se porter uniquement sur votre message, mais inconsciemment vous serez attentif aux points de technique qui sont devenus plus ou moins habituels par la pratique.

Un bon équilibre entre ces deux types d'attention est important.

Vous ne pouvez pas plus échapper à cette loi que vous ne pouvez vivre sans air : Vos gestes de plate-forme, votre voix, votre inflexion, seront tous aussi bons que votre habitude du geste, de la voix et de l'inflexion les rendra - pas meilleurs. La seule pensée de savoir si vous parlez avec fluidité ou non aura pour effet d'altérer votre flux de parole.

Revenez au premier chapitre, sur la confiance en soi, et mettez à nouveau ses préceptes en pratique. Apprenez par des règles à parler sans penser aux règles. Il n'est pas - ou ne devrait pas être - nécessaire que vous vous arrêtiez pour réfléchir à la façon de dire correctement l'alphabet ; en fait, il est légèrement plus difficile pour vous de répéter Z, Y, X que de dire X, Y, Z - l'habitude a établi l'ordre. De même, vous devez maîtriser les lois de l'efficacité dans l'expression orale jusqu'à ce que ce soit une seconde nature pour vous de parler correctement plutôt qu'autrement. Un débutant au piano a beaucoup de mal avec la mécanique du jeu, mais avec le temps, ses doigts s'entraînent et se promènent presque instinctivement sur les touches correctement. En tant qu'orateur inexpérimenté, vous aurez beaucoup de mal au début à mettre les principes en pratique, car vous serez effrayé, comme le jeune nageur, et ferez quelques mouvements grossiers, mais si vous persévérez, vous "gagnerez".

Ainsi, pour résumer, le vocabulaire que vous avez élargi par l'étude[4][1], la facilité d'élocution que vous avez développée par la pratique, l'économie de votre emphase bien étudiée, tout cela viendra inconsciemment à votre aide sur la plate-forme. Les habitudes que vous avez prises vous rapporteront alors de splendides dividendes. La fluidité de votre discours correspondra à la vitesse d'écoulement que votre pratique a rendue habituelle.

Mais cela implique du travail. Quelle bonne habitude ne l'exige pas ? On n'a jamais trouvé de pierre philosophale qui puisse se substituer à une pratique laborieuse. Si elle existait, elle serait jetée, car elle tuerait notre plus grande joie - le plaisir d'acquérir. Si parler en public signifie pour vous une vie plus pleine, vous ne connaîtrez pas de plus grand bonheur qu'un discours bien prononcé. Le temps que vous avez passé à rassembler des idées et à vous exercer à parler en privé sera amplement récompensé.

QUESTIONS ET EXERCICES

1. Quels sont les avantages de l'orateur qui parle couramment par rapport à celui qui hésite ?

2. Quelles sont les influences, à l'intérieur et à l'extérieur de l'homme lui-même, qui nuisent à la fluidité ?

3. Choisissez dans le journal du jour un sujet de discours et faites un discours de trois minutes sur ce sujet. Vos mots viennent-ils librement et

---

1. https://www.gutenberg.org/cache/epub/16317/pg16317-images.html#Footnote_4_4

vos phrases s'enchaînent-elles avec rythme ? Exercez-vous sur le même sujet jusqu'à ce qu'ils y parviennent.

4. Choisissez un sujet qui vous est familier et testez votre aisance en parlant extemporanément.

5. Prenez l'un des sentiments donnés ci-dessous et, construisez un court discours commençant par le dernier mot de la phrase.

Les machines ont créé un nouveau monde économique.

Le parti socialiste est un travailleur acharné pour la paix.

Il était un homme écrasé et brisé quand il a quitté la prison.

La guerre doit finalement céder la place à un arbitrage mondial.

Les syndicats demandent une répartition plus équitable de la richesse créée par le travail.

6.. Prenez n'importe laquelle des citations suivantes et faites un discours de cinq minutes sur ce sujet sans faire de pause pour vous préparer. Les premiers efforts peuvent être très médiocres, mais si vous voulez être rapide sur une machine à écrire, battre un record de course de 100 mètres ou avoir de la facilité à parler, vous devez pratiquer, pratiquer, PRATIQUER.

Il y a plus de foi dans le doute honnête, croyez-moi, que dans la moitié des croyances.

Tennyson, In Memoriam.

Quoi qu'il en soit, il me semble qu'il n'y a rien de plus noble que d'être bon. Les coeurs bienveillants valent mieux que les couronnes, et la foi simple que le sang normand.

-Tennyson, Lady Clara Vere de Vere.

C'est la distance qui enchante la vue et habille la montagne de sa teinte azur.

-Campbell, Pleasures of Hope.

Ses meilleurs compagnons, l'innocence et la santé, et ses meilleures richesses, l'ignorance de la richesse.

-Goldsmith, Le Village Déserté.

Attention aux pas désespérés ! Le jour le plus sombre, Vivre jusqu'à demain, sera passé.

Cowper, Needless Alarm.

Mon pays est le monde, et ma religion est de faire le bien.

-Paine, Les droits de l'homme.

Le commerce peut aider, la société s'étendre, mais il attire le pirate et corrompt l'ami. Il lève des armées pour aider une nation, mais il soudoie un sénat, et la terre est trahie.

-Pope, Essais moraux.

O Dieu, que les hommes mettent un ennemi dans leur bouche pour leur voler la cervelle !

-Shakespeare, Othello.

Peu importe que la porte soit étroite, que le parchemin soit chargé de punitions, je suis le maître de mon destin, je suis le capitaine de mon âme.

-Henley, Invictus.

Le monde est tellement plein de choses, je suis sûr que nous devrions tous être heureux comme des rois.

-Stevenson, A Child's Garden of Verses.

Si votre morale est morne, soyez-en sûrs, elle est mauvaise.

-Stevenson, Essais.

Chaque avantage a sa taxe. J'apprends à me contenter.

-Emerson, Essais.

7. Faites un discours de deux minutes sur l'un des sujets généraux suivants, mais vous constaterez que vos idées viendront plus facilement si vous limitez votre sujet en prenant une phase spécifique de celui-ci. Par exemple, au lieu d'essayer de parler du "droit" en général, prenez la proposition suivante : "Le pauvre n'a pas les moyens d'engager des poursuites" ; ou au lieu de vous attarder sur les "loisirs", montrez comment la vitesse moderne crée plus de loisirs. De cette façon, vous pouvez étendre cette liste de sujets indéfiniment.

THÈMES GÉNÉRAUX

- Droit.
- La politique.
- Le droit de vote des femmes.
- Initiative et référendum.
- Une Marine plus grande.
- La guerre.
- La paix.
- L'immigration étrangère.

- Le trafic de l'alcool.
- Les syndicats.
- Grèves.
- Le socialisme.
- Taxe unique.
- Tarif.
- L'honnêteté.
- Le courage.
- L'espoir.
- L'amour.
- Mercy.
- La gentillesse.
- La justice.
- Progrès.
- Les machines.
- Invention.
- La richesse.
- Pauvreté.
- L'agriculture.
- La science.
- La chirurgie.
- Hâte.
- Les loisirs.
- Le bonheur.
- Santé.
- Les affaires.
- L'Amérique.
- L'Extrême-Orient.
- Mobs.
- Collèges.
- Le sport.
- Le mariage.
- Le divorce.
- Le travail des enfants.
- L'éducation.

- Des livres.
- Le théâtre.
- La littérature.
- L'électricité.
- Réussite.
- Échec.
- Prise de parole en public.
- Idéaux.
- Conversation.
- Le moment le plus dramatique de ma vie.
- Mes jours les plus heureux.
- Les choses qui en valent la peine.
- Ce que j'espère réaliser.
- Mon plus grand désir.
- Ce que je ferais avec un million de dollars.
- L'humanité progresse-t-elle ?
- Notre plus grand besoin.

Chapitre 12 : La voix

Oh, il y a quelque chose dans cette voix qui atteint les recoins les plus profonds de mon esprit !

-Longfellow, Christus.

Le critique dramatique du London Times a déclaré un jour que le jeu d'acteur était composé de neuf dixièmes de voix. Si l'on fait abstraction du message, on peut à juste titre en dire autant de l'art oratoire. Une voix riche et correctement utilisée est le plus grand facteur physique de persuasion et de puissance, dépassant souvent les effets de la raison.

Mais une bonne voix, bien maniée, n'est pas seulement une possession efficace pour l'orateur professionnel, c'est aussi une marque de culture personnelle, et même un atout commercial distinct. Gladstone, lui-même détenteur d'une voix profonde et musicale, a dit : "Quatre-vingt-dix hommes sur cent dans les professions très fréquentées ne s'élèveront probablement jamais au-dessus de la médiocrité parce que la formation de la voix est entièrement négligée et considérée comme sans importance." Ce sont des paroles qui méritent d'être méditées.

Il existe trois conditions fondamentales pour une bonne voix :

1. Faciliter

Le Signor Bonci, de la Metropolitan Opera Company, dit que le secret d'une bonne voix est la relaxation ; et c'est vrai, car la relaxation est la base de l'aisance. Les ondes aériennes qui produisent la voix produisent un type de ton différent lorsqu'elles frappent des muscles détendus que lorsqu'elles frappent des muscles contractés. Essayez vous-même. Contractez les muscles de votre visage et de votre gorge comme vous le faites dans la haine, et lancez "Je te déteste !". Détendez-vous maintenant comme vous le faites en pensant à des choses douces et tendres, et dites "Je t'aime". Comme la voix est différente.

En pratiquant les exercices vocaux, et en parlant, ne forcez jamais vos tons. L'aisance doit être votre mot d'ordre. La voix est un instrument délicat, et vous ne devez pas la manipuler avec des marteaux et des pinces. N'obligez pas votre voix à aller - laissez-la aller. Ne travaillez pas. Que le joug de la parole soit facile et son fardeau léger.

Votre gorge doit être exempte de toute tension pendant la parole, il faut donc éviter toute contraction musculaire. La gorge doit agir comme une sorte de cheminée ou d'entonnoir pour la voix, donc toute constriction non naturelle nuira non seulement à son timbre mais aussi à sa santé.

La nervosité et la tension mentale sont des sources courantes de constriction de la bouche et de la gorge. Il faut donc se battre pour avoir du sang-froid et de la confiance en soi, ce pour quoi nous avons plaidé dans le premier chapitre.

Mais comment puis-je me détendre ? demandez-vous. En voulant simplement vous détendre. Tendez votre bras à partir de votre épaule. Maintenant, retirez toute force et laissez-le tomber. Pratiquez la relaxation des muscles de la gorge en laissant votre cou et votre tête tomber en avant. Faites rouler la partie supérieure de votre corps, la taille servant de pivot. Laissez votre tête tomber et rouler pendant que vous faites passer le torse dans différentes positions. Ne forcez pas votre tête - détendez simplement votre cou et laissez la gravité le tirer au fur et à mesure que votre corps se déplace.

Encore une fois, laissez votre tête tomber en avant sur votre poitrine ; relevez la tête en laissant votre mâchoire pendre. Détendez jusqu'à ce que votre mâchoire vous semble lourde, comme si elle était un poids accroché à votre visage. N'oubliez pas que vous devez détendre la mâchoire pour la maîtriser. Elle doit être libre et flexible pour pouvoir modeler le ton et laisser le ton s'échapper sans entrave.

Les lèvres doivent également être rendues souples, afin de faciliter la formation de sons clairs et beaux. Pour assouplir les lèvres, répétez les syllabes mo-me. En disant mo, remontez les lèvres pour qu'elles ressemblent à la forme de la lettre O. En répétant me, ramenez-les comme vous le faites dans un sourire. Répétez cet exercice rapidement, en donnant aux lèvres autant d'exercice que possible.

Essayez l'exercice suivant de la même manière :

Mo-E-O-E-OO-Ah.

Après avoir maîtrisé cet exercice, les suivants seront également considérés comme excellents pour la souplesse des lèvres :

Mémorisez les sons indiqués (pas les expressions) afin de pouvoir les répéter rapidement.

A	dans le cas de	Mai.	E	dans le cas de	Met.	U	dans le cas de	Utilisez.
A	"	Ah.	I	"	La glace.	Oi	"	Huile.
A	"	A.	I	"	Il.	u	"	Notre.
O	"	Non.	O	"	Non.	O	"	Ooze.
A	"	Tous.	OO	"	Pied.	A	"	Ah.
E	"	Mangez.	OO	"	Ooze.	E	"	Mangez.

Toute l'activité de la respiration doit être centrée, non pas dans la gorge, mais au milieu du corps - vous devez respirer à partir du diaphragme. Notez la façon dont vous respirez lorsque vous êtes allongé sur le dos, déshabillé dans votre lit. Vous observerez que toute l'activité se centre alors autour du diaphragme. C'est la méthode naturelle et correcte de respirer. Par une vigilance constante, faites-en votre habitude, car elle vous permettra de détendre plus parfaitement les muscles de la gorge.

La prochaine condition fondamentale pour une bonne voix est :

2. Ouverture

Si les muscles de la gorge sont contractés, que le passage du son est partiellement fermé et que la bouche reste à moitié fermée, comment voulez-vous que le son sorte de façon claire et nette, ou même qu'il sorte tout court ? Le son est une série d'ondes, et si vous faites de votre bouche une prison, en tenant les mâchoires et les lèvres de manière rigide, il sera très difficile pour le son de se faufiler, et même lorsqu'il s'échappera, il manquera de force et de puissance. Ouvrez grand la bouche, détendez tous les organes de la parole, et laissez le son s'échapper facilement.

Commencez à bâiller, mais au lieu de bâiller, parlez pendant que votre gorge est ouverte. Faites en sorte que ce sentiment d'ouverture devienne une habitude lorsque vous parlez - nous disons faire parce que c'est une question de résolution et de pratique, si vos organes vocaux sont sains. Il se peut que vos voies vocales soient partiellement fermées par des amygdales ou des adénoïdes hypertrophiés, ou encore par des turbines nasales hypertrophiées. Dans ce cas, il faut consulter un médecin compétent.

Le nez est un passage important du son et doit être maintenu ouvert et libre pour des sons parfaits. Ce que nous appelons "parler par le nez" n'est pas parler par le nez, comme vous pouvez facilement le démontrer en tenant votre nez pendant que vous parlez. Si vous êtes gêné par des tonalités nasales causées par des excroissances ou des gonflements dans les voies nasales, une opération légère et indolore permettra d'éliminer l'obstruction. Ceci est très important, en dehors de la voix, car la santé générale sera bien moins bonne si les poumons sont continuellement privés d'air.

La dernière condition fondamentale pour une bonne voix est

3. Avant-propos

Une voix qui s'enfonce dans la gorge est sombre et peu attrayante. Le ton doit être monté vers l'avant, mais il ne faut pas le forcer. Vous vous souvenez que notre premier principe était la facilité. Pensez que le ton va vers l'avant et vers l'extérieur. Croyez qu'il va vers l'avant et laissez-le couler facilement. Vous pouvez savoir si vous placez votre ton vers l'avant ou non en inspirant profondément et en chantant ah avec la bouche grande ouverte, en essayant de sentir les petites ondes sonores délicates frapper la voûte osseuse de la bouche juste au-dessus des dents de devant. La sensation est si légère que vous ne pourrez probablement pas la détecter tout de suite, mais persévérez dans votre pratique, en pensant toujours le ton en avant, et vous serez récompensé en sentant votre voix frapper le palais. Un placement correct du ton vers l'avant éliminera les tons sombres et gutturaux qui sont si désagréables, inefficaces et nuisibles à la gorge.

Fermez les lèvres, en fredonnant ng, im, ou an. Pensez au ton en avant. Le sentez-vous frapper les lèvres ?

Tenez la paume de votre main devant votre visage et dites vigoureusement crash, dash, whirl, buzz. Pouvez-vous sentir les tons avant frapper votre main ? Entraînez-vous jusqu'à ce que vous y parveniez. N'oubliez pas que la seule façon de mettre votre voix en avant est de la mettre en avant.

Comment développer le pouvoir porteur de la voix

Il n'est pas nécessaire de parler fort pour être entendu à distance. Il suffit de parler correctement. La voix d'Edith Wynne Matthison peut être entendue dans un murmure dans un grand théâtre. Le bruissement d'un papier sur la scène d'un grand auditorium peut être entendu distinctement du siège le plus éloigné dans la galerie. Si vous utilisez correctement votre voix, vous n'aurez pas beaucoup de difficultés à vous faire entendre. Bien sûr, il est toujours bon de s'adresser à vos auditeurs les plus éloignés ; s'ils comprennent, ceux qui sont plus proches n'auront aucun problème, mais à part cette suggestion évidente, vous devez observer ces lois de la production vocale :

N'oubliez pas d'appliquer les principes de facilité, d'ouverture et de franchise, qui sont les principaux facteurs permettant à votre voix d'être entendue à distance.

Ne regardez pas le sol pendant que vous parlez. Non seulement cette habitude donne à l'orateur une apparence d'amateur, mais si la tête est penchée en avant, la voix sera dirigée vers le sol au lieu de flotter au-dessus de l'auditoire.

La voix est une série de vibrations de l'air. Pour la renforcer, deux choses sont nécessaires : plus d'air ou de souffle, et plus de vibrations.

Le souffle est la base même de la voix. De même qu'une balle qui n'a que peu de poudre derrière elle n'aura pas de force ni de capacité de transport, la voix qui n'a que peu de souffle derrière elle sera faible. Non seulement une respiration profonde - respirer à partir du diaphragme - donnera à la voix un meilleur soutien, mais elle lui donnera une résonance plus forte en améliorant la santé générale.

En général, une mauvaise santé se traduit par une voix faible, alors qu'une vitalité physique abondante se traduit par une voix forte et vibrante. Par conséquent, tout ce qui améliore la vitalité générale est un excellent fortifiant de la voix, à condition de l'utiliser correctement. Les autorités diffèrent sur la plupart des règles d'hygiène mais sur un point elles sont toutes d'accord : la vitalité et la longévité sont accrues par une respiration profonde. Pratiquez-la jusqu'à ce qu'elle devienne une seconde nature. Chaque fois que vous parlez, prenez de grandes respirations, mais de manière à ce que les inspirations soient silencieuses.

N'essayez pas de parler trop longtemps sans reprendre votre souffle. La nature s'en occupe assez bien inconsciemment dans la conversation, et elle fera de même pour vous dans le discours sur la plate-forme si vous n'interférez pas avec ses prémonitions.

Un certain orateur à succès a développé la puissance de sa voix en courant à travers le pays, tout en répétant ses discours. Cet exercice vigoureux l'obligeait à respirer profondément et développait la puissance pulmonaire. Un match de basket ou de tennis très disputé est un moyen efficace de s'entraîner à respirer profondément. Lorsque ces méthodes ne conviennent pas, nous vous recommandons les suivantes :

Placez vos mains sur vos côtés, sur la ligne de la taille.

En essayant d'englober votre taille avec vos doigts et vos pouces, forcez tout l'air à sortir des poumons.

Prenez une profonde respiration. Rappelez-vous que toute l'activité doit être centrée sur le milieu du corps ; ne levez pas les épaules. Au fur et à mesure que vous respirez, vos mains sont forcées de sortir.

Répétez l'exercice en plaçant vos mains sur le bas du dos et en les faisant sortir en inspirant.

De nombreuses méthodes de respiration profonde ont été données par diverses autorités. Faites entrer l'air dans vos poumons, c'est l'essentiel.

Le corps agit comme une caisse de résonance pour la voix, tout comme le corps du violon agit comme une caisse de résonance pour ses sons. Vous pouvez augmenter ses vibrations en vous exerçant.

Placez votre doigt sur votre lèvre et fredonnez la gamme musicale, en pensant et en plaçant la voix en avant sur les lèvres. Sentez-vous les lèvres vibrer ? Après un peu d'entraînement, elles vibreront, donnant une sensation de chatouillement.

Répétez cet exercice en lançant le bourdonnement dans le nez. Tenez la partie supérieure du nez entre le pouce et l'index. Sentez-vous le nez vibrer ?

En plaçant la paume de votre main sur le dessus de votre tête, répétez cet exercice de fredonnement. Pensez à la voix qui s'y trouve pendant que vous fredonnez dans les tons de la tête. Pouvez-vous sentir la vibration à cet endroit

Placez ensuite la paume de votre main sur l'arrière de votre tête, en répétant le processus précédent. Essayez ensuite sur la poitrine. Rappelez-vous toujours de penser votre tonalité là où vous désirez sentir les vibrations. Le simple fait de penser à n'importe quelle partie de votre corps aura tendance à la faire vibrer.

Répétez ce qui suit, après une profonde inspiration, en vous efforçant de sentir toutes les parties de votre corps vibrer en même temps. Lorsque vous y parviendrez, vous constaterez qu'il s'agit d'une sensation agréable.

What ho, mes joviaux compagnons. Venez ! Nous allons nous ébattre comme des fées, gambadant dans la joyeuse lueur du soleil.

Pureté de la voix

Cette qualité est parfois détruite en gaspillant le souffle. Contrôlez soigneusement le souffle, en n'utilisant que ce qui est nécessaire à la production du son. Utilisez tout ce que vous émettez. Si vous ne le faites pas, vous obtiendrez un timbre haletant. Prenez votre souffle comme un prodigue ; en parlant, donnez-le comme un avare.

Suggestions vocales

N'essayez jamais de forcer votre voix lorsque vous êtes enroué.

Ne buvez pas d'eau froide lorsque vous parlez. Le choc soudain sur les organes chauffés de la parole endommagera la voix.

Évitez d'élever le ton de votre voix trop haut, cela la rendra rauque. C'est un défaut courant. Lorsque vous trouvez votre voix dans une gamme trop élevée, baissez-la. N'attendez pas d'arriver sur la plate-forme pour faire cet essai. Pratiquez-la dans votre conversation quotidienne. Répétez l'alphabet, en commençant par A sur la gamme la plus basse possible et en montant d'une note à chaque lettre suivante, pour développer la gamme. Une gamme étendue vous permettra d'effectuer facilement de nombreux changements de hauteur.Ne prenez pas l'habitude d'écouter votre voix lorsque vous parlez. Vous aurez besoin de votre cerveau pour penser à ce que vous dites - réservez votre observation pour une pratique privée.

QUESTIONS ET EXERCICES

1. Quelles sont les principales conditions d'une bonne voix ?

2. Dites pourquoi chacun d'elles est nécessaire à une bonne production vocale.

3. Donnez quelques exercices pour le développement de ces conditions.

4. Pourquoi l'étendue de la voix est-elle souhaitable ?

5. Dites comment la gamme de la voix peut être cultivée.

6. Quelle quantité de pratique quotidienne considérez-vous nécessaire pour le bon développement de votre voix ?

7. Comment développer la résonance et la puissance de transport ?

8. Quels sont vos défauts de voix ?

9. Comment essayez-vous de les corriger ?

Chapitre 13 : Charme de voix

Un tempérament joyeux associé à l'innocence rendra la beauté attrayante, la connaissance délicieuse et l'esprit bon enfant.

-Joseph ADDISON, The Tattler.

Poe a dit que "le ton de la beauté est la tristesse", mais il pensait manifestement de la cause à l'effet, et non l'inverse, car la tristesse est rarement productrice de beauté - c'est le propre de la joie. La beauté exquise d'un coucher de soleil n'est pas exaltante, mais tend à une sorte de mélancolie qui n'est pas loin de la délectation. La beauté obsédante d'une musique profonde et calme contient plus qu'une teinte de tristesse. Les belles cadences mineures du chant des oiseaux au crépuscule sont presque déprimantes. La raison pour laquelle nous sommes attristés par certaines formes de beauté placide est double : le mouvement est stimulant et générateur de joie, tandis que la quiétude mène à la réflexion, et la réflexion à son tour fait souvent ressortir le ton de la nostalgie regrettée pour ce qui est passé ; deuxièmement, la beauté tranquille produit une vague aspiration à ce qui est relativement inaccessible, mais ne stimule pas l'effort énorme nécessaire pour faire de l'état ou de l'objet vaguement désiré le nôtre. Nous devons distinguer, pour ces raisons, entre la tristesse de la beauté et la joie de la beauté. Il est vrai que la joie est une chose profonde, intérieure, qui va bien au-delà de l'idée d'un esprit vif et sanguin, car elle comprend une certaine satisfaction active du cœur. Dans ce chapitre, cependant, le mot aura sa connotation optimiste et exubérante - nous pensons maintenant à une joie vive, aux yeux brillants et riants. Les tons musicaux et joyeux constituent le charme de la voix, un magnétisme subtil qui est délicieusement contagieux. Le lecteur non averti pourrait penser que prendre le bistouri et entailler cette séduisante qualité vocale reviendrait à disséquer une aile de papillon et à détruire son charme. Pourtant, comment pouvons-nous provoquer un effet si nous ne sommes pas certains de la cause ? La résonance nasale produit les cloches de la voix Les voies nasales doivent être entièrement libres pour les tons clairs de la voix - et après l'avertissement que nous avons donné dans le chapitre précédent, vous ne confondrez pas ce que l'on appelle communément et à tort un ton "nasal" avec la véritable qualité nasale, qui est si bien illustrée par le travail vocal de chanteurs et de locuteurs français entraînés. Pour développer la résonance nasale, chantez ce qui suit, en restant aussi longtemps que possible sur les sons ng. Placez la voix dans la cavité nasale. Pratiquez à la fois dans le registre aigu et dans le registre grave, et développez l'étendue avec brio. Sing-song. Ding-dong. Hong-kong. Long-thong. La pratique de la voix de fausset développe une qualité lumineuse dans la voix parlée normale. Essayez les sélections suivantes, et toute autre sélection de votre choix, avec une voix de fausset. La voix de fausset d'un homme est extrêmement aiguë et féminine, c'est pourquoi les hommes ne devraient pas s'exercer au fausset lorsque l'exercice devient fatigant. Elle méprisait parfaitement le meilleur de son clan, et déclarait le neuvième de n'importe quel homme, une fraction parfaitement vulgaire. L'actrice Mary Anderson a demandé au poète Longfellow ce qu'elle pouvait faire pour améliorer sa voix. Il lui a répondu : "Lisez quotidiennement à haute voix des poèmes joyeux et lyriques." Les tonalités joyeuses sont les tonalités lumineuses. Développez-les par l'exercice. Pratiquez vos exercices vocaux dans une attitude de joie. Sous l'influence du plaisir, le corps se dilate, les passages toniques s'ouvrent, l'action du cœur et des poumons est accélérée, et toutes les conditions primaires d'un bon ton sont établies. Plus de chansons s'échappent des fenêtres brisées des cabanes de noirs dans le Sud que des maisons somptueuses de la Cinquième Avenue. Henry Ward Beecher disait que les jours les plus heureux de sa vie n'étaient pas lorsqu'il était devenu un personnage international, mais lorsqu'il était un pasteur inconnu à Lawrenceville, dans l'Ohio, balayant sa propre église et travaillant comme charpentier pour aider à payer l'épicier. Le bonheur est en grande partie une attitude d'esprit, une façon de voir la vie sous le bon angle. L'attitude optimiste peut être cultivée, et elle s'exprimera par le charme de la voix. Une compagnie de téléphone a récemment affiché cette devise dans ses cabines : "La voix qui sourit gagne." C'est vrai. Essayez-la. La lecture d'une prose joyeuse ou d'une poésie lyrique vous aidera à mettre le sourire et la joie de vivre dans votre voix.

Les sélections suivantes sont excellentes pour s'entraîner. N'OUBLIEZ PAS que lorsque vous vous exercez pour la première fois à ces classiques, vous devez accorder une attention exclusive à deux choses : une attitude joyeuse du cœur et du corps, et des tons lumineux de la voix. Une fois ces objectifs atteints à votre satisfaction, revoyez attentivement les principes de l'art oratoire énoncés dans les chapitres précédents et mettez-les en pratique en lisant ces passages encore et encore. Il serait préférable de mémoriser chaque sélection.

SÉLECTIONS POUR LA PRATIQUE
FROM MILTON'S "L'ALLEGRO"

Hâte-toi, Nymphe, et apporte avec toi la plaisanterie, et la gaieté juvénile, les quolibets et les manigances, et les ricanements, et les sourires couronnés, tels que ceux qui pendent sur la joue d'Hébé, et qui aiment à vivre dans les fossettes lisses, le sport que les soins ridés tournent en dérision, et le rire qui tient ses deux côtés. Viens, et fais-le trébucher sur l'orteil fantastique et léger ; et dans ta main droite, emmène avec toi la nymphe de la montagne, la douce Liberté ; et, si je t'accorde l'honneur qui t'est dû, Mirth, admets-moi dans ton équipage, pour vivre avec elle, et vivre avec toi, dans des plaisirs sans reproche et libres ; Entendre l'alouette prendre son envol, Et faire sursauter la nuit maussade, De sa tour de guet dans les cieux, Jusqu'à ce que l'aube pommelée se lève ; Puis venir malgré le chagrin, Et à ma fenêtre me souhaiter un bon lendemain, Par le ronceux, la vigne, ou l'églantine torsadée ; Tandis que le coq, avec un vif vacarme, Frappe les arrières de l'obscurité, Et à la cheminée, ou à la porte de la grange, Se pavane vigoureusement devant ses dames ; Souvent, j'écoute comment les chiens et les cors réveillent joyeusement le matin endormi, du flanc de quelque colline hirsute, à travers la haute forêt, avec un écho strident ;Parfois, marchant, sans être vu, Près des ormes des haies, sur des collines vertes, Juste contre la porte de l'est, Où le grand Soleil commence son état, Vêtu de flammes et d'une lumière ambrée, Les nuages dans mille livrées dight, Alors que le laboureur à proximité Siffle sur la terre sillonnée, Et la laitière chantant joyeusement, Et le faucheur aiguise sa faux, Et chaque berger raconte son histoire, Sous l'aubépine dans le vallon.

LA MER

La mer, la mer, la mer ouverte, le bleu, la fraîcheur, la fièvre libre ; sans marque, sans limite, elle parcourt les vastes régions de la terre ; elle joue avec les nuages, elle se moque des cieux, ou comme une créature bercée, elle s'allonge. Je suis sur la mer, je suis sur la mer, je suis là où je voudrais être, avec le bleu en haut et le bleu en bas, et le silence partout où je vais. Je vais chevaucher et dormir. J'aime, oh ! comme j'aime chevaucher sur la marée féroce, écumante, éclatante, où chaque vague folle noie la lune, et siffles-en haut son air de tempête, et dit comment va le monde en bas, et pourquoi le vent du sud-ouest souffle ! Mais j'aimais de plus en plus la grande mer, et à reculons, je m'envolais vers sa poitrine ondulée, comme un oiseau qui cherche le nid de sa mère, et elle était et est toujours une mère pour moi, car je suis né en pleine mer. Les vagues étaient blanches, et rouges le matin, A l'heure bruyante où je suis né ; La baleine sifflait, le marsouin roulait, Et les dauphins montraient leur dos d'or ; Et jamais on n'entendit un cri aussi sauvage, Que celui qui accueillit à la vie l'enfant de l'océan. J'ai vécu, depuis lors, dans le calme et l'agitation, cinquante étés entiers d'une vie de vagabond, avec des richesses à dépenser et un pouvoir à étendre, mais je n'ai jamais cherché ou soupiré pour le changement : et la mort, quand elle viendra à moi, viendra sur la mer large et sans limites !

-BARRY CORNWALL.

Le soleil ne brille pas pour quelques arbres et fleurs, mais pour la joie du monde entier. Le pin solitaire au sommet de la montagne agite ses sombres branches et crie : "Tu es mon soleil". Et la petite violette des prés soulève sa coupe bleue, et murmure avec son souffle parfumé, "Tu es mon soleil". Et le grain dans mille champs bruisse dans le vent, et répond, "Tu es mon soleil." C'est ainsi que Dieu siège au Ciel, non pas pour quelques privilégiés, mais pour l'univers de la vie ; et il n'y a pas de créature si pauvre ou si basse qu'elle ne puisse lever les yeux avec une confiance d'enfant et dire : "Mon Père ! Tu es à moi"

- Henry WARD BEECHER.

LE LARK

Oiseau du désert, beau et sans corps, douce est ta matinée sur la lande et la bruyère, emblème du bonheur, heureuse est ta demeure, Oh, pour rester avec toi dans le désert ! L'amour lui donne de l'énergie, l'amour l'a fait naître. Où vas-tu, sur ton aile couverte de rosée ? Où vas-tu ? Ton lit est au ciel, ton amour est sur la terre. Par-delà les chutes et les reflets des fontaines, par-delà les landes et les montagnes vertes, par-delà la banderole rouge qui annonce le jour, par-delà l'obscurité des nuages, par-delà le bord de l'arc-en-ciel, Chérubin musical, envole-toi en chantant ! Puis, quand vient le crépuscule, dans la bruyère fleurie, doux sera ton accueil et ton lit d'amour ! Emblème de bonheur, béni est ton lieu d'habitation.

-James HOGG.

Dans une conversation joyeuse, il y a une touche élastique, un coup délicat, sur les idées centrales, généralement après une pause. Cette touche élastique ajoute de la vivacité à la voix. Si vous essayez à plusieurs reprises, vous pouvez le ressentir en sentant la langue heurter les dents.

L'absence totale de toucher élastique dans la voix peut être observée dans la langue épaisse de l'homme intoxiqué. Essayez de parler avec la langue posée au fond de la bouche, et vous obtiendrez à peu près le même effet. La vivacité de l'énonciation est obtenue en utilisant la langue pour frapper l'idée emphatique avec une touche décisive et élastique. Prononcez ce qui suit avec des traits décisifs sur les idées emphatiques. Livrez-le avec vivacité, en notant le toucher-action élastique de la langue. Une langue souple et réactive est absolument essentielle à un bon travail vocal.

FROM NAPOLEON'S ADDRESS TO THE DIRECTORY ON HIS RETURN FROM EGYPT

Qu'avez-vous fait de cette France brillante que je vous ai laissée ? Je vous ai laissé en paix, et je vous trouve en guerre. Je vous ai laissé victorieux, et je vous trouve vaincus. Je vous ai laissé les millions de l'Italie, et je ne trouve que spoliation et pauvreté. Qu'avez-vous fait des cent mille Français, mes compagnons de gloire ? Ils sont morts !... Cet état de choses ne peut durer longtemps ; en moins de trois ans, il nous plongerait dans le despotisme. Pratiquez la sélection suivante, pour le développement du toucher élastique ; dites-la dans un esprit joyeux, en utilisant l'exercice pour développer le charme de la voix de toutes les manières suggérées dans ce chapitre.

LA RIVIÈRE

Je viens des hameaux de la foulque et de la fougère, je fais une incursion soudaine, et je m'échappe parmi les fougères, pour aller me chamailler dans une vallée. Par trente collines, je me hâte de descendre, ou je me glisse entre les crêtes ; par vingt épines, une petite ville, et une demi-centaine de ponts. Jusqu'à ce qu'enfin, à la ferme de Philip, je coule pour rejoindre la rivière débordante ; car les hommes peuvent venir et les hommes peuvent partir, mais je continue à jamais. Je bavarde sur des chemins rocailleux, en petits dièses et aigus Je bouillonne dans les baies tourbillonnantes, je babille sur les galets. Mes rives sont souvent courbées, je suis entouré de champs en friche et d'avant-pays féeriques où poussent des épilobes et des mauves. Je bavarde, je bavarde, comme je coule pour rejoindre la rivière débordante ; car les hommes peuvent venir et les hommes peuvent partir, mais je continue pour toujours. Je tourne en rond, j'entre et je sors, avec ici une fleur qui vogue, et ici et là une truite vigoureuse, et ici et là un ombre, Et ici et là un flocon d'écume sur moi, comme je voyage, Avec beaucoup d'éclats d'eau argentés, Au-dessus du gravier doré, Et je les attire tous, et je coule pour rejoindre la rivière débordante, car les hommes peuvent venir et les hommes peuvent partir, mais je continue pour toujours. Je vole par les pelouses et les parcelles herbeuses,Je glisse par les couvertures de noisetiers,Je déplace les doux myosotisQui poussent pour les amoureux heureux. Je glisse, je glisse, je sombre, je jette un coup d'œil, parmi mes hirondelles qui glissent ; je fais danser le rayon de soleil en filet sur mes bas-fonds sablonneux, Je murmure sous la lune et les étoiles, dans les broussailles sauvages, je m'attarde près de mes barreaux, je flâne autour de mes cressons ; Et de nouveau, je me courbe et je coule pour rejoindre la rivière débordante ; car les hommes peuvent venir et les hommes peuvent partir, mais je continue à jamais.

Alfred TENNYSON.

Les enfants qui jouent dans la rue, heureux de leur vitalité physique, ont une résonance et un charme dans leur voix bien différents des voix qui flottent dans les couloirs silencieux des hôpitaux. Un médecin compétent peut en dire long sur l'état de santé de son patient à partir du simple son de la voix. Une santé défaillante, ou même la fatigue physique se lisent dans la voix. Il est toujours bon de se reposer et de se ressourcer avant de tenter de prononcer un discours public. En ce qui concerne la santé, ni le champ ni l'espace ne nous permettent de discuter ici des lois de l'hygiène. Il existe de nombreux ouvrages excellents sur ce sujet. Sous le règne de l'empereur romain Tibère, un sénateur écrivait à un autre : "Pour les sages, un mot suffit." "L'habit proclame souvent l'homme" ; la voix le fait toujours - c'est l'un des plus grands révélateurs du caractère. La femme superficielle, l'homme brutal, le réprouvé, la personne cultivée révèlent souvent leur nature profonde dans leur voix, car même le plus habile dissipateur ne peut empêcher que ses tons et ses qualités soient affectés par le moindre changement de pensée ou d'émotion. Dans la colère, elle devient aiguë, dure et désagréable ; dans l'amour, grave, doux et mélodieux - les variations sont aussi illimitées que fascinantes à observer. Visitez un hôtel-théâtre d'une grande ville et écoutez les voix ronflantes des choristes de quelque "attraction" burlesque. L'explication est simple : des vies en dents de scie. Emerson a dit : "Quand un homme vit avec Dieu, sa voix sera aussi douce que le murmure du ruisseau ou le bruissement du maïs." Il est impossible d'avoir des pensées égoïstes et d'avoir soit une personnalité attrayante, soit un caractère charmant, soit une voix charmante. Si vous voulez posséder le charme de la voix, cultivez une sympathie profonde et sincère pour l'humanité. L'amour brillera dans vos yeux et se proclamera dans vos tons. L'un des secrets de la douceur du chant du canari réside peut-être dans le fait qu'il n'a pas de pensées corrompues. Votre caractère embellit ou gâche votre voix. La voix d'un homme est semblable à ce qu'il pense dans son cœur.

QUESTIONS ET EXERCICES

1. Définissez (a) le charme ; (b) la joie ; (c) la beauté.

2. Faites une liste de tous les mots liés à la joie.

3. Rédigez un éloge de trois minutes de "L'homme joyeux".

4. Le prononcer sans utiliser de notes. Avez-vous bien réfléchi à toutes les qualités qui composent le charme de la voix dans son émission ?

5. Dites brièvement dans vos propres mots quels moyens peuvent être employés pour développer une voix charmante.

6. Discutez de l'effet de la voix sur le personnage.

7. Discutez de l'effet du caractère sur la voix.

8. Analysez le charme de la voix d'un orateur ou d'un chanteur de votre choix.

9. Analyser les défauts d'une voix donnée.

10. Faites un petit discours humoristique en imitant certains défauts de la voix, en indiquant les raisons.

11. Engagez la strophe suivante et interprétez chaque phase du plaisir suggéré ou exprimé par le poète.

Un nourrisson lorsqu'il contemple une lumière, un enfant au moment où il se vide de son sein, un dévot lorsque s'envole l'hôte en vue, un Arabe avec un étranger pour invité, un marin lorsque la prise a frappé dans le combat, un avare remplissant sa poitrine la plus amassée, ressentent le ravissement, mais pas une telle joie véritable sont récoltés comme ceux qui regardent ce qu'ils aiment pendant le sommeil.

BYRON, Don Juan.

Chapitre 14 : La distinction et la précision de l'énoncé

En l'homme parle Dieu. Hésiode, Les mots et les jours. Les modes de parole sont infinis, et le champ des mots s'étend de part en part.

-Homer, Iliade.

Dans l'usage populaire, les termes "prononciation", "énonciation" et "articulation" sont synonymes, mais la véritable prononciation comprend trois processus distincts et peut donc être définie comme l'énonciation d'une syllabe ou d'un groupe de syllabes en ce qui concerne l'articulation, l'accentuation et l'énonciation. L'énonciation distincte et précise est l'une des considérations les plus importantes du discours public. Combien il est absurde d'entendre un orateur émettre des sons de "sérieux inarticulé" avec l'illusion satisfaite qu'il raconte quelque chose à son auditoire ! Raconter ? Dire, c'est communiquer, et comment peut-il communiquer sans distinguer chaque mot ? La prononciation slovène résulte soit d'une déformation physique, soit d'une habitude. Un chirurgien ou un dentiste peut corriger une déformation, mais votre propre volonté, en travaillant par l'auto-observation et la résolution dans l'exercice, brisera une habitude. Tout dépend si vous pensez que cela en vaut la peine.

Les discours défectueux sont si répandus que s'en libérer est l'exception. Il est douloureusement courant d'entendre des orateurs publics mutiler l'anglais du roi. S'ils ne l'assassinent pas réellement, comme l'a dit un jour Curran, ils l'assomment souvent. Un ecclésiastique canadien, écrivant dans la Homiletic Review, raconte qu'à l'époque où il était étudiant, "un camarade de classe, qui était anglais, fournissait une église de campagne pour un dimanche. Le lundi suivant, il dirigea une réunion missionnaire. Au cours de son discours, il a dit que certains fermiers pensaient faire leur devoir envers les missions en donnant leurs "hodds et hends" à l'œuvre, mais le Seigneur exigeait plus. À la fin de la réunion, une jeune femme a dit sérieusement à un ami : "Je suis sûre que les fermiers font bien de donner leurs porcs et leurs poules aux missions. C'est plus que ce que la plupart des gens peuvent se permettre". C'est une insupportable effronterie pour tout homme de se présenter devant un auditoire qui persiste à chasser le h du bonheur, du foyer et du paradis, et, pour paraphraser Waldo Messaros, ne le laissera pas reposer en enfer. Celui qui ne fait pas preuve d'une connaissance de soi suffisante pour voir en lui des fautes aussi flagrantes, ni d'une maîtrise de soi suffisante pour les corriger, n'a pas à instruire les autres. S'il ne peut pas faire mieux, il doit se taire. S'il ne veut pas faire mieux, il doit aussi se taire. Si l'on excepte les défauts physiques incurables - et rares sont ceux qui le sont de nos jours -, tout est affaire de volonté. Le catalogue de ceux qui ont réussi l'impossible par un travail fidèle est aussi inspirant qu'une liste de guerriers. "Moins il y a de vous, dit Nathan Sheppard, plus vous avez besoin de tirer le meilleur parti de ce qu'il y a de vous".

Articulation

L'articulation est la formation et l'assemblage des sons élémentaires de la parole. La tâche de prononcer de façon articulée le tiers d'un million de mots qui composent notre vocabulaire anglais semble effroyable, mais la façon de commencer est vraiment simple : apprenez à prononcer correctement, et avec un changement facile de l'un à l'autre, chacun des quarante-quatre sons élémentaires de notre langue. Les raisons pour lesquelles l'articulation est si péniblement mal assurée par un grand nombre d'orateurs publics sont au nombre de quatre : l'ignorance des sons élémentaires ; l'incapacité de distinguer entre des sons presque semblables ; un usage négligé et paresseux des organes vocaux ; une volonté torpide. Quiconque est encore maître de lui-même saura comment traiter chacun de ces défauts. Les voyelles sont la source la plus contrariante d'erreurs, surtout lorsqu'il s'agit de diphtongues. Qui n'a pas entendu de telles erreurs comme celles qui sont frappées dans ce vers inimitable d'Oliver Wendell Holmes : L'apprentissage condamne hors de portée de l'espoir. Les lèvres négligentes qui parlent de sŏap pour sōap; Son édit exile de sa belle demeure. La voix clownesque qui prononce rŏad pour rōad ; Moins sévère pour celui qui appelle son cōat, un cŏat. Et dirige son bōat en le croyant un bŏat. Elle a pardonné à l'un d'eux, l'orgueil de notre ville classique, qui a dit à Cambridge, mŏst au lieu de mōst, mais qui a froncé les sourcils et tapé du pied avec colère pour entendre un professeur appeler un rōōt un rŏŏt. Les exemples qui précèdent sont tous des monosyllabes, mais une mauvaise articulation est souvent le résultat de la réunion de sons qui ne vont pas ensemble. Par exemple, personne ne trouve difficile de dire beauty, mais beaucoup persistent à prononcer duty comme si cela s'écrivait dooty ou juty. Ce n'est pas seulement de la part de locuteurs non éduqués que nous entendons des articulations peu soignées comme colyum pour colonne, et pritty pour joli, mais même les grands orateurs s'offusquent de temps en temps avec autant de franchise que les mortels moins connus. Presque toutes ces erreurs sont dues à la négligence et non à l'ignorance pure, à la négligence parce que l'oreille ne cherche jamais à entendre ce que les lèvres articulent. Il doit être exaspérant pour un étranger de constater que le son élémentaire ou ne lui donne aucun indice pour la prononciation de bough, cough, rough, thorough, et through, et nous pouvons pardonner même à un homme de culture qui s'égare de temps en temps dans les complexités de l'articulation anglaise, mais il ne peut y avoir aucune excuse pour la prononciation négligée des voyelles simples qui forment à la fois la vie et la beauté de notre langue. Celui qui est trop paresseux pour parler distinctement devrait tenir sa langue. Les consonnes ne causent de graves ennuis qu'à ceux qui ne regardent pas avec soin l'orthographe des mots qu'ils vont prononcer. C'est par négligence que l'on peut dire Jacop, Babtist, sevem, alwus ou sadisfy. "Celui qui a des dents pour faire des dents, qu'il fasse des dents", c'est ainsi qu'un ecclésiastique anglophobe a rendu l'écriture familière : "Celui qui a des oreilles pour entendre, qu'il entende". Après avoir entendu prononcer le nom de Sir Humphry Davy, un Français qui souhaitait écrire à l'éminent Anglais adressa sa lettre ainsi : "Serum Fridavi."

Accentuation

L'accentuation est la mise en valeur des syllabes appropriées dans les mots. C'est ce que l'on appelle communément la prononciation. Par exemple, nous disons à juste titre qu'un mot est mal prononcé lorsqu'il est accentué en '-vite' au lieu de 'in-vite', bien qu'il s'agisse en réalité d'une offense à une seule forme de prononciation - l'accentuation.

C'est le travail de toute une vie que d'apprendre les accents d'un vaste vocabulaire et de suivre l'évolution de l'usage ; mais une oreille attentive, l'étude de l'origine des mots et l'habitude du dictionnaire s'avéreront des aides précieuses dans une tâche qui ne peut jamais être achevée. Énonciation Une énonciation correcte est l'énonciation complète de tous les sons d'une syllabe ou d'un mot. Une mauvaise articulation donne un son erroné à la voyelle ou aux voyelles d'un mot ou d'une syllabe, comme doo pour la rosée ; ou unis deux sons de manière inappropriée, comme hully pour wholly.

Une mauvaise énonciation est la prononciation incomplète d'une syllabe ou d'un mot, le son omis ou ajouté étant généralement consonantique. Dire needcessity au lieu de necessity est une mauvaise articulation ; dire doin pour doing est une mauvaise énonciation. L'un articule - c'est-à-dire joint - deux sons qui ne devraient pas être joints, et donne ainsi au mot un son positivement faux ; l'autre ne touche pas tous les sons du mot, et de cette manière particulière sonne aussi le mot incorrectement. Mon texte se trouve dans les cinquièmes et sixièmes versets du deuxième chapitre de Tite, et le sujet de mon discours est "Le gouvernement des maisons". Qu'a fait ce prédicateur avec ses consonnes finales ? Cette négligence dans l'abandon de sons essentiels est aussi choquante que l'habitude commune de rapprocher les mots de sorte qu'ils perdent leur individualité et leur distinction. Lighten dark, uppen down, doncher know, partic'lar, zamination, sont tous trop courants pour être commentés. L'énonciation imparfaite est due à un manque d'attention et à la paresse des lèvres. On peut la corriger en s'attachant résolument à la formation des syllabes au fur et à mesure qu'elles sont prononcées. La souplesse des lèvres permet d'énoncer des combinaisons difficiles de sons sans en négliger aucun, mais cette souplesse ne peut être atteinte qu'en prononçant habituellement les mots avec distinction et précision. Un exercice quotidien d'énonciation d'une série de sons donnera en peu de temps de la souplesse aux lèvres et de la vivacité à l'esprit, de sorte qu'aucun mot ne sera prononcé sans recevoir le complément sonore qui lui est dû. En revenant à notre définition, nous voyons que lorsque les sons d'un mot sont correctement articulés, que les syllabes appropriées sont accentuées et que la pleine valeur est donnée à chaque son dans son énonciation, nous avons une prononciation correcte. Un mot d'avertissement est peut-être nécessaire ici, de peur que quelqu'un, soucieux de faire ressortir clairement chaque son, n'en fasse trop et ne néglige l'unité et la douceur de la prononciation. Veillez à ne pas mettre les syllabes en évidence au point de faire paraître les mots longs et anguleux. Les articulations doivent être tenues décemment. Avant la livraison, ne manquez pas de relire votre manuscrit et de noter tous les sons qui pourraient être mal prononcés. Consultez le dictionnaire et soyez doublement sûr. Si la disposition des mots est défavorable à une énonciation claire, changez soit les mots, soit l'ordre et ne vous reposez pas avant d'avoir pu suivre les indications d'Hamlet aux acteurs.

QUESTIONS ET EXERCICES

1. Entraînez-vous à répéter rapidement les phrases suivantes, en faisant particulièrement attention aux consonnes. "L'imbécile Flavius, rougissant fiévreusement, trouvait férocement à redire à la frivolité de Flora." La mimique inégalable de Mary fait beaucoup de mal. Assise sur du schiste brillant, elle vend des coquillages. Vous, les jeunes, avez cédé à vos désirs de jeunesse hier à l'occasion des fêtes de fin d'année.

2. Prononcez le l dans chacun des mots suivants, répétés dans l'ordre : Des œillères bleues et noires ont bloqué les yeux de Black Blondin.

3. Dis-tu un ciel bleu ou un ciel sanglant ?

4. Comparez le son u dans few et dans new. Dites chaque mot à haute voix et décidez lequel est correct : Noo York, New Yawk ou New York?

5. Suivez attentivement les indications de ce chapitre en lisant le texte suivant, tiré de Hamlet.

Après l'entretien avec le fantôme de son père, Hamlet dit à ses amis Horatio et Marcellus qu'il a l'intention de jouer un rôle : Horatio. O jour et nuit, mais ceci est merveilleusement étrange ! Hamlet. Et donc, comme un étranger, accueillez-le. Il y a plus de choses dans le ciel et sur la terre, Horatio, qu'on ne peut en rêver dans votre philosophie. Mais viens ;Ici, comme auparavant, jamais, je vous en prie, si étrange ou bizarre que je sois, -comme je jugerai peut-être utile de le faire plus tard, de me mettre dans un état d'esprit bizarre, -pour que vous, dans ces moments-là, en me voyant, ne soyez jamais encombré de bras de cette manière, ou ce hochement de tête, ou en prononçant quelque phrase douteuse, comme "Eh bien, eh bien, nous savons", ou "Nous pourrions, et si nous voulions", ou "Si nous écoutons pour parler", ou "Il y a, et si il pourrait", ou toute autre expression ambiguë, pour indiquer que vous ne savez rien de moi : pour que la grâce et la miséricorde vous viennent en aide quand vous en avez le plus besoin, je vous le jure.

-Acte I. Scène V.

6. Faites une liste des erreurs courantes de prononciation, en disant lesquelles sont dues à une articulation défectueuse, à une mauvaise

accentuation et à une énonciation incomplète. Dans chaque cas, faites la correction.

7. Critiquez un discours que vous avez pu entendre et qui présente ces défauts.

8. Expliquez comment la fausse honte de paraître trop précis peut nous empêcher de cultiver une expression verbale parfaite.

9. L'excès de précision est également une faute. Faire ressortir indûment une syllabe, c'est caricaturer le mot. Soyez modéré dans la lecture de ce qui suit :

LE DERNIER DISCOURS DE MAXIMILIAN DE ROBESPIERRE

Les ennemis de la République me traitent de tyran ! Si j'étais tel, ils ramperaient à mes pieds. Je les gaverais d'or, je leur accorderais l'immunité de leurs crimes, et ils m'en seraient reconnaissants. Si j'étais tel, les rois que nous avons vaincus, loin de dénoncer Robespierre, me prêteraient leur coupable appui ; il y aurait une alliance entre eux et moi. La tyrannie doit avoir des instruments. Mais les ennemis de la tyrannie, où va leur chemin ? Au tombeau, à l'immortalité ! Quel tyran est mon protecteur ? A quelle faction j'appartiens ? A vous-mêmes ! Quelle faction, depuis le début de la Révolution, a écrasé et anéanti tant de traîtres détectés ? Vous, le peuple, nos principes, vous êtes cette faction, une faction à laquelle je suis dévoué, et contre laquelle se ligue toute la canaille du jour ! La confirmation de la République a été mon objet ; et je sais que la République ne peut être établie que sur la base éternelle de la moralité. Contre moi, et contre ceux qui ont les mêmes principes, la ligue est formée. Ma vie ? Oh ! ma vie, je l'abandonne sans regret ! J'ai vu le passé, et je prévois l'avenir. Quel ami de ce pays voudrait survivre au moment où il ne pourrait plus le servir, - où il ne pourrait plus défendre l'innocence contre l'oppression ? Pourquoi devrais-je persister dans un ordre de choses où l'intrigue triomphe éternellement de la vérité ; où la justice est tournée en dérision ; où les passions les plus abjectes, ou les craintes les plus absurdes, l'emportent sur les intérêts sacrés de l'humanité ? En voyant la multitude des vices que le torrent de la Révolution a roulés dans la turbulente communion de ses vertus civiques, j'avoue que j'ai craint quelquefois d'être souillé, aux yeux de la postérité, par le voisinage impur d'hommes sans principes, qui s'étaient poussés dans l'association des amis sincères de l'humanité ; et je me réjouis de ce que ces conspirateurs contre mon pays ont maintenant, par leur rage téméraire, tracé profondément la ligne de démarcation entre eux et tous les vrais hommes. Interrogez l'histoire, et apprenez comment tous les défenseurs de la liberté, de tous temps, ont été accablés par la calomnie. Mais leurs traducteurs sont morts aussi. Les bons et les mauvais disparaissent pareillement de la terre ; mais dans des conditions bien différentes. Ô Français ! Ô mes compatriotes ! Ne laissez pas vos ennemis, avec leurs doctrines désolantes, dégrader vos âmes, et affaiblir vos vertus ! Non, Chaumette, non ! La mort n'est pas "un sommeil éternel". Citoyens ! effacez du tombeau cette devise, gravée par des mains sacrilèges, qui étend sur toute la nature un crabe funèbre, enlève à l'innocence opprimée son appui, et fait injure à la dispensation bienfaisante de la mort ! Inscrivez-y plutôt ces mots : "La mort est le commencement de l'immortalité !" Je laisse aux oppresseurs du peuple un testament terrible, que je proclame avec l'indépendance qui convient à celui dont la carrière est si près de s'achever ; c'est l'affreuse vérité : "Tu mourras !"

Chapitre 15 : La vérité sur le geste

Lorsque Whitefield a représenté un vieil aveugle avançant à pas lents vers le bord du précipice, Lord Chesterfield s'est levé et s'est écrié : "Bon Dieu, il est parti !"

-Nathan Sheppard, Before an Audience.

Le geste est vraiment une question simple qui requiert de l'observation et du bon sens plutôt qu'un livre de règles. Le geste est l'expression extérieure d'un état intérieur. Il s'agit simplement d'un effet - l'effet d'une impulsion mentale ou émotionnelle qui lutte pour s'exprimer par des moyens physiques.

Il ne faut cependant pas commencer par le mauvais bout : si vous êtes troublé par vos gestes, ou par une absence de gestes, occupez-vous de la cause, pas de l'effet. Il ne sert à rien d'ajouter à votre discours quelques mouvements mécaniques. Si l'arbre de votre jardin ne pousse pas à votre goût, fertilisez et arrosez le sol et laissez l'arbre profiter du soleil. Il est évident que cela n'aidera pas votre arbre de clouer quelques branches. Si votre citerne est à sec, attendez qu'il pleuve ; ou creusez un puits. Pourquoi plonger une pompe dans un trou sec ?

L'orateur dont les pensées et les émotions jaillissent en lui comme une source de montagne n'aura pas beaucoup de mal à faire des gestes ; il s'agira simplement de les diriger correctement. Si son enthousiasme pour son sujet n'est pas tel qu'il lui donne une impulsion naturelle pour l'action dramatique, il ne servira à rien de lui fournir une longue liste de règles. Il pourra rajouter quelques mouvements, mais ils ressembleront à des branches flétries clouées à un arbre pour simuler la vie. Les gestes doivent naître, pas être construits. Un cheval de bois peut amuser les enfants, mais il faut un cheval vivant pour aller quelque part.

Non seulement il est impossible d'établir des règles précises à ce sujet, mais il serait stupide d'essayer, car tout dépend du discours, de l'occasion, de la personnalité et des sentiments de l'orateur, et de l'attitude de l'auditoire. Il est assez facile de prévoir le résultat de la multiplication de sept par six, mais il est impossible de dire à un homme quel genre de gestes il sera amené à faire lorsqu'il voudra montrer son sérieux. Nous pouvons lui dire que beaucoup d'orateurs ferment la main, à l'exception de l'index, et pointent ce doigt droit vers l'auditoire pour déverser leurs pensées comme une volée ; ou que d'autres tapent du pied pour insister ; ou que M. Bryan frappe souvent ses mains l'une contre l'autre pour donner une grande force, en tenant une paume vers le haut d'une manière facile ; ou que Gladstone se précipitait parfois sur la table du greffier au Parlement et la frappait de sa main avec tant de force que D'israeli a un jour fait tomber la salle en se félicitant sinistrement qu'une telle barrière se dressait entre lui et "l'honorable gentleman".

Nous pouvons dire toutes ces choses, et bien d'autres encore, à l'orateur, mais nous ne pouvons pas savoir s'il peut utiliser ces gestes ou non, pas plus que nous ne pouvons décider s'il peut porter les vêtements de M. Bryan. Le mieux que l'on puisse faire à ce sujet est d'offrir quelques suggestions pratiques, et de laisser le bon goût personnel décider où s'arrête l'action dramatique efficace et où commence le mouvement extravagant.

Tout geste qui ne fait qu'attirer l'attention sur lui-même est mauvais.

Le but d'un geste est de transmettre votre pensée et vos sentiments dans l'esprit et le cœur de vos auditeurs ; il le fait en soulignant votre message, en l'interprétant, en l'exprimant en action, en donnant son ton par un geste physiquement descriptif, suggestif ou typique - et il faut toujours se rappeler que le geste comprend tous les mouvements physiques, depuis l'expression du visage et le balancement de la tête jusqu'aux mouvements expressifs des mains et des pieds. Un changement de pose peut être un geste très efficace.

Ce qui est vrai du geste est vrai de toute vie. Si les gens dans la rue se retournent et regardent votre démarche, votre démarche est plus importante que vous - changez-la. Si l'attention de votre auditoire est attirée par vos gestes, ils ne sont pas convaincants, car ils semblent être - ce qu'ils ont un droit douteux à être en réalité - étudiés. Avez-vous déjà vu un orateur utiliser des gesticulations si grotesques que vous étiez fasciné par leur frénésie de bizarrerie, mais que vous ne pouviez pas suivre sa pensée ? N'étouffez pas les idées par la gymnastique. Savonarola se précipitait du haut de sa chaire parmi la congrégation dans le duomo de Florence et portait le feu de la conviction à ses auditeurs ; Billy Sunday glisse à la base sur le tapis de l'estrade en dramatisant une de ses illustrations de baseball. Pourtant, dans les deux cas, le message est en quelque sorte plus important que le geste - c'est principalement dans le calme de la réflexion que les hommes se sont souvenus de la forme de l'expression dramatique. Lorsque Sir Henry Irving a fait sa célèbre sortie dans le rôle de "Shylock", la dernière chose que le public a vue, c'est sa main blafarde et avare, tendue comme une griffe sur le fond. Sur le moment, tout le monde a été bouleversé par l'énorme qualité typique de ce geste ; maintenant, nous avons le temps de réfléchir à son art, et de discuter de sa puissance réaliste.

Ce n'est que lorsque le geste est subordonné à l'importance absorbante de l'idée - une expression spontanée et vivante d'une vérité vivante - qu'il est justifiable à tout point de vue ; et lorsqu'il est retenu pour lui-même - comme un morceau d'énergie physique inhabituelle ou comme un poème de grâce - il est un échec total en tant qu'expression dramatique. Il y a une place pour un style unique de marche - c'est le cirque ou le cake-walk ; il y a une place pour des évolutions rythmiques surprenantes des bras et des jambes - c'est sur la piste de danse ou sur la scène. Ne laissez pas votre agilité et votre grâce mettre vos pensées en échec.

L'un des écrivains actuels a pris ses premières leçons de gestuelle auprès d'un certain président de collège qui en savait beaucoup plus sur ce qui s'était passé à la diète de Worms que sur la façon de s'exprimer en action. Ses instructions étaient de commencer le mouvement sur un certain mot, de le poursuivre sur une courbe précise, et de déplier les doigts à la fin, en terminant par l'index - exactement comme cela. De nombreuses publications, et même plus, ont été consacrées à ce sujet, donnant des instructions aussi stupides. Le geste est une question de mentalité et de sentiment, pas une question de géométrie. Rappelez-vous, chaque fois qu'une paire de chaussures, une méthode de prononciation ou un geste attire l'attention sur lui-même, c'est mauvais. Lorsque vous avez fait de très bons gestes dans un bon discours, vos auditeurs ne s'en iront pas en disant : "Quels beaux gestes il a fait !" mais ils diront : "Je vais voter pour cette mesure." "Il a raison, j'y crois."

Les gestes doivent naître du moment présent

Les meilleurs acteurs et orateurs savent rarement à l'avance quels gestes ils vont faire. Ils font un geste sur certains mots ce soir, et aucun demain soir au même endroit - leurs différentes humeurs et interprétations régissent leurs gestes. Tout est affaire d'impulsion et de sentiment intelligent chez eux - ne négligez pas le mot intelligent. La nature ne fournit pas toujours le même genre de couchers de soleil ou de flocons de neige, et les gestes d'un bon orateur varient presque autant que les créations de la nature.

Tout cela ne veut pas dire que vous ne devez pas réfléchir à vos gestes. Si c'était le cas, pourquoi ce chapitre ? Lorsque le sergent supplie avec désespoir la recrue de l'escouade maladroite de sortir et de se regarder, il donne un conseil splendide - et digne d'être appliqué personnellement. C'est surtout pendant l'apprentissage de l'art oratoire que vous devez apprendre à critiquer vos propres gestes. Rappelez-vous en, voyez où ils étaient inutiles, grossiers, maladroits, etc. et faites mieux la prochaine fois. Il y a une grande différence entre être conscient de soi et être gauche.

Il vous faudra faire preuve de discernement pour cultiver des gestes spontanés tout en accordant l'attention nécessaire à la pratique. Pendant que vous vous fiez à l'instant, il est essentiel de vous rappeler que seul un génie dramatique peut accomplir efficacement des prouesses comme celles que nous avons relatées à propos de Whitefield, Savonarola et d'autres : et il ne fait aucun doute que la première fois qu'ils ont été utilisés, ils l'ont été dans un élan de spontanéité, mais Whitefield a déclaré que ce n'est qu'après avoir prononcé un sermon quarante fois qu'il l'a perfectionné. Ce que la spontanéité initie, la pratique le complète. Tout orateur efficace et tout acteur vif a observé, considéré et pratiqué le geste jusqu'à ce que ses actions dramatiques soient une possession subconsciente, tout comme sa capacité à prononcer correctement sans concentrer spécialement sa pensée. Tout homme de tribune capable s'est approprié une douzaine de façons de dépeindre par le geste une émotion donnée ; en fait, les moyens d'une telle expression sont infinis - et c'est précisément la raison pour laquelle il est à la fois inutile et nuisible de faire un tableau des gestes et de les imposer comme les idéaux de ce qui peut être utilisé pour exprimer tel ou tel sentiment. Pratiquez les mouvements descriptifs, suggestifs et typiques jusqu'à ce qu'ils vous viennent aussi naturellement qu'une bonne articulation ; et ne prévoyez que rarement les gestes que vous utiliserez à un moment donné : laissez quelque chose à ce moment-là.

Évitez la monotonie dans le geste

Le rosbif est un excellent plat, mais il serait terrible en tant que régime exclusif. Quelle que soit l'efficacité d'un geste, ne le galvaudez pas. Mettez de la variété dans vos actions. La monotonie détruira toute beauté et toute puissance. Le manche de la pompe fait un geste efficace, et par temps chaud, ce geste est très éloquent, mais il a ses limites.

Tout mouvement qui n'est pas significatif, affaiblit

N'oubliez pas cela. L'agitation n'est pas une expression. Un grand nombre de mouvements inutiles ne feront que détourner l'attention de l'auditoire de ce que vous dites. Un dimanche dernier, devant un public new-yorkais, un homme très connu a présenté l'orateur de la soirée. La seule chose dont on se souvienne de ce discours d'introduction, c'est que l'orateur jouait nerveusement avec le couvert de la table pendant qu'il parlait. Nous observons naturellement les objets en mouvement. Un concierge qui pose une fenêtre peut détourner l'attention des auditeurs de M. Roosevelt. En faisant quelques mouvements sur un côté de la scène, une choriste peut détourner l'attention des spectateurs d'une grande scène entre les acteurs principaux. Lorsque nos ancêtres vivaient dans des grottes, ils devaient surveiller les objets en mouvement, car les mouvements étaient synonymes de danger. Nous n'avons pas encore perdu cette habitude. Les publicitaires en ont profité, comme en témoignent les enseignes électriques en mouvement dans toutes les villes. Un orateur avisé respectera cette loi et conservera l'attention de son auditoire en éliminant tous les mouvements inutiles.

Le geste doit être simultané ou précéder les mots, et non les suivre.

Lady Macbeth dit : "Portez la bienvenue dans votre œil, votre main, votre langue." Inversez cet ordre et vous obtenez de la comédie. Dites : "Le voilà", en le montrant du doigt après avoir terminé vos mots, et voyez si le résultat n'est pas comique.

Ne faites pas de mouvements brefs et saccadés

Certains orateurs semblent imiter un serveur qui n'a pas obtenu de pourboire. Faites en sorte que vos mouvements soient faciles et qu'ils partent de l'épaule, en règle générale, plutôt que du coude. Mais n'allez pas jusqu'à l'autre extrême et ne faites pas trop de mouvements fluides - cela sent le laisser-aller.

Mettez un peu de "punch" et de vie dans vos gestes. Vous ne pouvez cependant pas le faire de manière mécanique. Le public le détectera si vous le faites. Ils ne sauront peut-être pas exactement ce qui ne va pas, mais le geste aura une fausse apparence pour eux.

L'expression faciale est importante

Vous êtes-vous déjà arrêté devant un théâtre de Broadway et avez-vous regardé les photos de la distribution ? Remarquez la rangée de choristes qui sont censées exprimer la peur. Leurs attitudes sont si mécaniques que la tentative est ridicule. Remarquez la photo de la "star" exprimant la même émotion : ses muscles sont tendus, ses sourcils sont levés, il se rétrécit, et la peur brille dans ses yeux. Cet acteur a ressenti de la peur au moment où la photo a été prise. Les choristes ont senti que c'était l'heure du ragoût, et ont exprimé cette émotion plus fidèlement que la peur. C'est d'ailleurs une des raisons pour lesquelles elles restent dans le choeur.

Les mouvements des muscles du visage peuvent signifier beaucoup plus que les mouvements de la main. L'homme qui est assis dans un tas déprimé avec un regard de désespoir sur son visage exprime ses pensées et ses sentiments tout aussi efficacement que l'homme qui agite ses bras et crie depuis l'arrière d'un wagon de marchandises. L'œil a été appelé la fenêtre de l'âme. À travers lui brille la lumière de nos pensées et de nos sentiments.

Ne pas utiliser trop de gestes

En fait, dans les grandes crises de la vie, nous ne faisons pas beaucoup d'actions. Lorsque votre ami le plus proche meurt, vous ne levez pas les bras au ciel et ne parlez pas de votre chagrin. Vous avez plutôt tendance à vous asseoir et à ruminer dans un silence sec. Le fleuve Hudson ne fait pas beaucoup de bruit sur son chemin vers la mer - il n'est pas aussi bruyant que le petit ruisseau du Bronx Park qu'une grenouille pourrait traverser d'un bond. Le chien qui aboie ne déchire jamais votre pantalon - du moins, c'est ce qu'on dit. Ne craignez pas l'homme qui agite les bras et crie sa colère, mais l'homme qui s'approche tranquillement, les yeux et le visage enflammés, peut vous faire tomber. L'agitation n'est pas la force. Observez ces principes dans la nature et mettez-les en pratique lors de vos interventions.

L'auteur de ce chapitre a observé un jour un instructeur en train de forcer une classe à faire un geste. Ils en étaient arrivés au passage d'Henri VIII dans lequel le cardinal, humilié, dit : "Adieu, un long adieu à toute ma grandeur". C'est l'un des passages les plus pathétiques de la littérature. Un homme prononçant un tel sentiment serait écrasé, et la dernière chose qu'il ferait sur terre serait de faire des mouvements flamboyants. Pourtant, cette classe avait sous les yeux un manuel d'élocution qui donnait un geste approprié pour chaque occasion, du paiement de la facture de gaz aux adieux au lit de mort. Ils ont donc reçu l'ordre de jeter leurs bras en l'air de chaque côté et de dire : "Adieu, un long adieu à toute ma grandeur." Un tel geste pourrait éventuellement être utilisé dans un discours d'après-dîner lors de la convention d'une compagnie de téléphone dont les lignes s'étendent de l'Atlantique au Pacifique, mais penser que Wolsey ait utilisé ce mouvement laisserait penser que son destin était juste.

Posture

L'attitude physique à adopter devant l'auditoire est réellement incluse dans le geste. La nature exacte de cette attitude dépend, non pas de règles, mais de l'esprit du discours et de l'occasion. Le sénateur La Follette est resté debout pendant trois heures, son poids reposant sur son pied avant, tandis qu'il se penchait au-dessus des projecteurs, se passait les doigts dans les cheveux et dénonçait les trusts. C'était très efficace. Mais imaginez un orateur qui prendrait ce genre de position pour parler du développement des machines à fabriquer les routes. Si vous avez un message enflammé, agressif, et que vous vous laissez aller, la nature va naturellement tirer votre poids vers votre pied avant. Un homme qui se trouve dans un débat politique brûlant ou dans une bagarre de rue n'a jamais besoin de s'arrêter pour penser sur quel pied il doit mettre son poids. Vous pouvez parfois placer votre poids sur votre pied arrière si vous avez un message calme et reposant - mais ne vous en préoccupez pas : tenez-vous simplement comme un homme qui ressent réellement ce qu'il dit. Ne vous tenez pas avec les talons rapprochés, comme un soldat ou un majordome. Vous ne devez pas non plus vous tenir debout avec les talons écartés comme un agent de la circulation. Faites preuve de bonnes manières et de bon sens.

Une mise en garde s'impose ici. Nous vous avons conseillé de laisser vos gestes et vos postures être spontanés et non pas boisés à l'avance, mais n'allez pas jusqu'à ignorer l'importance d'acquérir la maîtrise de vos mouvements physiques. Une main musclée, assouplie par la liberté de mouvement, est bien plus à même d'être un instrument efficace dans le geste qu'une poignée de doigts raides et boudinés. Si vos épaules sont souples et bien portées, si votre poitrine ne s'éloigne pas de l'association avec votre menton, les chances d'utiliser de bons gestes extemporanés sont d'autant meilleures. Apprenez à faire en sorte que votre nuque touche votre col, à maintenir votre poitrine haute et à réduire votre tour de taille.

Ainsi, l'attention portée à la force, à l'équilibre, à la souplesse et à la grâce du corps sont les fondements du bon geste, car ils sont l'expression de la vitalité, et sans vitalité, aucun orateur ne peut entrer dans le royaume du pouvoir. Lorsqu'un géant maladroit comme Abraham Lincoln s'est élevé jusqu'aux plus hauts sommets de l'art oratoire, il l'a fait grâce à la grandeur de son âme : la rudesse de son esprit et son honnêteté sans art s'exprimaient correctement dans son corps noueux. Le feu de son caractère, de son sérieux et de son message balayait ses auditeurs devant lui, alors que les paroles tièdes d'un Apollon insincère n'auraient laissé aucun effet. Mais assurez-vous d'être un second Lincoln avant de mépriser le handicap de la maladresse physique.

"Ty Cobb a confié au public que lorsqu'il est en difficulté au bâton, il se tient même devant un miroir, bâton en main, pour observer son "swing" et son "suivi". Si vous voulez apprendre à bien vous tenir devant un public, regardez-vous dans un miroir, mais pas trop souvent. Entraînez-vous à marcher et à vous tenir debout devant le miroir afin d'éviter les maladresses, et non pour cultiver une pose. Tenez-vous sur l'estrade avec la même aisance que vous le feriez devant des invités dans un salon. Si votre position n'est pas gracieuse, faites en sorte qu'elle le soit en dansant, en faisant de la gymnastique et en vous imprégnant de la grâce et de la prestance.

Ne restez pas continuellement sur la même position. Tout changement important de pensée nécessite un changement de position. Soyez chez vous. Il n'y a pas de règles - tout est une question de goût. Lorsque vous êtes sur la plate-forme, oubliez que vous avez des mains jusqu'à ce que vous désiriez vous en servir. La gravité s'en chargera. Bien sûr, si vous voulez les mettre derrière vous, ou les plier de temps en temps, cela ne va pas gâcher votre discours. La pensée et le sentiment sont les éléments essentiels de l'expression orale, et non la position d'un pied ou d'une main. Mettez simplement vos membres là où vous voulez qu'ils soient - vous avez une volonté, alors ne négligez pas de l'utiliser.

Répétons-le, ne dédaignez pas la pratique. Vos gestes et mouvements peuvent être spontanés et pourtant être faux. Aussi naturels soient-ils, il est possible de les améliorer.

Il est impossible à quiconque - même à vous-même - de critiquer vos gestes avant qu'ils ne soient faits. Vous ne pouvez pas tailler un pêcher avant qu'il ne pousse ; parlez donc beaucoup, et observez votre propre discours. Pendant que vous vous examinez, n'oubliez pas d'étudier les statues et les peintures pour voir comment les grands représentants de la nature ont fait en sorte que leurs sujets expriment des idées par l'action. Remarquez les gestes des meilleurs orateurs et acteurs. Observez l'expression physique de la vie partout. Les feuilles d'un arbre réagissent à la moindre brise. Les muscles de votre visage, la lumière de vos yeux, doivent répondre au moindre changement de sentiment. Emerson dit : "Chaque homme que je rencontre est mon supérieur d'une certaine manière. C'est en cela que j'apprends de lui." Les Italiens illettrés font des gestes si merveilleux et si beaux que Booth ou Barrett auraient pu s'asseoir à leurs pieds et recevoir des instructions. Ouvrez les yeux. Emerson dit encore : "Nous sommes immergés dans la beauté, mais nos yeux n'ont pas une vision claire." Jetez ce livre de côté ; sortez et regardez un enfant plaider avec un autre pour une bouchée de pomme ; assistez à une bagarre de rue ; observez la vie en action. Voulez-vous savoir comment exprimer la victoire ? Regardez les mains des vainqueurs se lever le soir des élections. Vous voulez plaider une cause ? Faites une photographie composite de tous les plaideurs de la vie quotidienne que vous voyez constamment. Mendiez, empruntez et volez ce que vous pouvez obtenir de mieux, MAIS NE LE DONNEZ PAS POUR UN VOL. Assimilez-le jusqu'à ce qu'il devienne une partie de vous - puis laissez l'expression s'exprimer.

QUESTIONS ET EXERCICES

1. De quelle source avez-vous l'intention d'étudier le geste ?

2. Quelle est la première condition requise pour avoir de bons gestes ? Pourquoi

3. Pourquoi est-il impossible d'établir des règles strictes en matière de gestuelle

4. Décrivez (a) un geste gracieux que vous avez observé ; (b) un geste énergique ; (c) un geste extravagant ; (d) un geste inapproprié.

5. Quels gestes utilisez-vous pour mettre l'accent ? Pourquoi ?

6. Comment acquérir la grâce du mouvement ?

7. En cas de doute sur un geste, que feriez-vous ?

8. D'après vos observations devant un miroir, quels sont vos défauts de gestuelle ?

9. Comment comptez-vous les corriger ?

10. Quels sont les gestes, que vous pourriez utiliser pour prononcer un discours

11. Décrivez un geste particulièrement approprié que vous avez observé. Pourquoi était-il approprié ?

12. Citez au moins trois mouvements dans la nature qui pourraient bien être imités dans le geste.

13. Que retiendriez-vous des expressions : geste descriptif, geste suggestif, et geste typique ?

14. Choisissez n'importe quelle émotion élémentaire, comme la peur, et essayez, en imaginant dans votre esprit au moins cinq situations différentes qui pourraient faire naître cette émotion, d'en exprimer les différentes phases par des gestes - y compris la posture, le mouvement et l'expression du visage.

15. Faites la même chose pour les autres émotions que vous pouvez choisir.

16. Choisissez trois passages de n'importe quelle source, en vous assurant seulement qu'ils conviennent à un discours public, mémorisez chacun d'eux, puis concevez des gestes adaptés à chacun. Dites pourquoi.

17. Critiquez les gestes dans un discours que vous avez entendu récemment.

18. Entraînez-vous à un mouvement souple de la main. Quels exercices vous ont été utiles ?

19. Observez attentivement un animal ; puis imaginez plusieurs gestes typiques.

20. Rédigez un bref dialogue entre deux animaux quelconques ; lisez-le à haute voix et inventez des gestes expressifs.

21. Livrez, avec les gestes appropriés, la citation qui figure en tête de ce chapitre.

22. Lisez à haute voix l'incident suivant, en utilisant des gestes dramatiques :

Lorsque Voltaire préparait une jeune actrice à jouer dans l'une de ses tragédies, il lui attacha les mains sur les côtés avec un fil de coton afin d'enrayer sa tendance à la gesticulation exubérante. Sous cette condition d'immobilité obligatoire, elle commença à répéter, et pendant un certain temps, elle se comporta assez calmement ; mais finalement, complètement emportée par ses sentiments, elle brisa ses liens et jeta ses bras en l'air. Alarmée par la négligence supposée de ses instructions, elle commença à s'excuser auprès du poète ; il la rassura cependant en souriant ; le geste était alors admirable, car irrépressible.

-Redway, The Actor's Art.

23. Rendre les éléments suivants avec des gestes appropriés :

Un jour, alors qu'il prêchait, Whitefield "prit soudainement un air et une manière de faire nautiques qui lui étaient irrésistibles", et s'exprima en ces termes : "Eh bien, mes garçons, nous avons un ciel clair, et nous avançons bien sur une mer lisse sous l'effet d'une brise légère, et nous allons bientôt perdre la terre de vue. Mais que signifie cette soudaine baisse des cieux, et ce nuage sombre qui surgit de sous l'horizon ouest ? Écoutez ! N'entendez-vous pas le tonnerre au loin ? Ne voyez-vous pas ces éclairs ? Il y a une tempête qui se prépare ! Chaque homme à son devoir ! L'air est sombre, la tempête fait rage, nos mâts ont disparu, le navire est à bout de souffle ! Et après ?" À ce moment, un certain nombre de marins de l'assemblée, complètement emportés par la description dramatique, se lèvent d'un bond et crient : "La chaloupe!- prenez la chaloupe !"

-Nathan Sheppard, Before an Audience.

Chapitre 16 : Les méthodes de livraison

Le couronnement, la consommation, du discours est son exécution. C'est vers elle que tendent tous les préparatifs, c'est elle qu'attend le public, c'est elle qui juge l'orateur.... Toutes les forces de la vie de l'orateur convergent dans son discours. L'acuité logique avec laquelle il rassemble les faits autour de son thème, la facilité rhétorique avec laquelle il ordonne son langage, la maîtrise à laquelle il est parvenu dans l'utilisation de son corps comme unique organe d'expression, toute la richesse de l'acquisition et de l'expérience qui est la sienne - tout cela n'est plus qu'un incident ; le fait est l'envoi de son message à ses auditeurs.... L'heure du discours est "l'heure suprême, inévitable" pour l'orateur. C'est ce fait qui rend le manque de préparation adéquate si impertinent. Et c'est ce qui donne à l'orateur des frissons de joie indescriptible lorsqu'il a réussi - c'est comme la mère qui oublie ses douleurs pour la joie de mettre un fils au monde.

-J.B.E., Comment attirer et retenir un public.

Il existe quatre méthodes fondamentales pour prononcer un discours ; toutes les autres sont des modifications d'une ou de plusieurs d'entre elles : lecture d'un manuscrit, enregistrement du discours écrit et discours de mémoire, discours à partir de notes et discours extemporané. Il est impossible de dire quelle forme de discours est la meilleure pour tous les orateurs et dans toutes les circonstances. Pour décider vous-même, vous devez tenir compte de l'occasion, de la nature de l'auditoire, du caractère de votre sujet et de vos propres limites de temps et de capacité. Cependant, il est utile de vous avertir de ne pas être indulgent dans votre action personnelle. Dites-vous courageusement : Ce que les autres peuvent faire, je peux le tenter. Un esprit audacieux conquiert là où d'autres reculent, et une tâche difficile met au défi le courage.

Lecture d'un manuscrit

Cette méthode mérite vraiment de ne pas figurer dans un livre sur l'art oratoire, car, aussi illusoire que vous puissiez être, la lecture publique n'est pas l'art oratoire. Pourtant, il y a tellement de gens qui s'accrochent à ce roseau cassé que nous devons discuter ici du "discours lu", terme impropre et apologétique.

Il y a certainement des occasions - par exemple, l'ouverture du Congrès, la présentation d'une question délicate devant un organe délibérant ou une commémoration historique - où il peut sembler non seulement à l'" orateur ", mais à toutes les personnes intéressées, que l'essentiel est d'exprimer certaines pensées dans un langage précis - un langage qui ne doit être ni mal compris ni mal cité. Dans ces moments-là, l'oratoire est malheureusement relégué au second plan, le manuscrit est solennellement retiré de la grande poche intérieure de la nouvelle redingote, et chacun s'installe avec résignation, avec seulement une faible lueur d'espoir que le soi-disant discours ne sera pas aussi long qu'il est épais. Les mots peuvent être dorés, mais les yeux des auditeurs ont tendance à être plombés, et il n'y a qu'un cas sur cent où le coupable prononce vraiment un discours impressionnant. Son excuse est son excuse - on ne peut pas le blâmer, en général, parce que quelqu'un a décrété qu'il serait dangereux de se détacher des amarres du manuscrit et d'emmener son public avec lui pour une navigation vraiment délicieuse.

L'un des grands problèmes de ces "grandes occasions" est que l'essayiste - pour ce qu'il est - n'a pas été choisi pour ses talents d'orateur, mais parce que son grand-père a participé à une certaine bataille, ou que ses électeurs l'ont envoyé au Congrès, ou encore que ses dons dans un domaine autre que l'art oratoire l'ont distingué.

Tout comme on peut choisir un chirurgien en fonction de son aptitude à jouer au golf. Certes, il est toujours intéressant pour un public de voir un grand homme ; en raison de son éminence, il est probable qu'il écoutera ses paroles avec respect, voire avec intérêt, même si elles sont tirées d'un manuscrit. Mais combien plus efficace serait un tel discours si les papiers étaient mis de côté !

L'adresse lue n'est nulle part aussi courante que dans la chaire - une chaire qui, de nos jours, ne peut se permettre d'être handicapée. Sans doute de nombreux ecclésiastiques préfèrent-ils le fini à la ferveur - qu'ils choisissent : ce sont rarement des hommes qui font basculer les masses vers l'acceptation de leur message. Ce qu'ils gagnent en précision et en élégance de langage, ils le perdent en force.

Il y a seulement quatre motifs qui peuvent pousser un homme à lire son discours ou son sermon :

1. La paresse est la plus courante. C'est bien connu. Même le Ciel ne peut rendre efficace un homme paresseux.

2. Une mémoire si défectueuse qu'il ne peut vraiment pas parler sans lire. Hélas, il ne parle pas quand il lit, aussi son dilemme est-il douloureux - et pas seulement pour lui. Mais aucun homme n'a le droit de supposer que sa mémoire est totalement défaillante avant de s'être attelé à la culture de la mémoire et d'avoir échoué. Une mémoire faible est souvent plus une excuse qu'une raison.

3. Un véritable manque de temps pour faire plus que rédiger le discours. De tels cas existent - mais ils ne se produisent pas toutes les semaines ! La disposition de votre temps est plus flexible que vous ne le pensez. Le motif 3 s'associe trop souvent au motif 1.

4. La conviction que le discours est trop important pour risquer de renoncer au manuscrit. Mais, s'il est vital que chaque mot soit si précis, le style si poli, et les pensées si logiques, que le prédicateur doive écrire le sermon en entier, le message n'est-il pas suffisamment important pour justifier un effort supplémentaire dans la perfection de sa livraison ? C'est une insulte à la congrégation et un manque de respect envers le Dieu tout-puissant que de placer la formulation d'un message au-dessus du message lui-même. Pour atteindre le cœur des auditeurs, le sermon doit être délivré - il n'est qu'à moitié délivré lorsque l'orateur ne peut pas le prononcer avec le feu et la force originels, lorsqu'il ne fait que répéter des mots qui ont été conçus des heures ou des semaines auparavant et qui sont donc comme du champagne qui a perdu son pétillement. Le prédicateur qui lit a les yeux rivés sur son manuscrit ; il ne peut pas donner au public le bénéfice de son expression. Combien de temps une pièce remplirait-elle un théâtre si les acteurs tenaient leurs cue-books en main et lisaient leurs rôles ? Imaginez Patrick Henry lisant son célèbre discours ; Pierre l'Hermite, manuscrit en main, exhortant les croisés ; Napoléon, regardant constamment ses papiers, s'adressant à l'armée aux Pyramides ; ou Jésus lisant le Sermon sur la Montagne ! Ces orateurs connaissaient si bien leurs sujets, leur préparation générale avait été si richement adéquate, qu'il n'était pas nécessaire d'avoir un manuscrit, soit pour s'y référer, soit pour servir de "signe extérieur et visible" de leur préparation. Aucun événement n'a jamais été si digne qu'il ait nécessité une tentative artificielle de discours. Appelez un essai par son nom, mais ne

l'appelez jamais un discours. L'événement le plus digne est peut-être une supplique au Créateur. Si vous avez déjà écouté la lecture d'une prière originale, vous avez dû en ressentir la superficialité.

Quelles que soient les théories sur la remise de manuscrits, le fait est qu'elle n'est pas efficace. Évitez-la dans la mesure du possible.

Commettre le discours écrit et parler de mémoire

Cette méthode a certains points en sa faveur. Si vous avez du temps et des loisirs, il est possible de polir et de réécrire vos idées jusqu'à ce qu'elles soient exprimées en termes clairs et concis. Pope passait parfois une journée entière à perfectionner un seul couplet. Gibbon a passé vingt ans à rassembler du matériel pour rédiger et réécrire le "Déclin et chute de l'Empire romain". Même si vous ne pouvez pas consacrer une préparation aussi minutieuse à un discours, vous devez prendre le temps d'éliminer les mots inutiles, de regrouper des paragraphes entiers en une seule phrase et de choisir des illustrations appropriées. Les bons discours, comme les pièces de théâtre, ne sont pas écrits ; ils sont réécrits. La National Cash Register Company suit ce plan avec son organisation de vente la plus efficace : elle demande à ses vendeurs de mémoriser mot pour mot un discours de vente. Ils soutiennent qu'il existe une meilleure façon de présenter leurs arguments de vente, et ils insistent pour que chaque vendeur utilise cette façon idéale plutôt que d'employer les phrases hasardeuses qui peuvent lui venir à l'esprit sur le moment.

La méthode de l'écriture et de l'engagement a été adoptée par de nombreux orateurs de renom ; Jules César, Robert Ingersoll et, à certaines occasions, Wendell Phillips, en ont été des exemples distingués. Les effets merveilleux obtenus par des acteurs célèbres étaient, bien sûr, obtenus grâce à la prononciation de lignes mémorisées.

L'orateur inexpérimenté doit être averti, avant d'essayer cette méthode, qu'elle est difficile et éprouvante. Il faut beaucoup d'habileté pour la rendre efficace. Les lignes mémorisées du jeune orateur sonneront généralement comme des mots mémorisés, et repousseront.

Si vous voulez entendre un exemple, écoutez la démonstratrice d'un grand magasin répéter le jargon qu'elle a mémorisé sur le dernier produit d'entretien pour meubles ou le dernier aliment pour le petit déjeuner. Il faut de l'entraînement pour qu'un discours mémorisé ait l'air frais et spontané et, à moins d'avoir une excellente mémoire naturelle, dans chaque cas, le produit fini nécessite beaucoup de travail. Si vous oubliez une partie de votre discours ou si vous manquez quelques mots, vous risquez d'être tellement confus que, comme le guide de Mark Twain à Rome, vous serez obligé de répéter votre texte depuis le début.

D'autre part, il se peut que vous soyez tellement occupé à vous souvenir de vos mots écrits que vous ne vous abandonnerez pas à l'esprit de votre discours, et que vous ne le prononciez pas avec cette spontanéité qui est si essentielle à un discours percutant.

Mais ne vous laissez pas effrayer par ces difficultés. Si l'engagement vous semble le meilleur, faites-en un essai fidèle. Ne vous laissez pas décourager par ses pièges, mais évitez-les par une pratique résolue.

L'une des meilleures façons de s'élever au-dessus de ces difficultés est de faire comme le fait souvent le Dr Wallace Radcliffe : s'engager sans écrire le discours, faire pratiquement toute la préparation mentalement, sans mettre la plume sur le papier - une façon laborieuse mais efficace de cultiver à la fois l'esprit et la mémoire.

Vous trouverez que c'est une excellente pratique, tant pour la mémoire que pour l'exécution, que de prendre les spécimens de discours qui se trouvent dans ce volume et de les déclamer, en portant toute votre attention sur les principes que nous vous avons exposés. William Ellery Channing, lui-même un orateur distingué, a dit, il y a des années, ceci au sujet de la pratique de la déclamation

"N'y a-t-il pas un amusement, ayant une affinité avec le théâtre, qui pourrait être utilement introduit parmi nous ? Je veux parler de la récitation. Une œuvre de génie, récitée par un homme de bon goût, enthousiaste et capable de s'exprimer, est une gratification très pure et très élevée. Si cet art était cultivé et encouragé, un grand nombre de personnes, actuellement insensibles aux plus belles compositions, pourraient être éveillées à leur excellence et à leur puissance."

Parler à partir de notes

La troisième méthode, la plus populaire, est probablement aussi la meilleure pour le débutant. Parler à partir de notes n'est pas la méthode idéale, mais nous apprenons à nager en eau peu profonde avant de sortir des sentiers battus.

Établissez un plan précis pour votre discours (pour une discussion plus approfondie, voir le chapitre XVIII) et fixez les points un peu à la manière d'un mémoire d'avocat ou d'un plan de prédicateur. Voici un exemple de notes très simples :

ATTENTION

I. Introduction.

L'attention indispensable à l'exécution de toute grande

œuvre. Anecdote.

II. Définis et illustrés.

1. A partir d'une observation courante.

2. De la vie des grands hommes {Carlyle, Robert E. Lee.}

III. Sa relation avec les autres pouvoirs mentaux.

1. La raison.

2. L'imagination.

3. La mémoire.

4. La volonté. Anecdote.

IV. L'attention peut être cultivée.

1. L'attention involontaire.

2. L'attention volontaire. Exemples.

V. Conclusion.

Les conséquences de l'inattention et de l'attention.

Peu de mémoires seraient aussi précis que celui-ci, car avec l'expérience, l'orateur apprend à utiliser de petites astuces pour attirer l'œil - il peut souligner fortement un mot-clé, dessiner un cercle rouge autour d'une idée centrale, enfermer le mot-clé d'une anecdote dans une boîte à lignes ondulées, et ainsi de suite indéfiniment. Ces points méritent d'être rappelés, car rien n'échappe autant au regard de l'orateur que l'uniformité d'une écriture dactylographiée, ou même d'un script ordinaire. Une tache sur la page, aussi involontaire soit-elle, peut vous aider à vous souvenir d'un "point" important de votre mémoire, peut-être par association d'idées.

Un orateur inexpérimenté aurait probablement besoin de notes plus complètes que le spécimen donné. C'est pourtant là que réside le danger, car le manuscrit complet n'est qu'à une courte distance du plan copieux. Utilisez le moins de notes possible.

Elles peuvent être nécessaires pour le moment, mais ne manquez pas de les considérer comme un mal nécessaire ; et même si vous les mettez devant vous, ne vous y référez que lorsque vous êtes obligé de le faire. Prenez des notes aussi complètes que vous le souhaitez lors de la préparation, mais condensez-les à tout prix pour l'utilisation de la plate-forme.

Discours extemporané

Il s'agit certainement de la méthode idéale de présentation. C'est de loin la plus populaire auprès du public, et la méthode préférée des orateurs les plus efficaces.

L'expression "discours extemporané" a parfois été interprétée comme signifiant un discours non préparé, et c'est en effet trop souvent le cas ; mais ce n'est pas dans ce sens que nous la recommandons fortement aux orateurs, jeunes et vieux. Au contraire, pour bien parler sans notes, il faut toute la préparation dont nous avons parlé en détail dans le chapitre sur la "fluidité", tout en comptant sur "l'inspiration du moment" pour certaines de vos pensées et une grande partie de votre langage. Vous feriez mieux de vous rappeler, cependant, que l'inspiration la plus efficace de l'heure est celle que vous apportez vous-même, emmagasinée dans votre esprit et prête à infuser dans l'auditoire.

Si vous extemporisez, vous pouvez vous rapprocher de votre public. En un sens, ils apprécient la tâche que vous avez devant vous et vous envoient leur sympathie. Extemporisez, et vous n'aurez pas à vous arrêter et à tâtonner au milieu de vos notes - vous pourrez garder l'œil sur votre message et retenir votre public par votre seul regard. Vous sentirez vous-même leur réaction en lisant les effets de vos paroles chaleureuses et spontanées, inscrites sur leurs visages.

Les phrases écrites à l'étude risquent d'être mortes et froides lorsqu'elles sont ressuscitées devant le public. Lorsque vous créez comme vous parlez, vous conservez tout le feu natif de votre pensée. Vous pouvez développer un point ou en omettre un autre, selon l'occasion ou l'humeur de l'auditoire. Il n'est pas possible pour tous les orateurs d'utiliser cette méthode, la plus difficile de toutes, et encore moins de l'utiliser avec succès sans beaucoup de pratique, mais c'est l'idéal vers lequel tous devraient tendre.

Le danger de cette méthode est que vous vous écartiez de votre sujet pour emprunter des chemins de traverse. Pour éviter ce péril, tenez-vous fermement à votre schéma mental. Entraînez-vous à parler à partir d'un résumé mémorisé jusqu'à ce que vous maîtrisiez la situation. Rejoignez une société de débat - parlez, parlez, PARLEZ, et extemporisez toujours. Il se peut que vous vous ridiculisiez une fois ou deux, mais est-ce le prix à payer pour réussir ?

Les notes, comme les béquilles, ne sont qu'un signe de faiblesse. N'oubliez pas que le pouvoir de votre discours dépend dans une certaine mesure de l'opinion que votre auditoire a de vous. Les paroles du général Grant en tant que président étaient plus puissantes que celles qu'il prononçait en tant que fermier du Missouri. Si vous voulez apparaître sous le jour d'une autorité, soyez-en une. Prenez des notes dans votre tête plutôt que sur papier.

Méthodes conjointes d'exécution

Une modification de la deuxième méthode a été adoptée par de nombreux grands orateurs, en particulier les conférenciers qui sont obligés de parler sur une grande variété de sujets jour après jour ; ces orateurs enregistrent souvent leurs discours à la mémoire mais gardent leurs manuscrits sous forme de livre flexible devant eux, tournant plusieurs pages à la fois. Ils se sentent plus en sécurité parce qu'ils ont une ancre d'écoute au vent, mais c'est tout de même une ancre qui empêche une navigation rapide et libre, même si elle ne traîne jamais aussi légèrement.

D'autres orateurs jettent une ancre encore plus légère en gardant devant eux un plan assez complet de leur discours écrit et engagé.

D'autres écrivent et confient quelques parties importantes du discours - l'introduction, la conclusion, un argument essentiel, une illustration patente - et dépendent de l'heure pour la langue du reste. Cette méthode est bien adaptée à la prise de parole avec ou sans notes.

Certains orateurs lisent d'un manuscrit les parties les plus importantes de leur discours et prononcent le reste extemporanément.

Ainsi, ce que nous avons appelé les "méthodes communes de présentation" sont ouvertes à de nombreuses variations personnelles. Vous devez décider vous-même de ce qui est le mieux pour vous, pour l'occasion, pour votre sujet, pour votre auditoire, car ces quatre facteurs ont tous leurs propres exigences.

Quelle que soit la forme que vous choisirez, ne soyez pas si faiblement indifférent au point de préférer la voie facile - choisissez la meilleure voie, quoi qu'il vous en coûte en temps et en efforts. Et soyez-en sûrs : seul l'orateur exercé peut espérer obtenir à la fois la concision de l'argumentation et la conviction de la manière, la politesse du langage et la puissance de l'élocution, la finition du style et le feu de l'énonciation.

QUESTIONS ET EXERCICES

1. Selon vous, quel est le mode de livraison le plus approprié pour vous ? Pourquoi ?

2. Quelles objections pouvez-vous formuler à l'encontre de : (a) la mémorisation de l'intégralité du discours ; (b) la lecture d'un manuscrit ; (c) l'utilisation de notes ; (d) la présentation d'un plan ou de notes mémorisées ; (ee) l'une ou l'autre des " méthodes conjointes " ?

3. Qu'y a-t-il de recommandable à prononcer un discours selon l'une des méthodes précédentes ?

4. Pouvez-vous suggérer une combinaison de méthodes que vous avez trouvée efficace ?

5. Selon votre observation, quelles sont les méthodes utilisées par les orateurs qui réussissent le mieux ?

6. Sélectionnez l'une des méthodes communes et appliquez-la à la livraison de la même adresse.

7. Quelle méthode préférez-vous, et pourquoi ?

8. Dans la liste des sujets figurant en annexe, choisissez un thème et prononcez un discours de cinq minutes sans notes, mais en vous préparant soigneusement sans mettre vos pensées sur papier.

NOTE : Nous espérons sincèrement que les instructeurs ne passeront pas cette étape du travail sans exiger de leurs étudiants qu'ils s'exercent à prononcer des discours originaux, de la manière qui semble, après quelques essais, convenir le mieux aux dons de l'étudiant. Les étudiants qui étudient seuls doivent être tout aussi exigeants envers eux-mêmes. Un point est très important : il est facile d'apprendre à lire un discours, il est donc beaucoup plus urgent que l'élève s'exerce à parler à partir de notes et à parler sans notes. À ce stade, accordez plus d'attention à la manière qu'à la matière - les chapitres suivants traitent de la composition du discours. Insistez particulièrement sur la révision fréquente et approfondie des principes d'élocution abordés dans les chapitres précédents.

Chapitre 17 : Pensée et réserve de puissance

La Providence est toujours du côté de la dernière réserve.

-Napoléon BONAPARTE.

Ainsi les puissances les plus puissantes sont nourries par les calmes les plus profonds, et dorment, comme souvent, dans les choses les plus douces !

-BARRY CORNWALL, La mer dans le calme.

Que se passerait-il si vous mettiez votre compte en banque à découvert ? En règle générale, le chèque fait l'objet d'un protêt ; mais si vous êtes en bons termes avec la banque, il se peut que votre chèque soit honoré et que l'on vous demande de combler le découvert. La nature n'a pas de préférence et n'accorde donc aucun crédit. Elle est aussi implacable qu'un réservoir d'essence - lorsque le "gaz" est épuisé, la machine s'arrête. Il est aussi imprudent pour un orateur de se risquer devant un auditoire sans avoir quelque chose en réserve que pour un automobiliste d'entreprendre un long voyage dans la nature sans avoir assez d'essence en vue. Mais en quoi consiste la réserve d'un orateur ? En une confiance bien fondée dans sa compréhension générale et particulière de son sujet ; en la qualité d'être alerte et ingénieux dans sa pensée - en particulier dans la capacité de penser tout en étant debout ; et en cette possession de soi qui fait de quelqu'un le capitaine de toutes ses forces, corporelles et mentales. Le premier de ces éléments, la préparation adéquate, et le dernier, la confiance en soi, ont été discutés en détail dans les chapitres "Confiance en soi" et "Aisance", ils ne seront donc abordés qu'accessoirement ici ; en outre, le prochain chapitre traitera des méthodes spécifiques de préparation à l'art oratoire.

Le thème central de ce chapitre est donc le deuxième des éléments du pouvoir de réserve : la pensée. L'entrepôt mental Un esprit vide, comme un garde-manger vide, peut être un problème grave ou non - tout dépend des ressources disponibles. S'il n'y a pas de nourriture dans le placard, la ménagère ne secoue pas nerveusement les plats vides ; elle téléphone à l'épicier. Si vous n'avez pas d'idées, n'agitez pas vos ers et ahs vides, mais trouvez des idées et ne parlez pas avant de les avoir trouvées. Cependant, ce n'est pas ce que la vieille gouvernante de la Nouvelle-Angleterre avait l'habitude d'appeler "la main droite". La vraie solution au problème de ce qu'il faut faire avec une tête vide est de ne jamais la laisser se vider. Dans les puits artésiens du Dakota, l'eau se précipite à la surface et s'élève à une vingtaine de pieds au-dessus du sol. Le secret de ce débit exubérant est bien sûr la grande quantité d'eau qui se trouve en dessous et qui se presse pour sortir. À quoi bon s'arrêter pour amorcer une pompe mentale quand on peut remplir sa vie avec les ressources d'un puits artésien ? Il ne suffit pas d'en avoir juste assez, il faut en avoir plus qu'assez. Alors, la pression de votre masse de pensées et de sentiments maintiendra votre débit de parole et vous donnera la confiance et l'assurance qui dénotent une puissance de réserve. S'absenter de chez soi en n'ayant que le prix exact du billet de retour laisse beaucoup de place aux circonstances ! Le pouvoir de réserve est magnétique. Il ne consiste pas à donner l'impression que vous gardez quelque chose en réserve, mais plutôt à suggérer que le public reçoit la crème de vos observations, lectures, expériences, sentiments, pensées.

Pour avoir un pouvoir de réserve, vous devez donc avoir assez de matière sous la main pour fournir suffisamment de crème. Mais comment obtenir le lait ? Il y a deux manières : l'une est de première main, de la vache ; l'autre est de seconde main, du laitier. L'œil qui voit Un sage a dit : "Pour mille hommes qui peuvent parler, il n'y en a qu'un qui peut penser ; pour mille hommes qui peuvent penser, il n'y en a qu'un qui peut voir." Voir et penser, c'est obtenir son lait de sa propre vache. Quand le seul homme sur un million qui peut voir se présente, nous l'appelons Maître. Le vieux M. Holbrook, de "Cranford", demanda à son invitée de quelle couleur étaient les cendres en mars ; elle avoua qu'elle ne le savait pas, ce à quoi le vieux monsieur répondit : "Je savais que vous ne le saviez pas. Et moi non plus, vieux fou que je suis, jusqu'à ce que ce jeune homme vienne me le dire. "Noir comme les cendres en mars". Et j'ai vécu toute ma vie à la campagne. C'est une honte pour moi de ne pas savoir. Noirs, ils sont noirs comme du jais, madame." "Ce jeune homme" dont parle M. Holbrook était Tennyson. Henry Ward Beecher a dit : "Je ne crois pas avoir jamais rencontré un homme dans la rue sans avoir obtenu de lui quelque élément pour un sermon. Je ne vois jamais rien dans la nature qui ne tende pas vers ce pour quoi je donne la force de ma vie. La matière de mes sermons me suit tout le temps et grouille autour de moi." Au lieu de dire qu'il n'y a qu'un homme sur un million qui peut voir, on serait plus près de la vérité en disant qu'aucun d'entre nous ne voit avec une parfaite compréhension plus d'une fraction de ce qui passe devant ses yeux, et pourtant cette faculté d'observation aiguë et précise est si importante qu'aucun homme ambitieux de diriger ne peut la négliger.

La prochaine fois que vous serez dans une voiture, regardez ceux qui sont assis en face de vous et voyez ce que vous pouvez découvrir sur leurs habitudes, leurs occupations, leurs idéaux, leurs nationalités, leurs milieux, leur éducation, etc. Vous ne verrez peut-être pas grand-chose la première fois, mais la pratique révélera des résultats étonnants. Transformez chaque incident de votre journée en un sujet de discours ou d'illustration. Traduisez tout ce que vous voyez en termes de discours. Lorsque vous pouvez décrire tout ce que vous avez vu avec des mots précis, vous voyez clairement. Vous devenez le millionième homme. La description d'un auteur faite par De Maupassant devrait également convenir à l'orateur public : " Son œil est comme une pompe aspirante, absorbant tout ; comme une main de pickpocket, toujours à l'œuvre. Rien ne lui échappe. Il ramasse sans cesse de la matière, il recueille les regards, les gestes, les intentions, tout ce qui se passe en sa présence - le moindre regard, le moindre acte, la moindre bagatelle." De Maupassant était lui-même un millionième homme, un Maître. "Ruskin a pris un cristal de roche ordinaire et a vu caché dans son cœur impassible des leçons qui n'ont pas encore cessé d'émouvoir la vie des hommes. Beecher est resté des heures devant la vitrine d'une bijouterie à imaginer des analogies entre les bijoux et l'âme des hommes. Gough a vu dans une seule goutte d'eau suffisamment de vérité pour étancher la soif de cinq mille âmes. Thoreau était assis si calmement dans les bois ombragés que les oiseaux et les insectes venaient ouvrir à son regard leur vie secrète. Emerson a observé l'âme d'un homme si longtemps qu'il a pu dire : "Je ne peux pas entendre ce que vous dites, car je vois ce que vous êtes". Preyer a étudié pendant trois ans la vie de son bébé et est ainsi devenu une autorité en matière d'esprit enfantin. Observation ! La plupart des hommes sont aveugles. Il y a aujourd'hui mille fois plus de vérités cachées et de faits non découverts que de découvertes célèbres, des faits qui attendent que quelqu'un "arrache le cœur de leur mystère". Mais aussi longtemps que les hommes chercheront avec des yeux qui ne voient pas, aussi longtemps, ces perles cachées resteront dans leur coquille. Il n'y a pas d'orateur qui pourrait plus efficacement pointer ses arbres s'il cherchait dans la nature plutôt que dans les bibliothèques.

Trop peu de gens peuvent voir "les sermons dans les pierres" et "les livres dans les ruisseaux", car ils sont tellement habitués à ne voir que des sermons dans les livres et seulement des pierres dans les ruisseaux. Sir Philip Sidney avait un dicton : "Regarde dans ton cœur et écris" ; Massillon expliquait sa connaissance astucieuse du cœur humain en disant : "Je l'ai appris en m'étudiant moi-même" ; Byron dit de John Locke que "toute sa connaissance de l'entendement humain provenait de l'étude de son propre esprit". Puisque la nature multiforme nous entoure, l'originalité ne devrait pas être si rare." L'esprit pensant Penser, c'est faire de l'arithmétique mentale avec des faits. Ajoutez tel fait à tel autre et vous arrivez à une certaine conclusion. Soustrayez cette vérité d'une autre et vous avez un résultat précis. Multipliez ce fait par un autre et vous obtenez un produit précis. Voyez combien de fois cette occurrence se produit dans cet espace de temps et vous avez atteint un dividende calculable. Dans les processus de pensée, vous réalisez tous les problèmes connus d'arithmétique et d'algèbre. C'est pourquoi les mathématiques sont une excellente gymnastique mentale. Mais de la même manière, la pensée est un travail. Penser demande de l'énergie. Penser demande du temps, de la patience, une information large et de la lucidité. Au-delà d'un misérable petit grattage de surface, peu de gens pensent vraiment - seulement un sur mille, selon le spécialiste déjà cité. Tant que le système d'éducation actuel prévaudra et que les enfants seront instruits par l'oreille plutôt que par l'œil, tant qu'on attendra d'eux qu'ils se souviennent des pensées des autres plutôt que de penser par eux-mêmes, cette proportion se maintiendra - un homme sur un million sera capable de voir, et un sur mille de penser. Mais, quelle que soit l'absence de pensée d'un esprit, il y a la promesse de meilleures choses dès que l'esprit détecte son propre manque de puissance de pensée. La première étape consiste à cesser de considérer la pensée comme "la magie de l'esprit", pour reprendre l'expression de Byron, et à la voir telle qu'elle est vraiment : une pesée d'idées et leur mise en relation les unes avec les autres.

Réfléchissez à cette définition et voyez si vous avez appris à penser efficacement. La pensée habituelle n'est rien d'autre qu'une habitude. L'habitude vient du fait de faire une chose de manière répétée. Les habitudes inférieures s'acquièrent facilement, les habitudes supérieures nécessitent des sillons plus profonds si l'on veut qu'elles persistent. Nous constatons donc que l'habitude de penser ne s'acquiert qu'avec une pratique résolue ; pourtant, aucun effort ne produira de plus riches dividendes. Persistez dans la pratique, et alors que vous n'étiez capable de penser qu'à un pouce de profondeur dans un sujet, vous découvrirez bientôt que vous pouvez le pénétrer à un pied. Peut-être cette métaphore familière vous suggérera-t-elle comment commencer la pratique de la pensée consécutive, c'est-à-dire la soudure d'un certain nombre de liens de pensée distincts en une chaîne qui tiendra. Prenez un maillon à la fois, voyez que chacun d'eux va naturellement de pair avec ceux qui lui sont liés, et souvenez-vous qu'un seul maillon manquant signifie que la chaîne n'existe pas. La réflexion est le plus fascinant et le plus exaltant de tous les exercices mentaux. Une fois que vous aurez compris que votre opinion sur un sujet ne représente pas le choix que vous avez fait entre ce que le Dr Cerebrum a écrit et ce que le professeur Cerebellum a dit, mais qu'elle est le résultat de votre propre énergie cérébrale appliquée avec sérieux, vous acquerrez une confiance dans votre capacité à parler de ce sujet que rien ne pourra ébranler.

Votre pensée vous aura donné à la fois un pouvoir et une réserve de pouvoir. Quelqu'un a condensé la relation entre la pensée et la connaissance dans ces lignes piquantes et simples : "Ne me donnez pas l'homme qui pense qu'il pense, Ne me donnez pas l'homme qui pense qu'il sait, Mais donnez-moi l'homme qui sait qu'il pense, Et j'ai l'homme qui sait qu'il sait !" La lecture comme stimulus de la pensée Cependant, aussi sèche que soit la vache, et aussi faible que soit notre capacité à traire, il y a toujours le trayeur - nous pouvons lire ce que d'autres ont vu, ressenti et pensé. Souvent, en effet, de tels documents allument en nous cette étincelle préessentielle et vitale, le désir d'être un penseur.

Le choix suivant est tiré d'une des conférences du Dr Newell Dwight Hillis, telles qu'elles sont données dans "A Man's Value to Society".

Le Dr Hillis est un orateur des plus fluides - il ne se réfère jamais à des notes. Il a de la réserve. Son esprit est un véritable trésor de faits et d'idées. Voyez comment il puise dans sa connaissance de quinze différents sujets généraux ou spéciaux : géologie, vie végétale, Palestine, chimie, Esquimaux, mythologie, littérature, le Nil, histoire, droit, esprit, évolution, religion, biographie et électricité. Il n'est certainement pas nécessaire d'être un sage pour découvrir que le secret de la puissance de réserve de cet homme est le vieux secret de notre puits artésien dont l'abondance jaillit de profondeurs invisibles.

LES USAGES DES LIVRES ET DE LA LECTURE

Chaque Kingsley s'approche d'une pierre comme un bijoutier s'approche d'un coffret pour en déverrouiller les joyaux cachés. Geikie fait en sorte que le morceau de houille déroule le bourgeon juteux, les feuilles épaisses et odorantes, les branches piquantes, jusqu'à ce que le morceau de carbone s'agrandisse pour devenir la beauté d'une forêt tropicale. Le petit livre de Grant Allen intitulé "How Plants Grow" montre que les arbres et les arbustes mangent, boivent et se marient. Nous voyons certains bosquets de dattes en Palestine, et d'autres bosquets de dattes dans le désert à cent miles de là, et le pollen de l'un est transporté par les alizés sur les branches de l'autre. Nous voyons l'arbre avec son étrange système d'adduction d'eau, pompant la sève dans des tuyaux et des canalisations ; nous voyons le laboratoire chimique dans les branches, mélangeant l'arôme de l'orange dans un rameau, mélangeant les jus de l'ananas dans un autre ; nous voyons l'arbre comme une mère préparant chaque jeune gland pour le long hiver, l'enroulant dans des bandes douces et chaudes comme des couvertures de laine, l'enveloppant de vêtements imperméables à la pluie, et finalement glissant le jeune gland dans un sac de couchage, comme ceux que les Esquimaux ont donnés au Dr Kane. Nous en venons finalement à penser que les Grecs n'avaient pas tout à fait tort de penser que chaque arbre avait en lui une dryade, qui l'animait, le protégeait contre la destruction et mourait lorsque l'arbre se fanait. Certains Faraday nous montrent que chaque goutte d'eau est une gaine pour des forces électriques suffisantes pour charger 800 000 bocaux de Leyde, ou faire fonctionner un moteur de Liverpool à Londres. D'autres, comme Sir William Thomson, nous expliquent que l'hydrogène gazeux peut ronger une grande pointe de fer comme les molaires d'un enfant peuvent ronger l'extrémité d'un bonbon. Ainsi, chaque nouveau livre nous ouvre un nouveau domaine de la nature, jusqu'alors inexploré. Ainsi, les livres accomplissent pour nous la légende du verre merveilleux qui montrait à son propriétaire toutes les choses lointaines et toutes les choses cachées. Grâce aux livres, notre monde devient comme "un bourgeon de la tonnelle de la beauté de Dieu ; le soleil comme une étincelle de la lumière de sa sagesse ; le ciel comme une bulle sur la mer de sa puissance". D'où les mots de Mme Browning : "Aucun enfant ne peut être appelé orphelin de père s'il a Dieu et sa mère ; aucun jeune ne peut être appelé sans ami s'il a Dieu et la compagnie des bons livres."

Les livres nous profitent aussi en ce qu'ils montrent l'unité du progrès, la solidarité de la race, la continuité de l'histoire. Les auteurs nous font remonter le chemin du droit, de la liberté ou de la religion, et nous déposent devant le grand homme dans le cerveau duquel le principe a pris naissance. Comme le découvreur nous ramène de l'embouchure du Nil aux sources du Nyanza, ainsi les livres exposent les grandes idées et les grandes institutions, à mesure qu'elles avancent, s'élargissant et s'approfondissant sans cesse, comme un Nil qui alimente plusieurs civilisations. Car toutes les réformes d'aujourd'hui remontent à une réforme d'hier. L'art de l'homme remonte à Athènes et à Thèbes. Les lois de l'homme remontent à Blackstone et à Justinien. Les faucheurs et les charrues de l'homme remontent au sauvage qui grattait le sol avec son bâton fourchu, tiré par un taureau sauvage. Les héros de la liberté avancent en une solide colonne. Lincoln saisit la main de Washington. Washington a reçu ses armes des mains de Hampden et de Cromwell. Les grands puritains serrent la main de Luther et de Savonarola. La procession ininterrompue nous amène enfin à Celui dont le Sermon sur la Montagne fut la charte même de la liberté. Nous sommes sous l'emprise d'un charme divin lorsque nous nous apercevons que nous sommes tous les collaborateurs des grands hommes, et pourtant de simples fils dans la chaîne et la trame de la civilisation. Et lorsque les livres nous ont rattachés à notre propre époque, et ont rattaché toutes les époques à Dieu, dont la providence est le golfe de l'histoire, ces enseignants continuent à nous stimuler à des réalisations nouvelles et plus grandes. Seul, l'homme est une bougie non allumée.

L'esprit a besoin d'un livre pour allumer ses facultés. Avant de commencer à écrire, Byron avait l'habitude de consacrer une demi-heure à la lecture d'un de ses passages favoris. La pensée de quelque grand écrivain ne manquait jamais d'enflammer Byron dans une lueur créatrice, tout comme une allumette allume les braises sur la grille. C'est dans ces humeurs brûlantes et lumineuses que l'esprit de Byron accomplissait son meilleur travail. Le vrai livre stimule l'esprit comme aucun vin ne peut vivifier le sang. C'est la lecture qui nous permet de donner le meilleur de nous-mêmes, et qui éveille chaque faculté à sa vie la plus vigoureuse. Nous reconnaissons qu'il s'agit là d'une crème pure, et si elle semble d'abord avoir pour source secondaire le sympathique laitier, n'oublions pas que le thème est "Les usages des livres et de la lecture". Le Dr Hillis voit et pense à la fois. Il est à la mode en ce moment de décrier la valeur de la lecture. Nous lisons, nous dit-on, pour éviter la nécessité de penser par nous-mêmes. Les livres sont pour les paresseux mentaux. Bien que ce ne soit qu'une demi-vérité, l'élément de vérité qu'elle contient est suffisamment important pour nous faire réfléchir. Faites-vous un bon vieil examen de conscience presbytérien, et si la lecture à partir de la paresse de la pensée est l'un de vos péchés, confessez-le. Personne ne peut vous en priver, sauf vous-même. Faites-en pénitence en utilisant votre propre cerveau, car c'est une transgression qui freine la croissance de la pensée et détruit la liberté mentale.

Au début, la pénitence sera éprouvante, mais à la fin, vous en serez heureux. La lecture doit divertir, donner des informations ou stimuler la réflexion. Ici, cependant, nous nous intéressons principalement à l'information et à la stimulation de la pensée. Que dois-je lire pour m'informer ? L'ample page de la connaissance, comme nous le dit Grey, est "riche du butin du temps", et celui-ci est à notre portée pour le prix d'un billet de théâtre. Vous pouvez demander à Socrate et à Marc-Aurèle de s'asseoir à côté de vous et de discuter de ce qu'ils ont de meilleur, entendre Lincoln à Gettysburg et Périclès à Athènes, prendre d'assaut la Bastille avec Hugo et parcourir le Paradis avec Dante. Vous pouvez explorer l'Afrique la plus sombre avec Stanley, pénétrer le cœur humain avec Shakespeare, discuter des héros avec Carlyle et plonger avec l'apôtre Paul dans les mystères de la foi. Les connaissances générales et les idées inspirantes que les hommes ont recueillies au cours de siècles de labeur et d'expériences sont à votre disposition. Le Sage de Chelsea avait raison : "La véritable université de nos jours est une collection de livres." Maîtriser un livre de valeur, c'est maîtriser bien d'autres choses encore ; peu d'entre nous, cependant, font une parfaite conquête d'un volume sans d'abord le posséder physiquement. Lire un livre emprunté peut être une joie, mais assigner à son propre livre une place à part entière sur ses propres étagères - qu'elles soient rares ou nombreuses - aimer le livre et sentir sa couverture usée, le feuilleter lentement, page par page, crayonner ses marges en signe d'accord ou de protestation, sourire ou frissonner de ses piquants mémorisés - aucun simple emprunteur de livre ne pourra jamais ressentir tout ce plaisir. Le lecteur qui possède des livres dans ce double sens découvre aussi que ses livres le possèdent, et les volumes qui s'accrochent le plus fermement à sa vie sont probablement ceux qu'il lui a fallu sacrifier pour posséder.

Ces titres de moindre importance, que M. Fatpurse choisit, peut-être par procuration, ne peuvent guère jouer le rôle de guide, de philosophe et d'ami dans les moments cruciaux comme le font les livres longtemps convoités, joyeusement atteints, qui sont accueillis dans la vie, et pas seulement dans les bibliothèques, de nous autres qui sommes à la fois plus pauvres et plus riches. Il n'est donc pas exagéré de dire que, parmi toutes les façons dont un livre possédé et maîtrisé est comparable à un ami humain, les plus vraies sont celles-ci : Un ami vaut la peine que l'on fasse des sacrifices, à la fois pour l'acquérir et pour le garder ; et nos amours vont le plus chèrement à ceux dans la vie desquels nous sommes sincèrement entrés. Lorsque vous n'avez pas l'avantage de l'épreuve du temps pour juger les livres, enquêtez aussi minutieusement que possible sur l'autorité des livres que vous lisez. Beaucoup de ce qui est imprimé et passe dans le commerce est contrefait. " Je l'ai lu dans un livre " est pour beaucoup une garantie suffisante de vérité, mais pas pour le penseur. "Quel livre ?" demande l'esprit attentif. "Qui l'a écrit ? Que sait-il du sujet et de quel droit peut-il en parler ? Qui le reconnaît comme autorité ? Avec quelles autres autorités reconnues est-il d'accord ou non ?" Se faire prendre à essayer de faire passer de la fausse monnaie, même involontairement, est une situation désagréable. Prenez garde de ne pas faire circuler de la fausse monnaie.

Avant tout, recherchez des lectures qui vous obligent à utiliser votre propre cerveau. Ces lectures doivent être pleines de points de vue nouveaux, riches de connaissances particulières et traiter de sujets d'intérêt vital. Ne limitez pas vos lectures à ce que vous savez déjà que vous allez approuver. L'opposition nous réveille. L'autre voie est peut-être la meilleure, mais vous ne le saurez jamais si vous ne l'examinez pas de près. Ne faites pas toute votre réflexion et vos recherches devant des "Q.E.D." donnés ; le simple fait d'assembler des raisons pour combler l'écart entre votre théorème et ce que vous voulez prouver ne vous mènera nulle part. Abordez chaque sujet avec un esprit ouvert et, une fois que vous êtes sûr d'y avoir réfléchi de manière approfondie et honnête, ayez le courage de vous conformer à la décision de votre propre pensée. Mais ne vous en vantez pas par la suite. Aucun livre sur l'art oratoire ne vous permettra de parler du tarif si vous ne savez rien du tarif. En savoir plus sur le sujet que l'autre homme sera votre seul espoir de faire en sorte que l'autre homme vous écoute. Prenons un groupe d'hommes qui discutent d'une politique gouvernementale dont l'un d'eux dit : "Elle est socialiste". Cette remarque sera favorable à M. A., qui croit au socialisme, mais la condamnera à M. B., qui n'y croit pas. Il se peut que ni l'un ni l'autre n'ait envisagé la politique au-delà du fait de remarquer que sa couleur de surface était socialiste.

Il y a de fortes chances, en outre, que ni M. A. ni M. B. n'aient une idée précise de ce qu'est réellement le socialisme, car, comme le dit Robert Louis Stevenson, "L'homme ne vit pas seulement de pain, mais surtout de paroles d'encouragement". Si vous faites partie de ce groupe d'hommes, que vous avez observé cette politique gouvernementale proposée, que vous l'avez étudiée et que vous y avez réfléchi, ce que vous avez à dire ne manquera pas de susciter leur respect et leur approbation, car vous leur aurez montré que vous maîtrisez votre sujet et - pour adopter un mot d'argot extrêmement expressif - que vous en maîtrisez un peu.

QUESTIONS ET EXERCICES

1. Robert Houdin a entraîné son fils à jeter un coup d'œil rapide à une vitrine en passant et à être capable de rapporter avec précision un nombre surprenant de ses contenus. Essayez plusieurs fois sur différentes vitrines et rapportez le résultat.

2. Quel effet le pouvoir de réserve a-t-il sur un public ?

3. Quelles sont les meilleures méthodes pour acquérir une réserve de puissance

4. Quel est le danger de trop lire ?

5. Analysez un discours que vous avez lu ou entendu et remarquez la quantité d'informations réelles qu'il contient.

6. Rédigez un discours de trois minutes sur le sujet de votre choix. Quelle quantité d'informations et quelles nouvelles idées contient-il ? Comparez

votre discours avec l'extrait de la page 191 de l'ouvrage "The Uses of Books and Reading" du Dr Hillis.

7. Avez-vous déjà lu un livre sur la pratique de la pensée ? Si oui, donnez vos impressions sur sa valeur.

NOTE : Il existe un certain nombre d'excellents livres sur le sujet de la pensée et de la gestion de la pensée. Les suivants sont recommandés comme étant particulièrement utiles: "Thinking and Learning to Think", Nathan C. Schaeffer ; "Talks to Students on the Art of Study", Cramer ; "As a Man Thinketh", Allen.

8. Définissez a) la logique ; b) la philosophie mentale (ou science mentale) ; c) la psychologie ; d) l'abstraction

L'ART DE PARLER EN PUBLIC

Chapitre 18 : Sujet et préparation

Adaptez vos sujets à votre force, et réfléchissez bien à votre sujet et à sa longueur. Ne soulevez pas votre charge avant de savoir quel poids vos épaules peuvent ou ne peuvent pas supporter.

Byron, Hints from Horace.

Regardez ce jour, car il est la vie - la vie même de la vie. Dans son bref cours se trouvent toutes les vérités et les réalités de votre existence : la félicité de la croissance, la gloire de l'action, la splendeur de la beauté. Car hier est déjà un rêve et demain n'est qu'une vision ; mais aujourd'hui, bien vécu, fait de chaque hier un rêve de bonheur et de chaque demain une vision d'espoir. Regarde bien, donc, ce jour. Telle est la salutation de l'aube.

-Du sanskrit.

Dans le chapitre précédent, nous avons vu l'influence de "la pensée et du pouvoir de réserve" sur la préparation générale au discours public. Mais la préparation consiste en quelque chose de plus précis que la culture de la puissance de pensée, qu'elle provienne de sources originales ou empruntées - elle implique une attitude spécifiquement acquisitive de toute la vie. Si vous voulez devenir une âme à part entière, vous devez constamment absorber et assimiler, car ce n'est que de cette façon que vous pouvez espérer donner ce qui vaut la peine d'être entendu ; mais ne confondez pas l'acquisition d'informations générales avec la maîtrise de connaissances spécifiques. L'information consiste en un fait ou un groupe de faits ; la connaissance est une information organisée - la connaissance connaît un fait en relation avec d'autres faits.

Ce qui importe ici, c'est que vous mettiez toutes vos facultés à profit pour saisir les choses qui vous entourent dans le but précis de les mettre en corrélation et de les conserver pour les utiliser dans un discours public. Vous devez entendre avec l'oreille de l'orateur, voir avec l'œil de l'orateur, et choisir des livres et des compagnons, des vues et des sons dans le but de l'orateur. En même temps, soyez prêt à recevoir des connaissances non prévues. L'un des éléments fascinants de votre vie d'orateur sera la croissance consciente du pouvoir que vous apportent les expériences quotidiennes occasionnelles. Si vos yeux sont attentifs, vous découvrirez constamment des faits, des illustrations et des idées sans vous être mis à leur recherche. Tout cela peut être mis à profit sur l'estrade ; même les événements plombés de la vie quotidienne peuvent être transformés en balles pour les batailles futures.

Conservation du temps de préparation

Mais, dites-vous, j'ai si peu de temps pour me préparer - mon esprit doit être absorbé par d'autres questions. Daniel Webster ne laissait jamais passer une occasion de rassembler de la matière pour ses discours. Lorsqu'il était un garçon travaillant dans une scierie, il lisait dans un livre qu'il tenait d'une main et s'affairait à une tâche mécanique de l'autre. Dans sa jeunesse, Patrick Henry parcourait les champs et les bois dans la solitude pendant des jours et des jours, rassemblant inconsciemment des matériaux et des impressions pour son service ultérieur en tant qu'orateur. Le Dr Russell H. Conwell, l'homme qui, selon feu Charles A. Dana, s'est adressé à plus d'auditeurs que tout autre homme vivant, avait l'habitude de mémoriser de longs passages de Milton alors qu'il s'occupait, la nuit, des casseroles de sirop en ébullition dans les bois silencieux de la Nouvelle-Angleterre. L'employeur moderne congédierait un Webster d'aujourd'hui pour inattention à son devoir, et sans doute serait-il justifié, et Patrick Henry semblait n'être qu'un oisif même en ces jours faciles ; mais la vérité demeure : ceux qui prennent le pouvoir et ont l'intention de l'utiliser efficacement gagneront un jour la place dans laquelle ce pouvoir accumulé fera tourner de grandes roues d'influence.

Napoléon disait que les quarts d'heure décident du destin des nations. Combien de quarts d'heure laissons-nous dériver sans but ! Robert Louis Stevenson conservait tout son temps ; chaque expérience devenait un capital pour son travail, car le capital peut être défini comme "les résultats du travail stockés pour aider la production future". Il s'efforçait continuellement de traduire dans un langage approprié les scènes et les actions qui se déroulaient autour de lui. Emerson dit : "Demain sera comme aujourd'hui. La vie se gaspille pendant que nous nous préparons à vivre".

Pourquoi attendre une saison plus propice pour cette préparation large et générale ? Les quinze minutes que nous passons sur la voiture pourraient être transformées avec profit en capital de parole.

Procurez-vous une édition bon marché de discours modernes, et en découpant quelques pages chaque jour, et en les lisant pendant les minutes d'inaction ici et là, notez combien rapidement vous pouvez vous familiariser avec les meilleurs discours du monde. Si vous ne voulez pas mutiler votre livre, emportez-le avec vous - la plupart des livres d'époque sont maintenant imprimés en petits volumes. Le gaspillage quotidien de gaz naturel dans les champs de l'Oklahoma est égal à dix mille tonnes de charbon. Seuls trois pour cent environ de la puissance du charbon qui entre dans le fourneau se diffusent sous forme de lumière dans votre ampoule électrique - les quatre-vingt-dix-sept autres pour cent sont gaspillés. Pourtant, ces gaspillages ne sont pas plus importants, ni plus à déplorer que l'énorme perte de temps qui, si elle était conservée, augmenterait les pouvoirs de l'orateur à leur nième degré. Les scientifiques font pousser trois épis de maïs là où il n'y en avait qu'un auparavant ; les ingénieurs en efficacité éliminent les mouvements et les produits inutiles de nos usines : saisissez l'esprit de l'époque et appliquez l'efficacité à l'utilisation du bien le plus précieux que vous possédiez : le temps. Que faites-vous mentalement du temps que vous passez à vous habiller ou à vous raser ? Prenez un sujet et concentrez vos énergies sur lui pendant une semaine en utilisant seulement les moments libres qui seraient autrement gaspillés. Vous serez étonné du résultat. Un passage par jour du Livre des Livres, un lingot d'or provenant d'un maître de l'esprit, une pensée pleinement possédée par vous-même pourraient ainsi s'ajouter au trésor de votre vie. Ne perdez pas votre temps dans des activités qui ne vous rapportent rien. Remplissez la "minute impitoyable" avec "soixante secondes de course de fond" et, sur la plate-forme, vous serez incommensurablement gagnant.

Que rien de tout cela ne semble décrier la valeur de la récréation. Rien n'est plus vital pour un travailleur que le repos - et pourtant rien n'est plus viciant pour le tire-au-flanc. Veillez à ce que votre récréation soit recréatrice. Une pause au milieu d'un travail redonne des forces pour un nouvel effort. L'erreur est de faire des pauses trop longues, ou de les remplir d'idées qui rendent la vie molle.

Choisir un sujet

Le sujet et les matériaux s'influencent énormément l'un l'autre.

"Cela vient du fait qu'il y a deux façons distinctes de choisir un sujet : par un choix arbitraire, ou par le développement à partir de la réflexion et de la lecture.

"Le choix arbitraire ... d'un sujet parmi plusieurs implique tant de considérations importantes qu'aucun orateur ne manque jamais d'apprécier le ton de satisfaction de celui qui annonce triomphalement : "J'ai un sujet !

"'Donnez-moi un sujet ! Combien de fois l'instituteur fatigué entend-il ce cri. Il propose alors une liste de thèmes, la passe en revue, l'examine et, dans la plupart des cas, la rejette, car l'enseignant ne peut savoir qu'imparfaitement ce qui se trouve dans l'esprit de l'élève. Proposer un sujet de cette manière, c'est comme essayer de découvrir la rue dans laquelle vit un enfant perdu, en nommant un certain nombre de rues jusqu'à ce que l'oreille de l'enfant en perçoive une qui lui soit familière.

"Le choix par le développement est un processus très différent. Il ne demande pas : "Que dois-je dire ? Il retourne l'esprit sur lui-même et demande : "Qu'est-ce que je pense ? Ainsi, on peut dire que le sujet se choisit lui-même, car dans le processus de la pensée ou de la lecture, un thème prend de l'importance et devient un germe vivant, qui va bientôt se développer dans le discours. Celui qui n'a pas appris à réfléchir n'est pas vraiment au courant de ses propres pensées ; par conséquent, ses pensées ne sont pas productives. L'habitude de la lecture et de la réflexion fournira à l'esprit de l'orateur une abondance de sujets dont il connaît déjà quelque chose grâce aux lectures et aux réflexions qui ont donné naissance à son thème. Il ne s'agit pas d'un paradoxe, mais d'une sobre vérité.

"Il doit être évident que le choix d'un sujet par le développement ressemble plus à une collection qu'à une sélection consciente. Le sujet "surgit dans l'esprit" ... Dans l'intellect du penseur entraîné, il concentre - par un processus que nous avons vu être l'induction - les faits et les vérités qu'il a lus et auxquels il a pensé. Il s'agit le plus souvent d'un processus graduel. Les idées éparses peuvent d'abord être vaguement reliées entre elles, mais elles se concentrent de plus en plus et prennent une forme unique, jusqu'à ce qu'une idée forte semble saisir l'âme avec une force irrésistible et crier à haute voix : "Lève-toi, je suis ton thème ! Désormais, tant que tu ne m'auras pas transmuté par l'alchimie de ton feu intérieur en parole vitale, tu ne connaîtras pas de repos !". Heureux, alors, cet orateur, car il a trouvé un sujet qui le saisit.

"Bien sûr, les orateurs expérimentés utilisent les deux méthodes de sélection. Même un homme qui lit et réfléchit est parfois obligé de chercher un thème de Dan à Beersheba, et la tâche de rassembler des matériaux devient alors sérieuse. Mais même dans un tel cas, la sélection est en quelque sorte le fruit d'un développement, car aucun orateur prudent ne se fixe sur un thème qui ne représente pas au moins une pensée mûrie. "

Choisir le sujet

Même si votre thème a été choisi pour vous par quelqu'un d'autre, il vous reste un champ considérable pour le choix du sujet. Les mêmes considérations, en fait, qui vous guideraient dans le choix d'un thème doivent vous guider dans la sélection du matériel. Posez-vous - ou posez à quelqu'un d'autre - des questions telles que celles-ci :

Quelle est la nature précise de l'événement ? Quelle est la taille du public attendu ? De quels milieux proviennent-ils ? Quelle est leur attitude probable à l'égard du thème ? Qui d'autre prendra la parole ? Dois-je parler en premier, en dernier ou à quel endroit du programme ? De quoi les autres orateurs vont-ils parler ? Quelle est la nature de l'auditorium ? Y a-t-il un pupitre ? Le sujet pourrait-il être traité plus efficacement s'il était quelque peu modifié ? Quel est le temps précis que je dois occuper ?

Il est évident que de nombreuses erreurs de discours, qu'il s'agisse du sujet, de l'orateur, de l'occasion ou du lieu, sont dues au fait que l'on ne s'est pas posé ces questions pertinentes. Ce qui doit être dit, par qui, et dans quelles circonstances, constitue quatre-vingt-dix pour cent de l'efficacité d'un discours public. Peu importe qui vous demande, refusez d'être une cheville carrée dans un trou rond.

Questions de proportion

La proportion dans un discours est atteinte par un bon ajustement du temps. Ce n'est pas toujours à vous de dire jusqu'à quel point vous pouvez traiter votre sujet. Que dix minutes ne signifient ni neuf ni onze - mais mieux vaut neuf que onze, en tout cas. Vous ne voleriez pas la montre d'un homme ; vous ne devriez pas non plus voler le temps de l'orateur suivant ou celui de l'auditoire. Il n'est pas nécessaire de dépasser les limites de temps si vous faites une préparation adéquate et divisez votre sujet de manière à donner à chaque pensée la proportion d'attention qui lui est due - et pas plus. Heureux l'homme qui fait de courts discours, car il sera invité à parler à nouveau.

Une autre question de première importance est de savoir quelle est la partie de votre discours qui demande le plus d'attention. Une fois cette décision prise, vous saurez où placer cette section centrale afin de lui donner la plus grande valeur stratégique, et quel degré de préparation doit être donné à cette pensée centrale afin que la partie vitale ne soit pas submergée par des éléments non essentiels. Nombreux sont les orateurs qui se sont réveillés en constatant qu'ils avaient gaspillé huit minutes d'un discours de dix minutes pour simplement se mettre en route. C'est comme si vous dépensiez quatre-vingts pour cent de votre budget de construction pour le vestibule de la maison.

Le même sens de la mesure doit vous dire de vous arrêter précisément lorsque vous avez terminé - et il faut espérer que vous découvrirez l'arrivée de cette période avant votre public.

Exploiter les sources originales

Le moyen le plus sûr de donner vie à la matière d'un discours est de recueillir les faits de première main. Vos paroles ont le poids de l'autorité lorsque vous pouvez dire : "J'ai examiné les listes d'emploi de chaque usine de ce district et j'ai constaté que trente-deux pour cent des enfants employés n'ont pas l'âge légal". Aucune citation d'autorités ne peut égaler cela. Vous devez adopter les méthodes du journaliste et trouver les faits qui sous-tendent votre argument ou votre appel. Cette démarche peut s'avérer laborieuse, mais elle ne doit pas être pénible, car le grand monde des faits regorge d'intérêt et, par-dessus tout, le sentiment de puissance qui vous viendra de l'enquête originale. Le fait de voir et de ressentir les faits dont vous discutez aura sur vous un effet beaucoup plus puissant que si vous deviez vous procurer les faits de seconde main.

Menez une vie active parmi les gens qui font des choses valables, gardez les yeux, les oreilles, l'esprit et le cœur ouverts pour absorber la vérité, puis racontez les choses que vous savez, comme si vous les saviez. Le monde vous écoutera, car le monde n'aime rien tant que la vie réelle.

Comment utiliser une bibliothèque

Des trésors insoupçonnés se trouvent dans la plus petite bibliothèque. Même lorsque le propriétaire a lu jusqu'à la dernière page de ses livres, ce n'est que dans de rares cas qu'il dispose d'index complets pour tous ses livres, que ce soit dans sa tête ou sur papier, afin de rendre accessible le grand nombre de sujets variés abordés ou traités dans des volumes dont les titres ne suggèrent jamais de tels sujets.

C'est pourquoi il est bon de prendre une heure de temps en temps pour feuilleter. Prenez un volume après l'autre et examinez sa table des matières et son index. (C'est un reproche à tout auteur d'un livre sérieux de ne pas avoir fourni un index complet, avec des références croisées). Ensuite, parcourez les pages, prenez des notes, mentales ou physiques, sur les éléments qui vous semblent intéressants et utilisables. La plupart des bibliothèques contiennent des volumes que le propriétaire "va lire un jour". Une familiarité avec le contenu de ces livres, même sur vos propres étagères, vous permettra de vous y référer lorsque vous aurez besoin d'aide. Les écrits lus il y a longtemps devraient être traités de la même manière - dans chaque chapitre, une surprise vous attend pour vous ravir.

Lorsque vous recherchez un sujet, ne vous découragez pas si vous ne le trouvez pas indexé ou décrit dans la table des matières - vous êtes presque sûr de découvrir des documents sous un titre connexe.

Supposons que vous vous mettiez au travail de cette manière pour rassembler des références sur la "Pensée". D'abord, vous regardez les titres de vos livres, et vous trouvez "Thinking and Learning to Think" de Schaeffer. Tout près de là se trouve "Talks to Students on the Art of Study" de Kramer - cela semble susceptible de fournir du matériel, et c'est le cas. Naturellement, vous pensez ensuite à votre livre sur la psychologie, et vous y trouverez de l'aide. Si vous avez un volume sur l'intellect humain, vous l'avez déjà consulté. Soudain, vous vous souvenez de votre encyclopédie et de votre dictionnaire de citations - et là, la matière vous tombe dessus ; le problème est de savoir ce qu'il ne faut pas utiliser. Dans l'encyclopédie, vous consultez toutes les références qui incluent, touchent ou même suggèrent la "pensée", et vous faites de même dans le dictionnaire de citations. Ce dernier ouvrage vous est particulièrement utile car il vous suggère plusieurs volumes qui se trouvent sur vos propres étagères - vous n'auriez jamais pensé à y chercher des références sur ce sujet. Même la fiction vous sera utile, mais surtout les livres d'essais et les biographies. Soyez conscient de vos propres ressources.

La création d'un index général de votre bibliothèque rend inutile l'indexation des volumes individuels qui ne sont pas déjà indexés.

Pour commencer, gardez un carnet de notes à portée de main ; de petites cartes et des bouts de papier dans votre poche et sur votre bureau feront également l'affaire. Le même carnet qui enregistre les impressions de vos propres expériences et pensées sera enrichi par les idées des autres.

Certes, cette habitude de prendre des notes demande du travail, mais rappelez-vous que plus de discours ont été gâchés par une préparation peu soignée que par un manque de talent. La paresse est le propre frère de l'excès de confiance, et tous deux sont vos ennemis invétérés, même s'ils prétendent d'être des amis apaisants.

Conservez votre matériel en répertoriant chaque bonne idée sur des fiches, ainsi

Socialisme

Progrès de S., Env. 16

S. une erreur, 96/210

Article général sur S., Howells', déc. 1913

"Le socialisme et la franchise," Forbes

"Le socialisme dans la vie antique", Original Ms,

Env. 102

Sur la carte illustrée ci-dessus, les coupures de presse sont indexées en indiquant le numéro de l'enveloppe dans laquelle elles sont classées. Les enveloppes peuvent être de n'importe quelle taille et conservées dans n'importe quel réceptacle pratique. Dans l'exemple précédent, "Progrès de S., Enveloppe 16" représentera une coupure de presse, classée dans l'enveloppe 16, qui est, bien sûr, numérotée arbitrairement.

Les fractions font référence aux livres de votre bibliothèque - le numérateur étant le numéro du livre, le dénominateur faisant référence à la page. Ainsi, "S. a fallacy, 96/210" renvoie à la page 210 du volume 96 de votre bibliothèque. Par un signe arbitraire, par exemple de l'encre rouge, vous pouvez même indexer une référence dans un livre de bibliothèque publique.

Si vous conservez vos magazines, les articles importants peuvent être indexés par mois et par année. Un volume entier sur un sujet peut être indiqué comme le livre imaginaire par "Forbes". Si vous découpez les articles, il est préférable de les indexer selon le système des enveloppes.

Vos propres écrits et notes peuvent être classés dans des enveloppes avec les coupures de presse ou dans une série séparée.

Un autre bon système d'indexation combine l'index de la bibliothèque avec le système des "chutes" ou des coupures de presse, en faisant en sorte que l'extérieur de l'enveloppe serve le même objectif que la carte pour l'indexation des livres, des magazines, des coupures de presse et des manuscrits, ces deux dernières catégories de matériel étant incluses dans les enveloppes qui les indexent, et toutes classées par ordre alphabétique.

Lorsque vos cartes s'accumulent au point de rendre difficile la consultation d'un alphabet unique, vous pouvez subdiviser chaque lettre par des cartes-guides subordonnées marquées par les voyelles A, E, I, O, U. Ainsi, "Antiquités" serait classé sous i dans A, parce que A commence le mot, et que la deuxième lettre, n, vient après la voyelle i dans l'alphabet, mais avant o. De la même manière, "Beecher" serait classé sous e dans B ; et "Hydrogène" serait classé sous u dans H.

Présentation de l'allocution

Personne ne peut vous conseiller sur la manière de préparer les notes d'un discours. Certains orateurs obtiennent les meilleurs résultats en marchant et en ruminant, en prenant des notes pendant les pauses de leur marche. D'autres ne mettent jamais le stylo sur le papier avant d'avoir réfléchi à l'ensemble du discours. La grande majorité, cependant, prendra des notes, classera ses notes, rédigera un premier jet hâtif, puis révisera le discours. Essayez chacune de ces méthodes et choisissez celle qui est la meilleure pour vous. Ne permettez à aucun homme de vous forcer à travailler à sa façon ; mais ne négligez pas de considérer sa façon, car elle peut être meilleure que la vôtre.

Pour ceux qui prennent des notes et qui, avec leur aide, écrivent le discours, ces suggestions peuvent s'avérer utiles :

Après avoir lu et réfléchi suffisamment, classez vos notes en inscrivant les grandes idées centrales de votre matière sur des cartes ou des feuilles de papier séparées. Celles-ci auront la même relation avec votre sujet que les chapitres d'un livre.

Ensuite, organisez ces idées ou têtes principales dans un ordre tel qu'elles mèneront efficacement au résultat que vous avez en tête, de sorte que le discours puisse s'élever en arguments, en intérêt, en puissance, en empilant un fait ou un appel sur un autre jusqu'à ce que le point culminant - le point le plus élevé d'influence sur votre auditoire - ait été atteint.

Regroupez ensuite toutes vos idées, faits, anecdotes et illustrations sous les rubriques principales précédentes, chacun à sa place naturelle.

Vous disposez maintenant d'un squelette ou d'une ébauche de votre discours qui, dans sa forme polie, peut servir soit de mémoire, ou de notes manuscrites, pour le discours, soit de guide que vous développerez dans le discours écrit, s'il doit être écrit.

Imaginez que chacune des idées principales du mémoire de la page 213 est distincte ; puis imaginez que votre esprit les trie et les place dans l'ordre ; enfin, concevez la façon dont vous compléteriez les faits et les exemples sous chaque rubrique, en donnant une importance particulière à ceux que vous souhaitez mettre en valeur et en atténuant ceux qui sont moins importants. En fin de compte, vous avez le plan complet. La forme la plus simple de plan - qui n'est cependant pas très adaptée à une utilisation sur la plate-forme - est la suivante

POURQUOI LA PROSPÉRITÉ ARRIVE

Ce que signifie la prospérité.-Les véritables tests de la prospérité.-Sa base dans le sol.-Progrès de l'agriculture américaine.-Nouvel intérêt pour l'agriculture.-Valeur énorme de nos produits agricoles.-Effet réciproque sur le commerce.-Pays étrangers concernés.-Effets de notre nouvelle économie interne-la réglementation des banques et des "grandes entreprises"-sur la prospérité.-Effets de notre attitude révisée envers les marchés étrangers, y compris notre marine marchande.-Résumé.

Il est évident que ce schéma très simple peut être considérablement développé sous chaque rubrique par l'ajout de faits, d'arguments, de déductions et d'exemples.

Voici un schéma organisé en tenant compte de l'argumentation :

L'IMMIGRATION ÉTRANGÈRE DEVRAIT ÊTRE LIMITÉE[11][1]

---

1. https://www.gutenberg.org/cache/epub/16317/pg16317-images.html#Footnote_11_11

I. Le fait comme cause : De nombreux immigrants sont pratiquement des indigents. (Preuves impliquant des statistiques ou des déclarations d'autorités).

II. Les faits comme les effets : Ils remplissent tôt ou tard nos aumôneries et deviennent des charges publiques. (Preuves impliquant des statistiques ou des déclarations d'autorités).

III. Le fait comme cause : Certains d'entre eux sont des criminels. (Exemples de cas récents.)

IV. Les faits comme les effets : Ils renforcent les classes criminelles. (Effets sur notre vie civique.)

V. Le fait comme cause : Beaucoup d'entre eux ne connaissent rien des devoirs d'un citoyen libre. (Exemples.)

VI. Le fait comme effet : Ces immigrants recrutent le pire élément de notre politique. (Preuves.)

Un regroupement plus ordonné des sujets et des sous-thèmes est présenté ci-dessous :

NOTRE NATION EST CHRÉTIENNE

I. Introduction : Pourquoi le sujet est d'actualité. Les influences qui s'exercent aujourd'hui contre cette thèse.

II. LE CHRISTIANISME A PRÉSIDÉ AUX DÉBUTS DE L'HISTOIRE DE L'AMÉRIQUE.

1. Première découverte concrète par un explorateur chrétien. Colomb a adoré Dieu sur le nouveau sol.

2. Les Cavaliers.

3. Les colons français catholiques.

4. Les huguenots.

5. Les puritains.

III. La naissance de notre nation s'est faite sous les auspices des chrétiens.

1. Le caractère chrétien de Washington.

2. Autres patriotes chrétiens.

3. L'Eglise dans notre lutte révolutionnaire. Muhlenberg.

IV. NOTRE HISTOIRE ULTÉRIEURE N'A FAIT QUE SOULIGNER NOTRE ATTITUDE NATIONALE. Les exemples de relations avec les nations étrangères montrent la magnanimité chrétienne.

La restitution de l'indemnité chinoise ; la promotion de la Croix-Rouge ; l'attitude envers la Belgique.

V. NOS FORMES DE GOUVERNEMENT ET NOMBRE DE NOS LOIS SONT D'INSPIRATION CHRÉTIENNE.

1. L'utilisation de la Bible dans les actes publics, les serments, etc.

2. La Bible dans nos écoles.

3. Les aumôniers chrétiens exercent leur ministère auprès de nos organes législatifs, de notre armée et de notre marine.

4. Le sabbat chrétien est officiellement et généralement reconnu.

5. La famille chrétienne et le système de moralité chrétien sont à la base de nos lois.

VI. LA VIE DU PEUPLE TÉMOIGNE DE LA PUISSANCE DU CHRISTIANISME. Les œuvres de charité, l'éducation, etc., ont une tonalité chrétienne.

VII. Les autres nations nous considèrent comme un peuple chrétien.

VIII. Conclusion : L'attitude que l'on peut raisonnablement attendre de tout bon citoyen face aux questions touchant à la préservation de notre statut de nation chrétienne.

Rédaction et révision

Après avoir perfectionné le plan, vient le moment d'écrire le discours, si vous devez l'écrire. Alors, quoi que vous fassiez, écrivez-le à chaud, sans trop penser à autre chose qu'à l'expression forte et attrayante de vos idées.

L'étape finale est l'élagage, la re-vision - le fait de voir à nouveau, comme le mot l'indique - où toutes les parties du discours doivent être examinées impartialement pour en vérifier la clarté, la précision, la force, l'efficacité, l'adéquation, la proportion, le point culminant logique ; et dans tout cela, vous devez vous imaginer que vous êtes devant votre public, car un discours n'est pas une dissertation et ce qui convaincra et éveillera dans l'un ne prévaudra pas dans l'autre.

Le titre

Souvent, le dernier mot vient de ce qui, en un sens, est le premier de tous : le titre, le nom sous lequel le discours est connu. Parfois, il s'agira du simple thème de l'allocution, comme "Le nouvel américanisme", de Henry Watterson ; ou bien d'un morceau de symbolisme illustrant l'esprit de l'allocution, comme "Acres of Diamonds", de Russell H. Conwell ; ou encore d'une belle phrase tirée du corps de l'allocution, comme "Pass Prosperity Around", d'Albert J. Beveridge. En somme, quel que soit le motif pour lequel il est choisi, le titre doit être frais, court, adapté au sujet et susceptible de susciter l'intérêt.

QUESTIONS ET EXERCICES

1. Définissez (a) l'introduction ; (b) le point culminant ; (c) la péroraison.

2. Si un discours de trente minutes nécessite trois heures de préparation spécifique, pensez-vous être en mesure de rendre une justice égale à un discours trois fois plus long en un tiers du temps de préparation ? Donnez-en les raisons.

3. Racontez brièvement toute expérience personnelle que vous avez pu avoir en conservant du temps pour la lecture et la réflexion.

4. À la manière d'un journaliste ou d'un enquêteur, allez chercher des informations de première main sur un sujet qui intéresse le public. Organisez les résultats de votre recherche sous la forme d'un plan ou d'un mémoire.

5. Dans une bibliothèque privée ou publique, rassemblez suffisamment de documents faisant autorité sur l'une des questions suivantes pour établir les grandes lignes d'un discours de vingt minutes. Prenez un côté précis de la question : (a) " Le logement des pauvres " ; (b) " La forme de gouvernement par commission pour les villes comme remède à la corruption politique " ; (c) " Le test du suffrage féminin dans l'Ouest " ; (d) " Les tendances actuelles du goût du public en matière de lecture " ; (e) " L'art municipal " ; (f) " Le théâtre prend-il un ton plus élevé ? ". (g) "Les effets du magazine sur la littérature ;" (h) "La vie moderne détruit-elle les idéaux ?" (i) "La concurrence est-elle "la vie du commerce" ?" (j) " Le baseball est trop absorbant pour être un jeu national sain " ; (k) " Le baseball d'été et le standing des amateurs " ; (l) " La formation universitaire rend-elle la femme inapte à la vie domestique ? (m) "La concurrence de la femme avec l'homme dans les affaires émousse-t-elle l'esprit de chevalerie ?" (n) "Les études facultatives conviennent-elles aux cours du secondaire ?" (o) "L'université moderne prépare-t-elle les hommes à un leadership prééminent ?" (p) "Le Y.M.C.A. dans sa relation avec le problème du travail" ; (q) "L'art oratoire comme formation à la citoyenneté".

6. Construire le plan, en l'examinant attentivement pour l'intérêt, le caractère convaincant, la proportion et le point culminant de l'arrangement.

NOTE : - Cet exercice doit être répété jusqu'à ce que l'élève montre une certaine facilité à réaliser un arrangement synthétique.

7. Prononcez le discours, si possible devant un public.

8. Rédigez un rapport de trois cents mots sur les résultats, au mieux de votre estimation.

9. Indiquez les avantages de l'utilisation d'un index périodique (ou cumulatif).

10. Citez un certain nombre de citations, adaptées à l'usage d'un orateur, que vous avez mémorisées dans des moments off.

11. Faites une analyse sommaire, à partir de vos notes ou de votre mémoire, d'un discours ou d'un sermon que vous avez écouté dans ce but.

12. Critiquez le discours d'un point de vue structurel.

13. Inventez des titres pour cinq des thèmes de l'exercice 5.

14. Critiquez les titres de cinq chapitres de ce livre, en suggérant de meilleurs titres.

15. Critiquez le titre d'une conférence ou d'un discours dont vous avez connaissance.

Chapitre 19 : Influencer par l'exposition

Ne parlez pas du tout, de quelque manière que ce soit, avant d'avoir quelque chose à dire ; ne vous souciez pas de la récompense de votre parole, mais simplement et sans partage de la vérité de votre parole.

Thomas Carlyle, Essai sur la biographie.

Une discussion complète de la structure rhétorique des discours publics nécessite un traité plus complet que celui qui peut être entrepris dans un ouvrage de cette nature, mais dans ce chapitre, et dans les suivants sur la "description", la "narration", l'"argumentation" et la "plaidoirie", les principes sous-jacents sont donnés et expliqués aussi complètement qu'il est nécessaire pour une connaissance pratique, et des références bibliographiques adéquates sont données pour ceux qui veulent se perfectionner dans l'art rhétorique.

La nature de l'exposition

Dans le mot "exposer" - mettre à nu, découvrir, montrer la véritable profondeur de - nous voyons l'idée de base de l'"Exposition". C'est l'exposé clair et précis de ce qu'est réellement le sujet - c'est l'explication.

L'exposition ne consiste pas à faire un dessin, car ce serait une description. Dire en termes exacts ce qu'est une automobile, nommer ses parties caractéristiques et expliquer leur fonctionnement, serait de l'exposition, tout comme expliquer la nature de la "peur". Mais créer une image mentale d'une automobile particulière, avec sa carrosserie brillante, ses lignes gracieuses et sa grande vitesse, relèverait de la description ; de même qu'une image de la peur agissant sur les émotions d'un enfant la nuit. L'exposition et la description se mêlent et se chevauchent souvent, mais elles sont fondamentalement distinctes. Nous reviendrons sur leurs différences dans le chapitre "Description".

De plus, l'exposition n'inclut pas un compte rendu de la façon dont les événements se sont déroulés - c'est la narration. Lorsque Peary a fait une conférence sur ses découvertes polaires, il a expliqué les instruments utilisés pour déterminer la latitude et la longitude - c'est une exposition. Pour illustrer son équipement, il a utilisé la description. Pour raconter ses aventures au jour le jour, il a utilisé la narration. Pour soutenir certaines de ses affirmations, il a utilisé l'argumentation. Pourtant, il a mélangé toutes ces formes tout au long de la conférence.

L'exposition ne traite pas non plus des raisons et des déductions - c'est le domaine de l'argumentation. Une série d'affirmations liées entre elles et destinées à convaincre un acheteur potentiel qu'une automobile est meilleure qu'une autre, ou la preuve que l'appel à la peur est une mauvaise méthode de discipline, ne sont pas des exposés. Les faits clairs tels qu'ils sont exposés dans les discours ou les écrits expositifs sont presque toujours la base de l'argumentation, mais les processus ne sont pas un. Il est vrai que l'énoncé d'un seul fait significatif sans l'ajout d'un autre mot peut être convaincant, mais un moment de réflexion montrera que la déduction, qui complète une chaîne de raisonnement, est faite dans l'esprit de l'auditeur et présuppose d'autres faits pris en considération.

De la même manière, il est évident que le domaine de la persuasion n'est pas ouvert à l'exposition, car l'exposition est un processus entièrement intellectuel, sans élément émotionnel.

L'importance de l'exposition

L'importance de l'exposition dans le discours public est précisément l'importance d'exposer une question de manière si claire qu'elle ne peut être mal comprise.

"Maîtriser le processus d'exposition, c'est devenir un penseur clair. Je sais, quand vous ne me le demandez pas", répondait un gentleman à qui l'on demandait de définir une idée très complexe. Certains grands concepts défient toute définition explicite ; mais aucun esprit ne devrait se réfugier derrière de telles exceptions, car là où la définition échoue, d'autres formes réussissent. Il nous arrive de croire que nous maîtrisons parfaitement une idée, mais lorsque vient le moment de l'exprimer, la clarté devient une brume. L'exposition est donc le test d'une compréhension claire. Pour parler efficacement, vous devez être capable de voir votre sujet de façon claire et complète, et de le faire voir à votre auditoire comme vous le faites."

Il y a des pièges des deux côtés de cette voie. Si vous n'expliquez pas assez, votre auditoire ne comprendra pas ce que vous voulez dire. Il est inutile d'argumenter sur une question si le sens de cette question n'est pas parfaitement clair. N'avez-vous jamais été confronté à une voie sans issue dans une conversation en constatant que vous parliez d'un aspect d'une question alors que votre ami pensait à un autre ? Si deux personnes ne sont pas d'accord sur la définition d'un musicien, il est inutile de se disputer sur le droit d'un certain homme à revendiquer ce titre.

De l'autre côté du chemin se trouve l'abîme de l'explication fastidieuse de trop. Cela choque car cela donne l'impression aux auditeurs que vous ne respectez pas leur intelligence ou que vous essayez de souffler une brise dans une tornade. Estimez avec soin les connaissances probables de votre auditoire, tant en général que sur le point particulier que vous expliquez. En essayant de simplifier, il est fatal de "sillifier". Expliquer plus que ce qui est nécessaire pour les besoins de votre argumentation ou de votre appel revient à gaspiller de l'énergie sur toute la ligne. Dans vos efforts pour être explicite, ne poussez pas l'exposition jusqu'à l'ennui - les limites ne sont pas loin et vous pourriez arriver avant de vous en rendre compte.

Quelques objectifs de l'exposition

De ce qui a été dit, il devrait être clair que, principalement, l'exposition tisse un cordon de compréhension entre vous et votre public. Il pose en outre une base de faits sur laquelle vous pourrez construire des déclarations, des arguments et des appels ultérieurs. Dans les discours scientifiques et purement "informatifs", l'exposé peut exister par lui-même et pour lui-même, comme dans une conférence sur la biologie ou la psychologie ; mais dans la grande majorité des cas, il est utilisé pour accompagner et préparer la voie aux autres formes de discours.

La clarté, la précision, l'exactitude, l'unité, la vérité et la nécessité doivent être les normes constantes selon lesquelles vous testez l'efficacité de vos exposés et, en fait, de toute déclaration explicative. Ce dicton devrait être inscrit sur votre cerveau en lettres très claires. Et qu'il ne s'applique pas seulement aux objectifs de l'exposition, mais aussi à l'utilisation que vous faites de l'alphabet.

Méthodes d'exposition

Les différentes voies qu'un orateur peut emprunter dans son exposé sont susceptibles de se toucher de temps en temps, et même lorsqu'elles ne se rencontrent pas et se chevauchent, elles sont si proches les unes des autres que les routes sont parfois distinctes plutôt en théorie qu'en pratique.

La définition, première méthode expositive, est un énoncé de limites précises. [Il est évident qu'il faut veiller à ce que les termes de la définition ne demandent pas eux-mêmes trop de définition, à ce que le langage soit concis et clair, et à ce que la définition n'exclue ni n'inclue trop de choses. Voici un exemple simple :

Expliquer, c'est exposer la nature, la signification, les caractéristiques et la portée d'une idée ou d'un groupe d'idées.

-Arlo Bates, Talks on Writing English.

Le contraste et l'antithèse sont souvent utilisés efficacement pour amplifier la définition, comme dans cette phrase, qui suit immédiatement la définition citée ci-dessus :

L'exposition diffère donc de la description en ce qu'elle traite directement du sens ou de l'intention de son sujet plutôt que de son apparence.

Cette antithèse constitue une expansion de la définition, et en tant que telle, elle aurait pu être encore plus étendue. En fait, il s'agit d'une pratique fréquente dans les discours publics, où l'esprit des auditeurs demande souvent une réitération et un développement de la définition pour les aider à saisir un sujet dans ses différents aspects. C'est là le cœur même de l'exposition - amplifier et clarifier tous les termes par lesquels une question est définie.

L'exemple est un autre moyen d'amplifier une définition ou d'exposer une idée de manière plus complète. Les phrases suivantes suivent immédiatement la définition et le contraste de M. Bates que nous venons de citer :

Une bonne partie de ce que nous avons l'habitude d'appeler inexactement description est en réalité une exposition. Supposons que votre petit garçon souhaite savoir comment fonctionne un moteur, et qu'il vous dise : "S'il vous plaît, décrivez-moi la machine à vapeur." Si vous tenez à prendre ses paroles au pied de la lettre - et si vous êtes prêt à courir le risque qu'il s'indigne d'être délibérément mal compris - vous lui décrirez de votre mieux cette merveilleuse machine familière. Si vous la lui expliquez, vous ne la décrirez pas, vous l'expliquerez.

La principale valeur de l'exemple est qu'il rend clair l'inconnu en renvoyant l'esprit au connu. La capacité de l'esprit à faire des comparaisons éclairantes et pertinentes dans un but de clarté est l'une des principales ressources de l'orateur sur la plate-forme - c'est le plus grand de tous les dons d'enseignement. C'est un don, en outre, qui répond à la culture. Lisez les trois extraits d'Arlo Bates tels que leur auteur les a prononcés, comme un seul passage, et voyez comment ils se fondent en un seul, chaque partie complétant l'autre de la manière la plus utile.

L'analogie, qui attire l'attention sur des relations similaires dans des objets qui ne sont pas autrement similaires, est l'une des méthodes d'exposition les plus utiles. Le spécimen frappant suivant est tiré du discours de Beecher à Liverpool

Un sauvage est un homme d'une seule histoire, et cette histoire est une cave. Quand un homme commence à être civilisé, il soulève une autre histoire. Lorsque vous christianisez et civilisez l'homme, vous ajoutez une histoire à une autre, car vous développez faculté après faculté, et vous devez alimenter chaque histoire avec vos productions.

La mise à l'écart est une forme moins courante d'explication de la plate-forme. Elle consiste à écarter les idées connexes afin que l'attention puisse être centrée sur la pensée principale à discuter. En réalité, il s'agit d'un facteur négatif dans l'exposition, bien qu'il soit très important, car il est fondamental, pour l'examen d'un sujet complexe, de laisser de côté les questions subordonnées et secondaires afin de faire ressortir la question principale. Voici un exemple de cette méthode :

Je ne peux pas me permettre de m'écarter de la seule question qui se pose à ce jury. Il n'est pas pertinent de considérer que ce prisonnier est le mari d'une femme au cœur brisé et que ses enfants vont traverser le monde à l'ombre de la peine la plus extrême infligée par la loi à leur père. Il faut oublier le père vénérable et la mère que le Ciel, dans sa pitié, a recueillis avant qu'elle ait appris la disgrâce de son fils. Qu'est-ce que ces affaires de cœur, qu'est-ce que les visages froissés de ses amis, qu'est-ce que la longue et honorable carrière du prisonnier ont à dire devant cette barre alors que vous avez juré de n'apprécier que les preuves directes qui vous sont présentées ? La seule et unique question que vous devez trancher sur la base de ces preuves est de savoir si cet homme a commis, dans un but de vengeance, le meurtre que tout témoin impartial a solennellement mis sur sa tête.

La classification assigne un sujet à sa classe. Par une extension admissible de la définition, on peut dire qu'elle l'assigne également à son ordre, son genre et son espèce. La classification est utile dans les discours publics, car elle permet de réduire la question à une phrase souhaitée. Elle est également utile pour montrer une chose dans sa relation avec d'autres choses, ou en corrélation. La classification est étroitement liée à la définition et à la division.

Cette question du trafic de l'alcool, messieurs, prend place à côté des graves problèmes moraux de tous les temps. Quelle que soit sa signification économique - et qui peut la mettre en doute - quelle que soit l'importance vitale qu'elle a sur notre système politique - et y a-t-il quelqu'un pour le nier - la question de la licence de saloon doit être rapidement réglée comme le monde dans son progrès a réglé les questions du gouvernement constitutionnel pour les masses, du trafic de l'opium, du serf et de l'esclave - non pas comme des questions d'opportunité économique et politique, mais comme des questions de bien et de mal.

L'analyse sépare un sujet en ses parties essentielles. Elle peut le faire selon divers principes ; par exemple, l'analyse peut suivre l'ordre du temps (les ères géologiques), l'ordre du lieu (les faits géographiques), l'ordre logique (le plan d'un sermon), l'ordre de l'intérêt croissant, ou la procession vers un point culminant (une conférence sur les poètes du XXe siècle), etc. Un exemple classique d'exposition analytique est le suivant :

Dans la philosophie, les contemplations de l'homme pénètrent jusqu'à Dieu, se réfèrent à la nature, ou se reflètent ou se retournent sur lui-même. De ces différentes interrogations naissent trois savoirs : la philosophie divine, la philosophie naturelle et la philosophie humaine ou humanité. Car toutes choses sont marquées et empreintes de ce triple caractère, de la puissance de Dieu, de la différence de la nature, et de l'usage de l'homme.

Lord Bacon, The Advancement of Learning.

La division ne diffère de l'analyse que dans la mesure où l'analyse suit les divisions inhérentes à un sujet, comme l'illustre le passage précédent, tandis que la division sépare arbitrairement le sujet pour faciliter le traitement, comme dans l'exemple non trop logique suivant :

En ce qui concerne l'histoire civile, elle est de trois sortes ; il n'est pas inopportun de la comparer aux trois sortes de tableaux ou d'images. En effet, parmi les tableaux ou les images, certains sont inachevés, d'autres sont parfaits et d'autres encore sont défigurés. De même, nous pouvons trouver trois sortes d'histoires, les mémoriaux, les histoires parfaites et les antiquités ; car les mémoriaux sont des histoires inachevées, ou les premières ébauches de l'histoire ; et les antiquités sont des histoires défigurées, ou des vestiges de l'histoire qui ont échappé au naufrage du temps.

Lord Bacon, The Advancement of Learning.

La généralisation énonce un grand principe, ou une vérité générale, dérivée de l'examen d'un nombre considérable de faits individuels. Cette exposition synthétique n'est pas la même que la généralisation argumentative, qui soutient une affirmation générale en citant des exemples dans la preuve. Observez comment Holmes commence par un fait, et en ajoutant un autre et un autre, il parvient à un ensemble complet. C'est l'un des procédés les plus efficaces du répertoire de l'orateur.

Prenez un cylindre creux, le bas fermé tandis que le haut reste ouvert, et versez-y de l'eau jusqu'à une hauteur de quelques pouces. Recouvrez ensuite l'eau d'une plaque plate ou d'un piston, qui s'adapte parfaitement à l'intérieur du cylindre ; appliquez ensuite la chaleur à l'eau, et nous assisterons aux phénomènes suivants. Après quelques minutes, l'eau commence à bouillir, et la vapeur qui s'accumule à la surface supérieure se fait une place en soulevant légèrement le piston. Au fur et à mesure que l'ébullition se poursuit, de plus en plus de vapeur se forme et fait monter le piston de plus en plus haut, jusqu'à ce que toute l'eau soit bouillie et qu'il ne reste plus que de la vapeur dans le cylindre. Cette machine, composée d'un cylindre, d'un piston, d'eau et de feu, est la machine à vapeur dans sa forme la plus élémentaire. En effet, on peut définir la machine à vapeur comme un appareil permettant d'effectuer un travail au moyen de la chaleur appliquée à l'eau ; et puisque soulever un poids tel que le piston est une forme de travail, cet appareil, aussi maladroit et incommode soit-il, répond précisément à la définition.

La référence à l'expérience est l'un des principes les plus essentiels de l'exposé - comme de toute autre forme de discours.

"La référence à l'expérience, telle qu'elle est utilisée ici, signifie la référence au connu. Le connu est ce que l'auditeur a vu, entendu, lu, senti, cru ou fait, et qui existe encore dans sa conscience - son stock de connaissances. Il englobe toutes les pensées, les sentiments et les événements qui sont réels pour lui. La référence à l'expérience signifie donc entrer dans la vie de l'auditeur.

Les vastes résultats obtenus par la science ne sont gagnés par aucune faculté mystique, par aucun processus mental, autre que ceux qui sont pratiqués par chacun de nous dans les affaires les plus humbles et les plus mesquines de la vie. Un policier détective découvre un cambrioleur à partir des marques faites par sa chaussure, par un processus mental identique à celui par lequel Cuvier a reconstitué les animaux disparus de Montmartre à partir de fragments de leurs os. De même, le processus d'induction et de déduction par lequel une dame, trouvant une tache d'un type particulier sur sa robe, conclut que quelqu'un a renversé l'encrier qui s'y trouvait, ne diffère en rien de celui par lequel Adams et Leverrier ont découvert une nouvelle planète. L'homme de science, en fait, ne fait qu'utiliser avec une exactitude scrupuleuse les méthodes que nous utilisons tous habituellement, et à chaque instant, de façon négligente.

-Thomas Henry Huxley, Sermons profanes.

Inscris-tu ton nom dans le parchemin de la jeunesse, qui est écrit vieux avec tous les caractères de l'âge ? N'avez-vous pas l'oeil humide ? la main sèche ? la joue jaune ? la barbe blanche ? la jambe qui diminue ? le ventre qui augmente ? votre voix n'est-elle pas cassée ? votre souffle court ? votre menton double ? votre esprit simple ? et tout ce qui vous entoure n'est-il pas frappé d'antiquité ? et vous direz-vous encore jeune ? Fie, fie, fie, Sir John !

Shakespeare, Les joyeuses épouses de Windsor.

Enfin, lorsque vous préparez un exposé, posez-vous les questions suivantes concernant votre sujet :

Qu'est-ce que c'est, et qu'est-ce que ce n'est pas ?

Qu'est-ce qui lui ressemble et qu'est-ce qui ne lui ressemble pas ?

Quelles sont ses causes et ses effets ?

Comment le diviser ?

Avec quels sujets est-elle en corrélation ?

Quelles expériences rappelle-t-elle ?

Quels exemples l'illustrent ?

QUESTIONS ET EXERCICES

1. Quel serait l'effet de l'adhésion à l'une ou l'autre des formes de discours dans une allocution publique ?

2. Avez-vous déjà entendu un tel discours ?

3. Quelles sont les distinctions entre une exposition et une description ?

4. Faites une liste de dix sujets qui pourraient être traités en grande partie, voire entièrement, par l'exposition.

5. Nommez les six normes selon lesquelles l'écriture expositoire devrait être essayée.

6. Définissez l'un des termes suivants : (a) accumulateur ; (b) "une main libre" ; (c) voilier ; (d) "Le gros bâton" ; (e) non-sens ; (f) "un bon sport" ; (g) nouvelle ; (h) roman ; (i) journal ; (j) politicien ; (k) jalousie ; (l) vérité ; (m) fille de la matinée ; (n) système d'honneur universitaire ; (o) modish ; (p) taudis ; (q) travail de colonisation ; (r) médecine légale.

7. Amplifiez la définition par l'antithèse.

8. Inventez deux exemples pour illustrer la définition (question 6).

9. Inventez deux analogies pour le même sujet (question 6).

10. Faites un court discours basé sur l'un des sujets suivants : (a) le salaire et le traitement ; (b) le maître et l'homme ; (c) la guerre et la paix ; (d) la maison et la pension ; (e) la lutte et la victoire ; (f) l'ignorance et l'ambition.

11. Faites un discours de dix minutes sur l'un des sujets cités à la question 6, en utilisant toutes les méthodes d'exposition déjà citées.

12. Expliquez ce qu'on entend par écarter les sujets collatéraux et subordonnés à un sujet.

13. Définissez la corrélation.

14. Rédigez un exemple de "classification", sur n'importe quelle question politique, sociale, économique ou morale du jour.

15. Selon quel principe d'analyse avez-vous procédé ?

16. Rédigez un court discours soigneusement généralisé à partir d'un grand nombre de données sur l'un des sujets suivants : (a) le problème des servantes ; (b) les chats ; (c) l'engouement pour le baseball ; (d) les administrations de réforme ; (e) les sociétés de couture ; (f) la coéducation ; (g) le vendeur itinérant.

17. Observez ce passage de l'ouvrage de Newton intitulé "Effective Speaking"

"Cet homme est un cynique. Il ne voit la bonté nulle part. Il se moque de la vertu, il se moque de l'amour ; pour lui, la jeune fille qui se prostitue est un manège astucieux, et il ne voit même dans le baiser de la mère qu'une convention vide."

Rédigez, commettez et livrez deux passages similaires en fonction de votre choix dans cette liste : (a) "l'égoïste" ; (b) "le sensualiste" ; (c) "l'hypocrite" ; (d) "l'homme timide" ; (e) "le farceur" ; (f) "le dragueur" ; (g) "la femme ingrate" ; (h) "l'homme en deuil". Dans les deux cas, utilisez le principe de "référence à l'expérience".

Chapitre 20 : Influencer par la description

Les bosquets de l'Eden, disparus depuis si longtemps, revivent dans la description, et semblent verts dans la chanson.

-Alexander Pope, Windsor Forest.

Dès que notre discours s'élève au-dessus de la ligne de base des faits familiers, et qu'il est enflammé par une passion ou une pensée exaltée, il se pare d'images. Un homme qui converse sérieusement, s'il observe ses processus intellectuels, s'apercevra que toujours une image matérielle, plus ou moins lumineuse, surgit dans son esprit, contemporaine de chaque pensée, qui fournit le vêtement de la pensée.... Cette image est spontanée. Elle est le mélange de l'expérience avec l'action présente de l'esprit. C'est une création propre - Ralph Waldo Emerson, Nature.

Comme d'autres ressources précieuses dans l'art oratoire, la description perd son pouvoir lorsqu'elle est poussée à l'extrême. L'ornementation excessive rend le sujet ridicule. Un chiffon à poussière est une chose très utile, mais pourquoi le broder ? Que la description soit contenue dans ses limites appropriées et importantes ou qu'elle soit encouragée à se déchaîner, c'est le choix personnel que doit faire chaque orateur, car la première tendance littéraire de l'homme est de décrire.

La nature de la description

Décrire, c'est évoquer une image dans l'esprit de l'auditeur. "En parlant de description, nous parlons naturellement de représentation, de délimitation, de coloration et de tous les procédés du peintre d'images. Décrire, c'est visualiser, d'où la nécessité de considérer la description comme un processus pictural, que l'auteur traite d'objets matériels ou spirituels. "

Si l'on vous demandait de décrire le canon à tir rapide, vous pourriez procéder de deux manières : donner un exposé technique froid de son mécanisme, dans son ensemble et en détail, ou bien le décrire comme un terrible moteur de massacre, en vous attardant sur ses effets plutôt que sur sa structure.

Le premier de ces processus est l'exposition, le second la véritable description. L'exposition traite davantage du général, tandis que la description doit traiter du particulier. L'exposition élucide les idées, la description traite des choses. L'exposition traite de l'abstrait, la description du concret. L'exposition s'intéresse à l'intérieur, la description à l'extérieur. L'exposition est énumérative, la description littéraire. L'exposition est intellectuelle, la description est sensorielle. L'exposition est impersonnelle, la description est personnelle.

Si la description est un processus de visualisation pour l'auditeur, elle l'est d'abord pour l'orateur - il ne peut décrire ce qu'il n'a jamais vu, ni physiquement ni en imagination. C'est cette qualité personnelle - cette question de l'œil personnel qui voit les choses à décrire plus tard - qui rend la description si intéressante dans le discours public. Si l'orateur a de la personnalité et que son point de vue personnel nous intéresse, ce dernier ajoute à l'intérêt naturel de la scène et peut même être la seule source d'intérêt pour ses auditeurs.

L'œil qui voit a été loué dans un chapitre précédent (sur "le sujet et la préparation") et l'imagination sera traitée dans un chapitre suivant (sur "le cheval ailé"), mais ici nous devons considérer l'esprit qui imagine : l'esprit qui forme la double habitude de voir les choses clairement - nous voyons plus avec l'esprit qu'avec l'œil physique - et ensuite de réimaginer ces choses dans le but de les mettre sous les yeux des auditeurs. Aucune habitude n'est plus utile que celle de visualiser clairement l'objet, la scène, la situation, l'action, la personne, sur le point d'être décrits. Si ce processus primaire n'est pas effectué clairement, l'image sera floue pour l'auditeur.

Dans un ouvrage de cette nature, nous ne nous intéressons à l'analyse rhétorique de la description, et à ses méthodes, que dans la mesure où cela peut être nécessaire aux fins pratiques de l'orateur. [Le regroupement suivant ne sera donc pas considéré comme complet, et il ne sera pas nécessaire d'ajouter plus qu'un mot d'explication :

Description pour les orateurs publics

Objets   {Pourtant

Objets   {En mouvement

Scènes   {Pourtant

Scènes   {Incluant l'action

Situations {Modification précédente

Situations {Pendant le changement

Situations {Après le changement

Actions   {Mental

Actions   {Physique

Personnes {Interne

Personnes {Externe

Certains de ces processus se chevauchent dans certains cas, et il est plus probable qu'ils soient combinés que séparés.

Lorsque la description a pour seul but de donner des informations précises - comme décrire l'apparence, et non la construction technique, du dernier dirigeable Zeppelin - elle est appelée "description scientifique" et s'apparente à une exposition. Lorsqu'il s'agit de présenter une image libre dans le but de faire une impression vive, on parle de "description artistique". L'orateur a affaire aux deux types de description, mais plus souvent à la seconde. Les rhétoriciens font encore d'autres distinctions.

Méthodes de description

Dans les discours en public, la description doit se faire principalement par suggestion, non seulement parce que la description suggestive est beaucoup plus compacte et permet de gagner du temps, mais aussi parce qu'elle est plus vivante. Les expressions suggestives évoquent plus qu'elles ne disent littéralement - elles suggèrent à l'esprit de l'auditeur des idées et des images qui complètent les mots directs de l'orateur. Lorsque Dickens, dans son "Christmas Carol", dit : "Mme Fezziwig arriva, un grand sourire substantiel", notre esprit complète l'image si habilement commencée - un processus beaucoup plus efficace que celui d'une description minutieuse et détaillée, car il laisse une impression unifiée et vivante, et c'est ce dont nous avons besoin. Voici une suggestion d'aujourd'hui : "Le général Trinkle était un homme en forme de chêne noueux - rude, solide et sûr ; on savait toujours où le trouver." Dickens présente Miss Peecher comme : "Une petite pelote à épingles, une petite ménagère, un petit livre, une petite boîte à ouvrage, un petit jeu de tables et de poids et mesures, et une petite femme tout en un". Dans son "Knickerbocker's" "History of New York", Irving dépeint Wouter van Twiller comme "un robuste tonneau de bière, monté sur des patins".

Quelles que soient les formes de description que vous négligez, veillez à maîtriser l'art de la suggestion.

La description peut se faire par simple allusion. Lowell note un exemple heureux de cette sorte d'illustration par intimation lorsqu'il dit de Chaucer : "Parfois, il décrit amplement par la plus petite allusion, comme lorsque le frère, avant de se coucher, chasse le chat. Nous savons sans avoir besoin de plus de mots qu'il a choisi le coin le plus confortable."

La description peut dépeindre une chose par ses effets. "Lorsque l'œil du spectateur est ébloui, et qu'il l'ombrage, dit Mozley dans ses "Essais", nous nous formons l'idée d'un objet splendide ; lorsque son visage pâlit, d'un objet horrible ; de son étonnement et de son admiration rapides, nous nous formons l'idée d'une grande beauté ; de sa crainte silencieuse, d'une grande majesté."

Une brève description peut se faire par épithète. Les "yeux bleus", "les bras blancs", "l'amour du rire" sont aujourd'hui des composés conventionnels, mais ils étaient assez frais lorsque Homère les a réunis pour la première fois. Les siècles n'ont pas encore amélioré "Roues rondes, d'airain, à huit rayons" ou "Boucliers lisses, beaux, d'airain, bien martelés". Observez l'utilisation efficace de l'épithète dans "The Fighting Death" de Will Levington Comfort, lorsqu'il parle des soldats dans une escarmouche aux Philippines comme étant "lessivés contre un rocher".

La description utilise des figures de style. Toute rhétorique avancée discutera de leurs formes et donnera des exemples à titre indicatif. [Cette question est très importante, soyez-en sûr. Un style figuratif brillant mais soigneusement maîtrisé, un style marqué par des comparaisons et des caractérisations brèves, piquantes, pleines d'esprit et d'humour, est une ressource merveilleuse pour toutes sortes de travaux de plate-forme.

La description peut être directe. Cette affirmation est suffisamment claire sans exposition. Utilisez votre propre jugement pour savoir si, dans votre description, il vaut mieux partir d'une vue générale pour arriver aux détails, ou donner d'abord les détails et construire ainsi l'image générale, mais en tout cas, SOYEZ BREF.

Notez la compacité vivante de ces délimitations tirées de "Knickerbocker" de Washington Irving : "Les enfants de la rue".

C'était un vieux monsieur court, carré et costaud, avec un double menton, une bouche de mastiff et un large nez cuivré, dont on supposait à l'époque qu'il avait acquis sa teinte ardente à cause de la proximité constante de sa pipe à tabac.

Il mesurait exactement cinq pieds six pouces de hauteur, et six pieds cinq pouces de circonférence. Sa tête était une sphère parfaite, et de dimensions si stupéfiantes, que Dame Nature, avec toute l'ingéniosité de son sexe, aurait été bien en peine de construire un cou capable de la supporter ; c'est pourquoi elle a sagement décliné la tentative, et l'a installée fermement au sommet de son épine dorsale, juste entre les épaules. Son corps était de forme oblongue, particulièrement spacieux à la base, ce qui a été sagement ordonné par la Providence, car il était un homme d'habitudes sédentaires, et très peu enclin à l'oisiveté de la marche.

Ce qui précède est trop long pour la tribune, mais il est d'une telle bonne humeur, si plein d'exagération délicieuse, qu'il pourrait bien servir de modèle de description humoristique de personnages, car on y voit inévitablement l'homme intérieur dans l'extérieur.

Une description directe destinée à être utilisée sur une plate-forme peut être rendue vivante par l'utilisation parcimonieuse du "présent historique". Le passage dramatique suivant, accompagné de l'action la plus vivante, est resté dans l'esprit pendant trente ans après avoir entendu le Dr T. De Witt Talmage donner une conférence sur les "grosses gaffes". Le claquement de la batte résonne encore aujourd'hui :

Préparez les battes et prenez vos positions. Maintenant, donnez-nous la balle. Trop basse. Ne frappe pas. Trop haute. Ne la frappe pas. Le voilà qui arrive comme un éclair. Frappe ! Il s'envole ! Plus haut ! Plus haut ! Courez ! Une autre base ! Plus vite ! Plus vite ! Bien ! Tout autour d'un seul coup !

Observez la façon remarquable dont le conférencier a fusionné l'orateur, l'auditoire, les spectateurs et les joueurs en un tout excité et extatique - tout comme vous vous êtes surpris à avancer dans votre siège au moment où la balle était lancée avec "trois sur et deux en bas" dans la neuvième manche. Remarquez aussi comment - peut-être inconsciemment - Talmage a peint la scène dans le style caractéristique d'Homère : non pas comme si elle s'était déjà produite, mais comme si elle se déroulait sous vos yeux.

Si vous avez assisté à de nombreuses conférences sur les voyages, vous avez dû être impressionné par les extrêmes douloureux auxquels se livrent les conférenciers - à quelques exceptions notables près, leur langage est soit tarabiscoté, soit grossier. Si vous voulez apprendre le pouvoir des mots pour faire palpiter les paysages, oui, même les maisons, avec poésie et attrait humain, lisez Lafcadio Hearn, Robert Louis Stevenson, Pierre Loti et Edmondo De Amicis.

Au loin, dans le bleu, une montagne de pierre sculptée apparaissait devant eux : le Temple, élevant vers le ciel ses pinacles ciselés sauvages, projetant vers le ciel les gerbes d'or de sa décoration.

-Lafcadio Hearn, Fantômes chinois.

Les étoiles étaient claires, colorées et semblables à des bijoux, mais pas givrées. Une faible vapeur argentée représentait la Voie lactée. Tout autour de moi, les sapins noirs se tenaient droits et immobiles. À la blancheur du bât, je pouvais voir Modestine marcher de long en large au bout de sa longe ; je l'entendais grignoter le gazon ; mais il n'y avait pas d'autre bruit que l'indescriptible et tranquille conversation de l'ornière sur les pierres.

-Robert Louis Stevenson, Voyages avec un âne.

C'était l'automne maintenant, l'automne tardif - avec les chutes de nuit lugubres, et tout devenait sombre tôt dans le vieux chalet, et toute la terre bretonne semblait sombre aussi. Les jours mêmes semblaient n'être que crépuscule ; des nuages incommensurables, passant lentement, apportaient soudain l'obscurité en plein midi. Le vent gémissait sans cesse - on aurait dit le son d'un grand orgue de cathédrale à distance, mais jouant des airs profanes, ou des complaintes désespérées ; à d'autres moments, il s'approchait de la porte, et poussait des hurlements comme des bêtes sauvages.

-Pierre Loti, Un pêcheur d'Islande.

Je vois le grand réfectoire,où un bataillon aurait pu s'exercer ; je vois les longues tables, les cinq cents têtes penchées au-dessus des assiettes, le mouvement rapide de cinq cents fourchettes, de mille mains et de seize mille dents ; la nuée de serviteurs courant çà et là, appelés, grondés, pressés, de tous côtés à la fois ; j'entends le cliquetis des plats, le bruit assourdissant, les voix étouffées par la nourriture qui crient : "Du pain" : "Du pain, du pain !" et je ressens à nouveau le formidable appétit, la force herculéenne de la mâchoire, la vie et l'esprit exubérants de ces jours lointains.

-Edmondo De Amicis, Amis du Collège.

Suggestions pour l'utilisation de la description

Décidez, au début de la description, du point de vue que vous souhaitez faire adopter à vos auditeurs. On ne peut pas voir une montagne ou un homme de tous les côtés à la fois. Établissez un point de vue et ne changez pas de place sans prévenir.

Choisissez une attitude envers votre sujet : doit-il être idéalisé, caricaturé, ridiculisé, exagéré, défendu ou décrit de manière impartiale ?

Soyez également sûr de votre humeur, car elle colorera le sujet à décrire. La mélancolie rendra un jardin de roses gris.

Adoptez un ordre dans lequel vous allez procéder - ne passez pas du proche au lointain, du lointain au proche, du général au particulier, du grand au petit, de l'important au sans importance, du concret à l'abstrait, du physique au mental ; mais suivez l'ordre que vous avez choisi. Des observations éparses et changeantes produisent des impressions floues, tout comme un appareil photo en mouvement gâche l'exposition dans le temps.

N'entrez pas dans des détails inutiles. Certains détails identifient une chose à sa catégorie, tandis que d'autres détails la différencient de sa catégorie. Ne choisissez que les caractéristiques significatives, suggestives et faites-les ressortir avec une vivacité laconique. Tirez une leçon des quelques traits utilisés par l'affichiste.

Pour déterminer ce qu'il faut décrire et ce qu'il faut simplement nommer, cherchez à lire les connaissances de votre public. Pour eux, la différence entre l'inconnu et le connu est vitale pour vous aussi.

Supprimez sans relâche toutes les idées et tous les mots qui ne sont pas nécessaires pour produire l'effet que vous désirez. Chaque élément d'une image mentale est soit utile, soit nuisible. Assurez-vous qu'ils ne gênent pas, car ils ne peuvent pas être présents passivement dans un discours.

Les interruptions de la description pour faire des remarques secondaires sont aussi puissantes pour détruire l'unité que les phrases descriptives éparses. La seule impression visuelle qui puisse être efficace est celle qui est unifiée.

En décrivant, essayez de faire appel aux émotions que vous avez ressenties lorsque vous avez vu la scène pour la première fois, et essayez ensuite de reproduire ces émotions chez vos auditeurs. L'attrait de la description est avant tout émotionnel ; rien ne peut être plus ennuyeux qu'une description froide et sans émotion, alors que rien ne laisse une impression plus chaleureuse qu'une description brillante et pleine d'entrain.

Donnez une vue d'ensemble rapide et vivante à la fin du portrait. La première et la dernière impression sont les plus durables. L'esprit peut être entraîné à saisir les points caractéristiques d'un sujet, de manière à voir dans une seule scène, action, expérience ou personnage, une impression unifiée de l'ensemble. Pour décrire une chose comme un tout, il faut d'abord la voir comme un tout. Maîtrisez cet art et vous aurez maîtrisé la description au dernier degré.

SÉLECTIONS POUR LA PRATIQUE
LES MAISONS DU PEUPLE

Je suis allé à Washington l'autre jour, et je me suis tenu sur la colline du Capitole ; mon cœur a battu la chamade en regardant l'imposant marbre du Capitole de mon pays et la buée s'est accumulée dans mes yeux quand j'ai pensé à sa formidable importance, et aux armées et au trésor, et aux juges et au Président, et au Congrès et aux tribunaux, et à tout ce qui était rassemblé là. Et j'ai senti que le soleil, dans toute sa course, ne pouvait pas regarder vers le bas un plus beau spectacle que ce majestueux foyer d'une république qui avait enseigné au monde ses meilleures leçons de liberté. Et j'ai senti que si l'honneur, la sagesse et la justice y demeuraient, le monde devrait enfin à cette grande maison dans laquelle est logée l'arche de l'alliance de mon pays, son élévation finale et sa régénération.

Deux jours plus tard, je suis allé rendre visite à un ami à la campagne, un homme modeste, avec une maison de campagne tranquille. C'était une maison simple, sans prétention, entourée de grands arbres et entourée de prés et de champs riches de la promesse de la récolte. Le parfum de la rose et de la rose trémière dans le jardin se mêlait à l'arôme du verger et des jardins, et résonnait avec le gloussement des volailles et le bourdonnement des abeilles.

L'intérieur était calme, propre, économe et confortable. Il y avait la vieille horloge qui avait accueilli, avec régularité, chaque nouveau venu dans la famille, qui avait fait tic-tac pour le requiem solennel des morts, et qui avait tenu compagnie à la personne qui veillait au chevet du lit. Il y avait les grands lits reposants et la vieille cheminée à foyer ouvert, et la vieille Bible de famille, manipulée par les doigts de mains depuis longtemps immobiles, et mouillée par les larmes d'yeux depuis longtemps fermés, contenant les simples annales de la famille et le cœur et la conscience du foyer.

Dehors, se tenait mon ami, le maître, un homme simple et droit, sans hypothèque sur son toit, sans privilège sur ses récoltes croissantes, maître de sa terre et maître de lui-même. Il y avait son vieux père, un homme âgé et tremblant, mais heureux dans le cœur et le foyer de son fils. Et tandis qu'ils se dirigeaient vers leur maison, les mains du vieil homme descendirent sur l'épaule du jeune homme, déposant là l'indicible bénédiction du père honoré et reconnaissant et l'ennoblissant avec la chevalerie du cinquième commandement.

Et lorsqu'ils atteignirent la porte, la vieille mère arriva avec le coucher de soleil tombant sur son visage et éclairant ses yeux profonds et patients, tandis que ses lèvres, frémissant de la riche musique de son cœur, souhaitaient à son mari et à son fils la bienvenue dans leur foyer. Au-delà se trouvait la femme au foyer, occupée à ses tâches ménagères, saine de cœur et de conscience, le bouclier et l'aide de son mari. En bas de l'allée, les enfants rentraient en trottinant après les vaches, cherchant, comme les oiseaux absents, le calme de leur nid.

Et j'ai vu la nuit descendre sur cette maison, tombant doucement comme les ailes d'une colombe invisible. Et le vieil homme - tandis qu'un oiseau effarouché appelait de la forêt, que le cri du grillon faisait vibrer les arbres et que les étoiles grouillaient dans le ciel - rassembla la famille autour de lui et, prenant la vieille Bible sur la table, les appela à s'agenouiller, le petit bébé se cachant dans les plis de la robe de sa mère, tandis qu'il clôturait le récit de cette simple journée en appelant la bénédiction de Dieu sur cette famille et ce foyer. Et pendant que je regardais, la vision de ce Capitole de marbre s'est évanouie. Ses trésors et sa majesté étaient oubliés et je me suis dit : "Oh, c'est sûrement ici, dans les foyers du peuple, que se trouvent enfin la force et la responsabilité de ce gouvernement, l'espoir et la promesse de cette république".

SCÈNES SUGGESTIVES

Une chose dans la vie en appelle une autre ; il y a une adéquation entre les événements et les lieux. La vue d'une agréable tonnelle nous incite à nous y asseoir. Un endroit suggère le travail, un autre l'oisiveté, un troisième un lever matinal et de longues promenades dans la rosée. L'effet de la nuit, de l'eau qui coule, des villes illuminées, de l'apparition du jour, des bateaux, de l'océan ouvert, appelle dans l'esprit une armée de désirs et de plaisirs anonymes. Nous sentons que quelque chose doit se produire ; nous ne savons pas quoi, mais nous le recherchons. Et nombre des heures les plus heureuses de la vie défilent devant nous dans cette vaine fréquentation du génie du lieu et du moment. C'est ainsi que les étendues de jeunes sapins et les rochers bas qui s'enfoncent dans les profondeurs, me ravissent et me torturent particulièrement. Quelque chose a dû arriver en de tels endroits, et peut-être il y a des siècles, à des membres de ma race ; et quand j'étais enfant, j'ai essayé d'inventer des jeux appropriés pour eux, comme j'essaie encore, tout aussi vainement, de leur faire correspondre l'histoire appropriée. Certains lieux parlent distinctement. Certains jardins lugubres réclament un meurtre ; certaines vieilles maisons demandent à être hantées ; certaines côtes sont réservées aux naufrages. D'autres endroits semblent encore subir leur destin, suggestifs et impénétrables, "miching mallecho". L'auberge de Burford Bridge, avec ses tonnelles, son jardin vert et sa rivière silencieuse et tourbillonnante - bien qu'elle soit déjà connue comme le lieu où Keats a écrit une partie de son Endymion et où Nelson s'est séparé de son Emma - semble encore attendre la venue de la légende appropriée. Entre ces murs de lierre, derrière ces vieux volets verts, d'autres affaires couvent, attendant leur heure. L'ancienne auberge Hawes, au bac de la Reine, fait un appel similaire à mon imagination. Elle se tient là, à l'écart de la ville, à côté de la jetée, dans un climat qui lui est propre, mi-intérieur, mi-marin - devant, le ferry bouillonnant avec la marée et le bateau de garde se balançant à son ancre ; derrière, le vieux jardin avec les arbres. Les Américains le recherchent déjà à cause de Lovel et Oldbuck, qui y ont dîné au début de l'Antiquaire. Mais vous n'avez pas besoin de me le dire - ce n'est pas tout ; il y a quelque histoire, non enregistrée ou non encore complète, qui doit exprimer plus complètement la signification de cette auberge.... J'ai vécu à la fois à Hawes et à Burford dans un flottement perpétuel, sur le talon, comme il semblait, de quelque aventure qui devrait justifier le lieu ; mais bien que le sentiment m'ait poussé à me coucher le soir et m'ait rappelé le matin dans une ronde ininterrompue de plaisir et de suspense, rien ne m'est arrivé dans l'un ou l'autre de ces établissements qui mérite d'être souligné. L'homme ou l'heure n'étaient pas encore venus ; mais un jour, je pense, un bateau partira du bac de la Reine, chargé d'une chère cargaison, et une nuit glaciale, un cavalier, dans une course tragique, frappera de son fouet les volets verts de l'auberge de Burford.

-R.L. Stevenson, A Gossip on Romance.

FROM "MIDNIGHT IN LONDON"

Clang ! Clang ! Clang ! les cloches de feu ! Bing ! Bing ! Bing ! l'alarme ! En un instant, le calme se transforme en tumulte, une explosion de bruit, d'excitation, de clameur, de chahut, se déchaîne ; Bing ! Bing ! Bing ! Cliquetis, chocs et claquements. Les portes s'ouvrent, des hommes courageux montent dans leurs boîtes. Bing ! Bing ! Bing ! Ils sont partis ! Les chevaux dévalent la rue comme des fous. Bing ! Bing ! Bing ! fait le gong !

"Sortez de la piste ! Les moteurs arrivent ! Pour l'amour de Dieu, enlevez cet enfant de la route !"

En avant, en avant, sauvagement, résolument, follement, les coursiers volent. Bing ! Bing ! le gong. Les chevaux s'élancent sur les ailes de la fureur.

La machine continue de tournoyer, descendant les rues, tournant les coins, remontant telle avenue et traversant telle autre, s'enfonçant dans les entrailles de l'obscurité, soufflant, sifflant, faisant jaillir des millions d'étincelles de la cheminée, pavant d'une galaxie d'étoiles le chemin de la nuit effrayée. Au-dessus des toits des maisons au nord, une explosion de flammes volcaniques jaillit, éructant avec un effet aveuglant. Le ciel s'embrase. Un immeuble d'habitation brûle. Cinq cents âmes sont en péril. Ciel miséricordieux ! Épargnez les victimes ! Les moteurs arrivent-ils ? Oui, les voilà qui dévalent la rue. Regardez ! les chevaux chevauchent le vent, les yeux exorbités comme des boules de feu, les narines grandes ouvertes. Une masse de feu palpitante, qui roule, plonge, bondit, s'élève, tombe, se gonfle, se soulève, et avec une passion folle fait éclater ses flancs brûlants, étend ses bras, les entoure, les serre, les saisit, avale tout devant elle avec la bouche chaude et avide d'un monstre effroyable.

Comment les chevaux se précipitent dans le coin ! L'instinct animal vous dit ? Oui, plus encore. La raison brute.

"Montez les échelles, les gars !"

          DALE CARNEGIE

L'imposant bâtiment est enseveli sous des bancs gonflés d'éléments sauvages et mordants. Des langues fourchues sortent et entrent, s'esquivent ici et là, de haut en bas, et enroulent leurs bords tranchants autour de chaque objet. Un fracas, un son sourd et explosif, et une bouffée de fumée jaillit. Au point le plus haut du toit se tient une silhouette sombre dans une situation désespérée, les mains faisant des gestes frénétiques, les bras se balançant sauvagement - puis le corps s'élance dans un espace effrayant, plongeant sur le trottoir avec un bruit sourd et révoltant. Le bras de l'homme frappe un spectateur alors qu'il s'élance vers le bas. La foule frissonne, se balance, et émet un faible murmure de pitié et d'horreur. Les spectateurs au cœur fragile se cachent le visage. Une femme s'évanouit.

"Pauvre type ! Mort !" s'exclame un ouvrier en regardant le corps de l'homme.

"Oui, Joe, et je le connaissais bien, aussi ! Il vivait à côté de chez moi, cinq étages en arrière. Il laisse une mère veuve et deux petits bouts d'orphelins. Je l'ai aidé à enterrer sa femme il y a quinze jours. Ah, Joe ! mais c'est dur pour les orphelins."

Une heure effroyable avance, entraînant dans son sillage son régiment de panique et laissant des taches cramoisies de cruauté sur le chemin de la nuit.

"Ils sont tous sortis, les pompiers ?"

"Aye, aye, monsieur !"

"Non, ils ne le sont pas ! Il y a une femme à la fenêtre du haut qui tient un enfant dans ses bras - là-bas, dans le coin droit ! Les échelles, là ! Cent livres à l'homme qui fait le sauvetage !"

Une douzaine de personnes commencent. Un homme plus souple que les autres, et téméraire dans sa bravoure, grimpe sur le dernier barreau de l'échelle.

"Trop court !", crie-t-il. "Hissez-en un autre !"

C'est parti. Il monte à la fenêtre, attache la corde, fouette la mère et le bébé, les balance dans un vide affreux et les laisse descendre pour être secourus par ses camarades.

"Bravo, pompier !" crie la foule.

Un fracas éclate dans le brouhaha des bois qui craquent.

"Regarde en vie, là-haut ! Grand Dieu ! Le toit est tombé !"

Les murs oscillent, basculent et s'écroulent dans un fracas assourdissant. Les spectateurs cessent de respirer. La froide vérité se révèle. Le pompier a été emporté dans la fournaise bouillonnante. Une vieille femme, courbée par le poids de l'âge, se précipite à travers la ligne de feu, hurlant, divaguant, se tordant les mains et ouvrant son cœur de chagrin.

"Pauvre John ! Il était tout ce que j'avais ! Et c'était un brave garçon ! Mais il est parti maintenant. Il a perdu sa propre vie en en sauvant deux autres, et maintenant, maintenant il est là, loin là-dedans !" répète-t-elle en montrant le four cruel.

Les moteurs font leur travail. Les flammes s'éteignent. Une lueur sinistre plane sur les ruines comme un formidable nuage noirci.

Et le midi de la nuit est passé.-Ardennes Jones-Foster.

QUESTIONS ET EXERCICES

1. Rédigez deux paragraphes sur l'un de ces sujets : le cheval de course, le bateau à moteur, le golf, le tennis ; le premier sera une pure exposition et le second une pure description.

2. Choisissez votre propre thème et faites de même dans deux courts discours extemporanés.

3. Présentez une courte allocution originale dans le style sur-ornementé.

4. (a) souligner ses défauts ; (b) le reformuler dans un style plus efficace ; (c) montrer comment l'un surpasse l'autre.

5. Faites une liste de dix sujets qui se prêtent à une description dans le style que vous préférez.

6. Faites un discours de deux minutes sur l'un d'entre eux, en utilisant principalement, mais pas uniquement, la description.

7. Pendant une minute, regardez un objet, une scène, une action, une image ou une personne de votre choix, prenez deux minutes pour organiser vos pensées, puis donnez une brève description, le tout sans prendre de notes.

8. Dans quel sens la description est-elle plus personnelle que l'exposé ?

9. Expliquez la différence entre une description scientifique et une description artistique.

10. Dans le style de Dickens et d'Irving, écrivez cinq phrases distinctes décrivant cinq personnages au moyen de la suggestion - une phrase pour chacun.

11. Décrivez un personnage au moyen d'une allusion, à la manière de Chaucer.

12. Lisez à haute voix les textes suivants en portant une attention particulière à la gestuelle :

Sa gorge même était morale. Vous en avez vu une bonne partie. Vous regardiez par-dessus une barrière très basse de cravate blanche (dont personne n'avait jamais vu la cravate, car il l'attachait derrière), et elle était là, dans une vallée entre deux hauteurs de col, sereine et sans barbe, devant vous. Il semblait dire, de la part de M. Pecksniff, "Il n'y a pas de tromperie, Mesdames et Messieurs, tout est paix, un calme sacré m'envahit". Il en était de même de ses cheveux, tout juste grisés par le fer, qui étaient brossés sur son front et se tenaient bien droits, ou légèrement tombants, dans le même mouvement que ses lourdes paupières. Il en était de même de sa personne, qui était svelte mais sans corpulence. Il en était de même de ses manières, qui étaient douces et huileuses. En un mot, même son costume noir ordinaire, son état de veuf et sa double lunette pendante tendaient tous au même but et criaient à haute voix : "Voici le Pecksniff moral !".

Charles Dickens, Martin Chuzzlewit.

13. Laquelle des propositions suivantes préférez-vous, et pourquoi ?

C'était une jeune fille épanouie de dix-huit ans, dodue comme une perdrix, mûre, fondante et aux joues roses comme une des pêches de son père.-Irving.

C'était une fille splendidement féminine, aussi saine qu'un pippin de novembre, et pas plus mystérieuse qu'un carreau de fenêtre.

—O. Henry.

Miss Peecher était petite, brillante, soignée, méthodique et plantureuse ; elle avait des joues de cerise et une voix mélodieuse.

-Dickens.

14. Inventez cinq épithètes, et appliquez-les comme bon vous semble.

15. (a) Dressez une liste de cinq figures de style ; (b) définissez-les ; (c) donnez un exemple - de préférence original - pour chacune d'elles.

16. Inventez une figure originale pour prendre la place de n'importe quelle figure du discours de Grady.

17. Quelles sont les méthodes de description qu'il semble préférer ?

18. Rédigez et donnez, sans notes et avec des gestes descriptifs, une description à l'imitation de l'un des auteurs cités dans ce chapitre.

19. Réexaminez l'un de vos anciens discours et améliorez le travail de description. Signalez les fautes que vous avez constatées.

20. Faire un discours extemporané décrivant une scène dramatique dans le style de "Minuit à Londres".

21. Décrivez un événement de votre sport préféré dans le style du Dr. Talmage. Veillez à ce que la présentation soit efficace.

22. Critiquez, favorablement ou défavorablement, les descriptions d'un discours sur les voyages que vous avez pu entendre récemment.

23. Faites un bref exposé original sur les voyages, comme si vous montriez des photos.

24. Refondre l'exposé et le présenter "sans images".

Chapitre 21 : Influencer par la narration

L'art de la narration est l'art d'écrire avec des crochets et des yeux. Le principe consiste à faire en sorte que la pensée appropriée suive la pensée appropriée, le fait approprié suit le fait approprié ; à préparer d'abord l'esprit à ce qui va venir, puis à le laisser venir.

-Walter BAGEHOT, Literary Studies

Notre discours même est curieusement historique. La plupart des hommes, remarquez-le, ne parlent que pour raconter ; ce n'est pas en transmettant ce qu'ils ont pensé, ce qui, en fait, est souvent très peu, mais en exposant ce qu'ils ont subi ou vu, ce qui est tout à fait illimité, que les orateurs se dilatent. Si nous nous coupions de la narration, comment le courant de la conversation, même chez les plus sages, s'étiolerait en poignées détachées, et chez les sots, s'évaporerait complètement ! Ainsi, comme nous ne faisons rien d'autre que de jouer l'Histoire, nous ne disons pas grand-chose d'autre que de la réciter.

-Thomas CARLYLE, On History

Seul un petit segment du grand domaine de la narration offre ses ressources à l'orateur public, et cela inclut l'anecdote, les faits biographiques et la narration d'événements en général. La narration - plus facile à définir que la maîtrise - est la récitation d'un incident, ou d'un groupe de faits et d'événements, de manière à produire un effet désiré. Les lois de la narration sont peu nombreuses, mais sa pratique réussie implique plus d'art qu'il n'y paraît à première vue - tellement, en effet, que nous ne pouvons même pas aborder sa technique ici, mais devons nous contenter d'examiner quelques exemples de narration utilisés dans le discours public.

En premier lieu, remarquez combien l'utilisation de la narration par l'orateur public diffère radicalement de celle de l'écrivain de contes en raison de la portée plus limitée, de l'absence de dialogue prolongé et de dessin de personnage, et de la liberté d'élaboration des détails, qui caractérisent la narration de plate-forme. D'autre part, il y a plusieurs similitudes de méthode : la combinaison fréquente de la narration avec l'exposition, la description, l'argumentation et la plaidoirie ; le soin apporté à la disposition du matériel de manière à produire un effet fort à la fin (climax) ; la pratique très générale de dissimuler le "point" (dénouement) d'une histoire jusqu'au moment effectif ; et la suppression minutieuse des détails inutiles, et donc blessants. Nous voyons donc que, que ce soit pour un magazine ou une plate-forme, l'art de la narration implique bien plus que la récitation d'annales ; la succession d'événements enregistrés nécessite un plan afin de les faire ressortir avec un réel effet. On remarquera également que le style littéraire de la narration de la tribune est susceptible d'être soit moins poli et plus vigoureusement dramatique que celui de la narration destinée à la publication, soit plus fervent et plus élevé. Sur ce dernier point, cependant, le meilleur discours de tribune d'aujourd'hui diffère des modèles de la génération précédente, où l'on pensait qu'un style très digne, et parfois pompeux, était la seule tenue appropriée pour une délivrance publique. Aussi grands, nobles et émouvants que fussent ces maîtres anciens dans leur éloquence noble et passionnée, nous sommes parfois oppressés lorsque nous lisons leurs périodes sonores pendant un long moment - même en tenant compte de tout ce que nous perdons en manquant la présence, la voix et le feu de l'orateur. Modélisons donc notre narration d'estrade, comme nos autres formes de discours, sur les adresses efficaces des modernes, sans diminuer notre admiration pour l'ancienne école. L'Anecdote Une anecdote est un court récit d'un événement unique, raconté comme étant suffisamment frappant pour faire ressortir un point. Plus le point est précis, plus la forme est condensée, et plus l'application frappe soudainement l'auditeur, meilleure est l'histoire. Considérer une anecdote comme une illustration - une image interprétative - nous aidera à nous en tenir à son véritable objectif, car une histoire sans but est de toutes les offenses sur la plate-forme la plus stupide. Une plaisanterie tout à fait capitale tombera à plat si elle est traînée par la nuque sans rapport évident avec le sujet discuté. D'un autre côté, une anecdote pertinente a sauvé plus d'un discours de l'échec. "Il n'y a pas de meilleure occasion de faire preuve de tact que dans l'introduction d'histoires spirituelles ou humoristiques dans un discours. L'esprit est vif et comme une rapière, il perce profondément, parfois même jusqu'au cœur. L'humour est bon enfant et ne blesse pas. L'esprit est fondé sur la découverte soudaine d'une relation insoupçonnée existant entre deux idées. L'humour traite des choses sans rapport, de l'incongru. C'était de l'esprit chez Douglass Jerrold de répliquer à la grimace d'un étranger dont il avait familièrement frappé l'épaule, le prenant pour un ami : "Je vous demande pardon, je pensais vous connaître, mais je suis heureux de ne pas vous connaître". C'était de l'humour chez l'orateur du Sud, John Wise, de comparer le plaisir de passer une soirée avec une puritaine à celui de s'asseoir sur un bloc de glace en hiver, en faisant craquer des grêlons entre ses dents. " [24]

La citation qui précède a été introduite principalement pour illustrer la première forme d'anecdote, la plus simple, à savoir une phrase unique contenant un dicton piquant. Une autre forme simple est celle qui transmet son sens sans avoir besoin d'"application", comme le disaient les anciens prédicateurs. George Ade a cité celle-ci comme la meilleure blague qu'il ait jamais entendue : Deux messieurs à l'air solennel étaient ensemble dans un wagon de chemin de fer. L'un des gentlemen dit à l'autre : "Votre femme reçoit-elle cet été ?" Sur quoi l'autre monsieur répond : "Pas vraiment." D'autres anecdotes doivent être adaptées à la vérité particulière que l'orateur souhaite transmettre dans son discours. Parfois, l'application est faite avant le récit de l'histoire et l'auditoire est préparé à faire la comparaison, point par point, au fur et à mesure que l'illustration est racontée. Henry W. Grady a utilisé cette méthode dans l'une des anecdotes qu'il a racontées lors de son grand discours extemporané, "Le nouveau Sud". L'âge ne confère pas à toutes choses force et vertu, et toutes les nouveautés ne sont pas à dédaigner. Le cordonnier qui affichait sur sa porte "Boutique de John Smith, fondée en 1760" était plus qu'égalé par son jeune rival d'en face qui avait accroché cette enseigne : "Bill Jones. Établi en 1886. Pas de vieux stock dans cette boutique." Dans deux anecdotes, racontées également dans "The New South", M. Grady a illustré une autre façon d'appliquer le principe : dans les deux cas, il a divisé l'idée qu'il voulait faire passer, en l'introduisant en partie avant et en partie après la récitation de l'histoire. Le fait que l'orateur ait mal cité les mots de la Genèse dans lesquels l'Arche est décrite ne semblait pas nuire à l'humour burlesque de l'histoire.

Je vous demande de faire preuve de la plus grande courtoisie ce soir. Je ne me soucie pas de ceux dont je suis issu. Vous vous souvenez de l'homme dont la femme l'envoya chez un voisin avec un pichet de lait, qui, trébuchant sur la dernière marche, tomba, avec les interruptions fortuites que permettaient les paliers, dans la cave, et, tout en se relevant, eut le plaisir d'entendre sa femme l'appeler : "John, as-tu cassé le pichet ? "Non, je ne l'ai pas fait", a dit John, "mais je serai puni si je ne le fais pas". Ainsi, alors que ceux qui m'appellent de derrière peuvent m'inspirer de l'énergie, sinon du courage, je vous demande une audience indulgente. Je vous prie d'apporter toute votre foi dans l'équité et la franchise américaines pour juger de ce que je vais dire. Il y avait un jour un vieux prédicateur qui annonçait à des garçons la leçon biblique qu'il allait lire le matin. Les garçons, trouvant l'endroit, collèrent ensemble les pages correspondantes. Le lendemain matin, il a lu au bas d'une page : "Lorsque Noé eut cent vingt ans, il prit pour épouse une femme qui avait" - puis il tourna la page - "cent quarante coudées de long, quarante coudées de large, construite en bois de gopher, et recouverte de poix à l'intérieur et à l'extérieur." Il était naturellement perplexe à ce sujet. Il le relut, le vérifia, puis dit : "Mes amis, c'est la première fois que je rencontre cela dans la Bible, mais je l'accepte comme une preuve de l'affirmation selon laquelle nous sommes terriblement et merveilleusement faits." Si je pouvais vous amener à avoir une telle foi ce soir, je pourrais m'atteler gaiement à la tâche que j'aborde autrement avec un sentiment de consécration. Il arrive parfois qu'un orateur se plonge sans introduction dans une anecdote, laissant l'application suivre. L'exemple suivant illustre cette méthode : Un grand ténébreux aux pieds lisses était appuyé contre le coin de la gare d'une ville du Texas lorsque le sifflet de midi de la conserverie a retenti et que les ouvriers se sont empressés de sortir, munis de leurs seaux à farine. Le darky écouta, la tête penchée sur le côté, jusqu'à ce que l'écho de la fusée se soit complètement éteint. Puis il poussa un profond soupir et se dit : "Dar she go. C'est l'heure du dîner pour certains, mais il n'est que midi pour moi !" C'est la situation dans des milliers d'usines américaines, grandes et petites, aujourd'hui. Et pourquoi ? etc. C'est sans doute dans la chaire que l'anecdote est le plus souvent utilisée. L'"illustration" de sermon, cependant, n'est pas toujours de forme strictement narrative, mais tend à une comparaison étendue, comme ce qui suit du Dr Alexander Maclaren : Les hommes se tiendront debout comme les fakirs indiens, les bras au-dessus de la tête jusqu'à ce qu'ils s'y raidissent. Ils se percheront sur des piliers comme Siméon Stylites, pendant des années, jusqu'à ce que les oiseaux construisent leurs nids dans leurs cheveux. Ils mesureront toute la distance du Cap Comorin au temple de Juggernaut avec leur corps le long de la route poussiéreuse. Ils porteront des cilices et se flagelleront. Ils jeûneront et se renieront. Ils construiront des cathédrales et doteront des églises. Ils feront comme beaucoup d'entre vous, travaillant par à-coups tout au long de leur vie à la tâche sans fin de se préparer pour le ciel, et de le gagner par l'obéissance et la droiture. Ils feront toutes ces choses et les feront volontiers, plutôt que d'écouter le message d'humilité qui dit : "Vous n'avez pas besoin de faire quoi que ce soit - lavez-vous." Est-ce votre lavage, ou l'eau, qui vous purifiera ? Lave-toi et sois propre ! Le nettoyage de Naaman n'était qu'un test de son obéissance, et un signe que c'était Dieu qui le nettoyait. Il n'y avait aucun pouvoir dans les eaux du Jourdain pour enlever la tache de la lèpre. Notre purification se trouve dans le sang de Jésus-Christ qui a le pouvoir d'ôter tout péché et de rendre pur et propre le plus immonde d'entre nous.

Un dernier mot doit être dit sur l'introduction de l'anecdote. Une introduction maladroite et inappropriée est fatale, alors qu'une seule phrase judicieuse ou pleine d'esprit suscite l'intérêt et prépare une audience favorable. L'illustration extrême suivante, de l'humoriste anglais, le capitaine Harry Graham, fait bien la satire de la manière de trébucher : La meilleure histoire que j'ai jamais entendue est celle que l'on m'a racontée une fois à l'automne 1905 (ou peut-être 1906), alors que je visitais Boston - du moins, je pense que c'était Boston ; c'était peut-être Washington (ma mémoire est si mauvaise). Je suis tombé sur un homme très amusant dont j'ai oublié le nom - Williams ou Wilson ou Wilkins, un nom comme ça - et il m'a raconté cette histoire alors que nous attendions un tramway. Je me souviens encore de l'éclat de rire que j'ai eu sur le moment ; et encore, ce soir-là, après m'être couché, comment j'ai ri jusqu'à m'endormir en me rappelant l'humour de cette histoire incroyablement drôle. C'était vraiment extraordinairement drôle. En fait, je peux sincèrement affirmer que c'est l'histoire la plus amusante que j'aie jamais eu le privilège d'entendre. Malheureusement, je l'ai oubliée. Faits biographiques L'art oratoire a beaucoup à voir avec les personnalités ; il est donc naturel que le récit d'une série de détails biographiques, y compris des anecdotes parmi la récitation de faits intéressants, joue un rôle important dans l'éloge funèbre, le discours commémoratif, le discours politique, le sermon, la conférence et d'autres discours de tribune. Des discours entiers peuvent être constitués de tels détails biographiques, comme un sermon sur "Moïse" ou une conférence sur

"Lee". L'exemple suivant est en soi une anecdote élargie, formant le maillon d'une chaîne : MARI MARI EN PRISON

La sublimité particulière de l'esprit romain ne s'exprime pas, et n'est pas du tout à rechercher, dans leur poésie. La poésie, selon l'idéal romain, n'était pas un organe adéquat pour les grands mouvements de l'esprit national. La sublimité romaine doit être recherchée dans les actes et les paroles des Romains. Où trouverez-vous, encore une fois, une expression plus adéquate de la majesté romaine que dans la phrase de Trajan - Imperatorem oportere stantem mor - selon laquelle César devait mourir debout ; un discours d'une grandeur impériale ! Il implique que celui qui était "l'homme le plus important de ce monde" - et, à l'égard de toutes les autres nations, le représentant de la sienne - devait exprimer la vertu caractéristique de celle-ci dans son acte d'adieu, mourir in procinctu et rencontrer le dernier ennemi comme le premier, avec un visage romain et dans une attitude de soldat. Si cela avait un caractère impérial, ce qui suit avait une majesté consulaire, et c'est presque la plus grande histoire qui soit. Marius, l'homme qui s'était élevé au rang de sept fois consul, était dans un cachot, et un esclave avait été envoyé pour le mettre à mort. Telles étaient les personnes, les deux extrémités de l'humanité exaltée et désespérée, l'homme le plus en avant et le plus en arrière, un consul romain et un esclave abject. Mais leurs relations naturelles étaient, par le caprice de la fortune, monstrueusement inversées : le consul était enchaîné, l'esclave était pour un instant l'arbitre de son destin. Par quels sortilèges, quelle magie, Marius se rétablit-il dans ses prérogatives naturelles ? Par quelles merveilles tirées du ciel ou de la terre, en un clin d'œil, s'est-il investi à nouveau de la pourpre, et a-t-il placé entre lui et son assassin une foule de licteurs de l'ombre ? Par la simple suprématie aveugle des grands esprits sur les faibles. Il a fasciné l'esclave, comme un serpent à sonnette fascine un oiseau. Debout "comme Ténériffe", il le frappa de l'œil et lui dit : "Tune, homo, audes occidere C. Marium ? "-"Toi, camarade, tu as l'audace de tuer Caius Marius ?" Alors, le reptile, tremblant sous la voix et n'osant pas affronter l'œil consulaire, s'affaissa doucement sur le sol, se retourna sur ses mains et ses pieds et, rampant hors de la prison comme n'importe quelle vermine, laissa Marius debout dans une solitude aussi ferme et inébranlable que le capitole.

Thomas DE QUINCY.

Voici un exemple similaire, précédé d'une déclaration historique générale et se terminant par des détails autobiographiques :

UNE RÉMINISCENCE DE LEXINGTON

Un matin de printemps - cela fera quatre-vingts ans le 19 de ce mois - Hancock et Adams, les Moïse et Aaron de cette Grande Délivrance, étaient tous deux à Lexington ; ils avaient également "fait obstruction à un officier" par des paroles courageuses. Des soldats britanniques, forts d'un millier de personnes, vinrent les saisir et les emmener de l'autre côté de la mer pour les juger, tuant ainsi le bourgeon de la liberté qui s'ouvrait sous de bons auspices en ce début de printemps. La milice de la ville se réunit avant le jour, "pour s'entraîner". Leur capitaine, un homme grand, à la tête large et au front haut et large, qui avait " vu du service ", les fit se mettre en ligne, au nombre de soixante-dix, et demanda à " chaque homme de charger sa pièce avec de la poudre et des balles. Je donnerai l'ordre de tirer sur le premier homme qui s'enfuira ", dit-il, lorsque certains hésitèrent. "Ne tirez pas à moins que l'on vous tire dessus, mais s'ils veulent une guerre, qu'elle commence ici." Messieurs, vous savez ce qui s'ensuivit ; ces fermiers et ces mécaniciens "ont tiré le coup de feu entendu dans le monde entier". Un petit monument recouvre les ossements de ceux qui, auparavant, avaient mis leur fortune et leur honneur sacré au service de la liberté de l'Amérique et qui, ce jour-là, lui ont aussi donné leur vie. Je suis né dans cette petite ville, et j'ai grandi au milieu des souvenirs de ce jour. Quand j'étais enfant, ma mère m'a soulevé, un dimanche, dans ses bras religieux et patriotiques, et m'a tenu dans ses bras pendant que je lisais la première ligne monumentale que je n'ai jamais vue - "Sacré à la liberté et aux droits de l'homme". Depuis lors, j'ai étudié les marbres commémoratifs de la Grèce et de Rome, dans de nombreuses villes anciennes ; j'ai même lu sur les obélisques égyptiens ce qui était écrit avant que l'Éternel n'élève Moïse pour conduire Israël hors d'Égypte ; mais aucune pierre ciselée ne m'a jamais suscité une telle émotion que ces noms rustiques d'hommes tombés "dans la cause sacrée de Dieu et de leur pays". Messieurs, l'esprit de liberté, l'amour de la justice ont été très tôt enflammés dans mon cœur d'enfant. Ce monument recouvre les ossements de mes propres parents ; c'est leur sang qui a rougi l'herbe longue et verte de Lexington. C'est mon propre nom qui est ciselé sur cette pierre ; le grand capitaine qui a rassemblé ses compagnons fermiers et mécaniciens en rangs serrés, et a prononcé des paroles si courageuses et dangereuses qui ont ouvert la guerre de l'Indépendance américaine - le dernier à quitter le champ de bataille - était le père de mon père. J'ai appris à lire dans sa Bible, et avec un mousquet qu'il avait capturé ce jour-là, j'ai appris une autre leçon religieuse, à savoir que "la rébellion contre les tyrans est l'obéissance à Dieu". Je les garde tous deux "sacrés pour la liberté et les droits de l'humanité", pour les utiliser tous deux "dans la cause sacrée de Dieu et de mon pays"

- Théodore PARKER

Narration des événements en général

Dans cette narration plus large, émancipée, nous trouvons beaucoup de mélange d'autres formes de discours, ce qui profite grandement au discours, car on ne saurait trop insister sur cette vérité : En effet, on ne saurait trop insister sur cette vérité : l'orateur efficace se détache de la forme au profit d'un effet grand et libre. Les présentes analyses n'ont pas d'autre but que de vous familiariser avec la forme - ne laissez pas de tels modèles pendre comme un poids autour de votre cou. Le récit pur des événements qui suit, tiré de l'ouvrage de George William Curtis intitulé "Paul Revere's Ride", diffère du récit biographique figurant dans d'autres parties de son célèbre discours : Ce soir-là, à dix heures, huit cents soldats britanniques, sous les ordres du lieutenant-colonel Smith, prennent le bateau au pied du Common et traversent vers la rive de Cambridge. Gage pensait que son secret avait été gardé, mais Lord Percy, qui avait entendu les gens dire sur le Common que les troupes manqueraient leur but, l'a détrompé. Gage ordonne instantanément que personne ne quitte la ville. Mais alors que les troupes traversaient la rivière, Ebenezer Dorr, avec un message pour Hancock et Adams, traversait le Neck pour se rendre à Roxbury, et Paul Revere traversait la rivière à la rame pour se rendre à Charlestown, après avoir convenu avec son ami, Robert Newman, de montrer des lanternes depuis le clocher de la Old North Church - "Une si par terre, et deux si par mer" - comme signal de la marche des Britanniques. Le texte suivant, tiré de la même oraison, mêle magnifiquement la description à la narration : C'était une nuit brillante. L'hiver avait été exceptionnellement doux, et le printemps beaucoup avancé. Les collines étaient déjà vertes. Les céréales précoces ondulaient dans les champs, et l'air était doux avec les vergers en fleurs. Déjà, les rouges-gorges sifflaient, les merles bleus chantaient, et la bénédiction de la paix reposait sur le paysage. Sous la lune sans nuage, les soldats marchaient silencieusement et Paul Revere chevauchait rapidement, galopant à travers Medford et West

Cambridge, excitant toutes les maisons sur son passage pour Lexington, Hancock et Adams, et évitant les patrouilles britanniques qui avaient été envoyées pour arrêter les nouvelles. Dans l'extrait suivant d'un autre discours de M. Curtis, nous avons une utilisation libre de l'allégorie comme illustration :

LE LEADERSHIP DES HOMMES INSTRUITS

Il existe un tableau anglais moderne que le génie de Hawthorne aurait pu inspirer. Le peintre l'appelle "Comment ils se rencontrèrent". Un homme et une femme, hagards et fatigués, errant perdus dans un bois sombre, rencontrent soudain les silhouettes ombrageuses d'un jeune homme et d'une jeune fille. Une fascination mystérieuse fixe le regard et apaise le cœur des vagabonds, et leur étonnement se transforme en crainte lorsqu'ils se reconnaissent peu à peu tels qu'ils étaient autrefois : la douce floraison de la jeunesse sur leurs joues rondes, la lumière rosée de l'espoir dans leurs yeux confiants, la confiance exaltée dans leur pas élancé, eux-mêmes joyeux et rayonnants de la gloire de l'aube. Aujourd'hui, et ici, nous nous retrouvons. Ce n'est pas seulement à ces scènes familières - le vert de l'université avec ses traditions révérencieuses, la crique halcyon de la Seekonk, sur laquelle le souvenir de Roger Williams plane comme un oiseau calme, la baie historique, battue à jamais par les rames feutrées de Barton et d'Abraham Whipple, ici, la ville bourdonnante des vivants, là, la ville paisible des morts - ce n'est pas seulement ou principalement à cela que nous retournons, mais à nous-mêmes tels que nous étions autrefois. Ce ne sont pas les jeunes gens souriants de l'année, ce sont vos propres visages imberbes et non ridés qui regardent par les fenêtres de l'University Hall et du Hope College. Sous les arbres de la colline, c'est vous-mêmes que vous voyez marcher, pleins d'espoirs et de rêves, rayonnants de puissance consciente, et "nourrissant une jeunesse sublime" ; "et dans ce temple familier, qui n'a sûrement jamais fait écho à une éloquence aussi fervente et inspirante que celle de vos oraisons d'ouverture, ce ne sont pas ces jeunes gens dans les galeries qui, comme ils le croient tendrement, murmurent à ces jeunes filles ; ce sont vos jeunes personnes qui, dans les jours qui ne sont plus, murmurent aux plus belles mères et grands-mères de ces jeunes filles. Heureux l'homme et la femme usés et fatigués du tableau s'ils avaient senti leurs yeux plus âgés briller encore de cette lumière d'autrefois, et leur cœur battre encore d'une sympathie et d'une aspiration intactes.

Heureux nous, mes frères, quoi que nous ayons accompli, quoi que nous ayons laissé inachevé, si, en retournant au foyer de nos premières années, nous apportons avec nous l'espoir illimité, la résolution inébranlable, la foi inextinguible de la jeunesse.

George WILLIAM CURTIS.

QUESTIONS ET EXERCICES

1. Extrayez de n'importe quelle source dix anecdotes et indiquez quelles vérités elles peuvent servir à illustrer.

2. Livrez-en cinq dans votre propre langue, sans faire de demande.

3. Parmi les dix, livrez-en un de manière à faire la demande avant de raconter l'anecdote.

4. En livrer un autre de manière à fractionner la demande.

5. Livrer un autre afin de faire l'application après la narration.

6. Livrer un autre de manière à rendre inutile une application spécifique.

7. Donnez trois façons d'introduire une anecdote, en disant où vous l'avez entendue, etc.

8. Donnez une illustration qui n'est pas strictement une anecdote, dans le style du discours de Curtis à la page 259.

9. Prononcer une allocution sur tout personnage public, en utilisant les formulaires illustrés dans ce chapitre.

10. Faites un discours sur un événement historique de la même manière.

11. Expliquez comment les sympathies et le point de vue de l'orateur vont colorer une anecdote, une biographie ou un récit historique.

12. Illustrez comment la même anecdote, ou une section d'un discours historique peut recevoir deux effets différents en raison de préjugés personnels.

13. Quel serait l'effet d'un changement de point de vue au milieu d'une narration ?

14. Quel est le danger d'utiliser trop d'humour dans un discours ? Trop de pathos ?

Chapitre 22 : Influencer par la suggestion

Parfois, le sentiment qu'une certaine façon de voir les choses est indubitablement correcte empêche l'esprit de penser tout court.... Compte tenu des obstacles que certains types ou degrés de sentiments mettent sur la voie de la pensée, on pourrait en déduire que le penseur doit supprimer l'élément sentimental de sa vie intérieure. On ne saurait commettre une plus grande erreur. Si le Créateur a doté l'homme du pouvoir de penser, de sentir et de vouloir, ces différentes activités de l'esprit ne sont pas conçues pour être en conflit, et tant que l'une d'elles n'est pas pervertie ou laissée à l'excès, elle aide et renforce nécessairement les autres dans leurs fonctions normales.

Nathan C. Schaeffer, Penser et apprendre à penser.

Lorsque nous pesons, comparons et décidons de la valeur de telle ou telle idée, nous raisonnons ; lorsqu'une idée produit en nous une opinion ou une action, sans être soumise au préalable à la délibération, nous sommes mus par la suggestion.

On pensait autrefois que l'homme était un animal qui raisonnait et qui fondait ses actions sur les conclusions de la logique naturelle. On supposait qu'avant de se faire une opinion ou de décider d'une ligne de conduite, il pesait au moins quelques-unes des raisons pour et contre la question, et effectuait un processus de raisonnement plus ou moins simple. Mais les recherches modernes ont montré que c'est tout le contraire qui est vrai. La plupart de nos opinions et de nos actions ne sont pas fondées sur un raisonnement conscient, mais sont le résultat d'une suggestion. En fait, certaines autorités déclarent qu'un acte de raisonnement pur est très rare dans l'esprit moyen. Les décisions importantes sont prises, les actions d'une grande portée sont déterminées, principalement par la force de la suggestion.

Remarquez ce mot "principalement", car la pensée simple, et même le raisonnement mûr, suivent souvent une suggestion acceptée dans l'esprit, et le penseur suppose affectueusement que sa conclusion est, du premier au dernier, fondée sur une froide logique.

La base de la suggestion

Nous devons considérer la suggestion à la fois comme un effet et comme une cause. Considérée comme un effet, ou objectivement, il doit y avoir quelque chose dans l'auditeur qui le prédispose à recevoir une suggestion ; considérée comme une cause, ou subjectivement, il doit y avoir des méthodes par lesquelles l'orateur peut agir sur cette attitude particulièrement sensible de l'auditeur. Comment le faire honnêtement et équitablement, tel est notre problème – le faire malhonnêtement et avec ruse, utiliser la suggestion pour susciter la conviction et l'action sans une base de droit et de vérité et dans une mauvaise cause, c'est assumer la terrible responsabilité qui doit incomber au champion de l'erreur. Jésus n'a pas hésité à se servir de la suggestion pour émouvoir les hommes à leur profit, mais tout vicieux filou a adopté les mêmes moyens pour arriver à des fins viles. C'est pourquoi les hommes honnêtes examineront bien leurs motifs et la vérité de leur cause, avant de chercher à influencer les hommes par la suggestion.

Trois conditions fondamentales nous rendent tous sensibles à la suggestion :

Nous respectons naturellement l'autorité. Dans chaque esprit, ce n'est qu'une question de degré, allant du sujet facilement hypnotisable à l'esprit têtu qui se fortifie d'autant plus fortement que son opinion est attaquée. Ce dernier type est presque immunisé contre la suggestion.

L'une des particularités de la suggestion est qu'elle est rarement une quantité fixe. L'esprit qui est réceptif à l'autorité d'une certaine personne peut s'avérer inflexible pour une autre ; les humeurs et les environnements qui produisent facilement l'hypnose dans un cas peuvent être totalement inopérants dans un autre ; et certains esprits ne peuvent pratiquement jamais être ainsi déplacés. Nous savons cependant que le sentiment du sujet que l'autorité – l'influence, le pouvoir, la domination, le contrôle, quel que soit le nom qu'on veuille lui donner – réside dans la personne de celui qui suggère, est la base de toute suggestion.

La force extrême de cette influence est démontrée dans l'hypnotisme. On dit au sujet hypnotique qu'il est dans l'eau ; il accepte cette affirmation comme vraie et fait des mouvements de natation. On lui dit qu'une fanfare défile dans la rue en jouant "The Star Spangled Banner" ; il déclare qu'il entend la musique, se lève et se tient debout la tête haute.

De la même manière, certains orateurs sont capables d'obtenir un effet hypnotique modifié sur leur public. Les auditeurs applaudiront des mesures et des idées qu'ils rejetteront après une réflexion individuelle, à moins que cette réflexion n'apporte la conviction que la première impression est correcte.

Un deuxième principe important est que nos sentiments, nos pensées et nos volontés ont tendance à suivre la ligne de moindre résistance. Une fois l'esprit ouvert à l'emprise d'un sentiment, il faut une plus grande puissance de sentiment, de pensée ou de volonté – ou même les trois – pour le déloger. Nos sentiments influencent nos jugements et nos volitions bien plus que nous ne voulons l'admettre. Cela est si vrai que c'est une tâche surhumaine que d'amener un auditoire à raisonner équitablement sur un sujet qu'il ressent profondément, et lorsque ce résultat est atteint, le succès devient remarquable, comme dans le cas du discours de Henry Ward Beecher à Liverpool. Les idées émotives, une fois acceptées, sont rapidement chéries et finissent par devenir notre moi le plus profond. Les attitudes fondées sur les seuls sentiments sont des préjugés.

Ce qui est vrai de nos sentiments, à cet égard, s'applique à nos idées : Toutes les pensées qui entrent dans l'esprit ont tendance à être acceptées comme vérité, à moins qu'une pensée plus forte et contradictoire ne surgisse.

L'orateur habile à pousser les hommes à l'action parvient à dominer l'esprit de son auditoire avec ses pensées en interdisant subtilement l'entretien d'idées hostiles aux siennes. La plupart d'entre nous sont capturés par la dernière attaque forte, et si nous pouvons être amenés à agir alors que nous sommes sous le stress de cette dernière pensée insistante, nous perdons de vue les influences contraires. Le fait est que presque toutes nos décisions – si tant est qu'elles impliquent une réflexion – sont de ce type : Au moment de la décision, la ligne d'action alors envisagée accapare l'attention, et les idées contradictoires sont écartées de la réflexion.

Le directeur d'une grande maison d'édition a fait remarquer récemment que quatre-vingt-dix pour cent des personnes qui achètent des livres par abonnement ne les lisent jamais. Ils achètent parce que le vendeur présente sa marchandise avec tant d'habileté que toute considération autre que l'attrait du livre disparaît de l'esprit, et cette pensée incite à l'action. Toute idée qui entre dans l'esprit aboutira à une action, à moins qu'une pensée contradictoire ne vienne l'interdire. Pensez à chanter la gamme musicale et il en résultera que vous la chanterez à moins que la pensée contraire de sa futilité ou de son absurdité n'empêche votre action. Si vous pansez et "soignez" le pied d'un cheval, il deviendra boiteux. Vous ne pouvez pas penser à avaler, sans que les muscles utilisés dans ce processus soient affectés. Vous ne pouvez pas penser à dire "bonjour", sans un léger mouvement des muscles de la parole. Prévenir les enfants qu'ils ne doivent pas se mettre de haricots dans le nez est la méthode la plus sûre pour les inciter à le faire. Toute pensée évoquée dans l'esprit de votre auditoire jouera en votre faveur ou contre vous. Les pensées ne sont pas de la matière morte ; elles dégagent une énergie dynamique – toutes les pensées tendent à se transformer en action. "La pensée est un autre nom pour le destin". Dominez les pensées de vos auditeurs, dissipez toutes les idées contradictoires, et vous les influencerez comme vous le souhaitez.

Les volitions ainsi que les sentiments et les pensées ont tendance à suivre la ligne de moindre résistance. C'est ce qui fait l'habitude. Suggérez à un homme qu'il est impossible de changer d'avis et, dans la plupart des cas, il devient plus difficile de le faire – l'exception étant l'homme qui saute naturellement aux conclusions contraires. La contre-suggestion est le seul moyen de l'atteindre. Suggérez subtilement et avec persistance que les opinions de ceux qui, dans l'auditoire, sont opposés à vos vues sont en train de changer, et qu'il faut un effort de volonté – en fait, une convocation des forces du sentiment, de la pensée et de la volonté – pour endiguer la marée de changement qui s'est inconsciemment installée.

Mais nous ne sommes pas seulement mus par l'autorité, et nous avons tendance à nous diriger vers les voies de moindre résistance : Nous sommes tous influencés par notre environnement. Il est difficile de s'élever au-dessus de l'influence d'une foule – ses enthousiasmes et ses craintes sont contagieux parce qu'ils sont suggestifs. Ce que tant de gens ressentent, nous nous disons qu'il doit y avoir un fond de vérité. Dix fois dix font plus que cent. Demandez à dix hommes de s'adresser à dix auditoires de dix hommes chacun, et comparez la puissance globale de ces dix orateurs à celle d'un homme s'adressant à cent hommes. Les dix orateurs peuvent être logiquement plus convaincants que l'orateur unique, mais les chances sont fortement en faveur de l'effet total de l'homme unique, car les cent hommes rayonneront de conviction et de résolution comme dix petits groupes ne pourraient le faire. Nous connaissons tous le truisme sur l'enthousiasme du nombre. (Voir le chapitre "Influencer la foule").

L'environnement nous contrôle, sauf si le contraire est fortement suggéré. Une journée morose, dans une pièce terne, peu fréquentée par les auditeurs, invite au désastre de la plate-forme. Tout le monde le sent dans l'air. Mais que l'orateur s'approche carrément de la question et suggère par tous ses sentiments, ses manières et ses mots que ce sera un grand rassemblement dans tous les sens vitaux, et voyez comment le pouvoir suggestif de l'environnement s'efface devant l'avancée d'une suggestion plus puissante – si l'orateur est capable de la faire.

Ces trois facteurs – le respect de l'autorité, la tendance à suivre les lignes de moindre résistance et la susceptibilité à l'environnement – contribuent tous à mettre l'auditeur dans un état d'esprit favorable aux influences suggestives, mais ils réagissent également sur l'orateur, et nous devons maintenant considérer ces forces causales personnelles, ou subjectives, qui lui permettent d'utiliser efficacement la suggestion.

Comment l'orateur peut rendre la suggestion efficace

Nous avons vu que sous l'influence de la suggestion autoritaire, l'auditoire est enclin à accepter l'affirmation de l'orateur sans argument et sans critique. Mais l'auditoire n'est dans cet état d'esprit que s'il a une confiance implicite dans l'orateur. S'il n'a pas confiance en lui, s'il met en doute ses motivations ou ses connaissances, ou même s'il s'oppose à ses manières, il ne sera pas touché par sa conclusion la plus logique et ne lui accordera pas une oreille attentive. Tout est une question de confiance en lui. Que l'orateur la trouve déjà dans le regard chaleureux et attentif de ses auditeurs, ou qu'il doive la gagner contre l'opposition ou la froideur, il doit gagner ce grand point d'appui avant que ses suggestions ne prennent force dans le cœur de ses auditeurs. La Confiance est la mère de la Conviction.

Notez dans l'introduction du discours d'après-dîner de Henry W. Grady comment il a tenté de gagner la confiance de son auditoire. Il a créé une atmosphère réceptive par une histoire humoristique ; il a exprimé son désir de parler avec sérieux et sincérité ; il a reconnu "les vastes intérêts en jeu" ; il a déploré son "bras non éprouvé" et a professé son humilité. Une telle introduction ne vous donnerait-elle pas confiance dans l'orateur, à moins que vous ne soyez fortement opposé à lui ? Et même dans ce cas, ne désamorcerait-elle pas en partie votre antagonisme ?

M. le Président : - Interdit par votre invitation à discuter du problème racial – interdit par l'occasion de faire un discours politique – je comprends, en essayant de concilier les ordres avec la bienséance, la perplexité de la petite bonne qui, invitée à apprendre à nager, se voyait pourtant adjurer : " Maintenant, va, ma chérie ; accroche tes vêtements à une branche de caryer, et ne t'approche pas de l'eau ".

L'apôtre le plus robuste de l'Église, dit-on, est le missionnaire, et le missionnaire, où qu'il déploie son drapeau, n'aura jamais autant besoin d'onction et d'adresse que moi, qui suis invité ce soir à planter l'étendard d'un démocrate du Sud dans la salle de banquet de Boston, et à discuter du problème des races dans la maison de Phillips et de Sumner. Mais, Monsieur le Président, si l'intention de parler avec une franchise et une sincérité parfaites, si une compréhension sérieuse des vastes intérêts en jeu, si un sens consacré du désastre qui pourrait résulter d'un malentendu et d'un éloignement supplémentaires, si l'on peut compter sur ces éléments pour stabiliser un discours indiscipliné et pour renforcer un bras non éprouvé, alors, Monsieur, je trouverai le courage de continuer.

Notez également la tentative de M. Bryan de s'assurer la confiance de son auditoire dans l'introduction suivante à son discours de la " Croix d'or " prononcé devant la Convention nationale démocratique à Chicago, en 1896. Il affirme sa propre incapacité à s'opposer au "gentleman distingué" ; il maintient la sainteté de sa cause ; et il déclare qu'il parlera dans l'intérêt de l'humanité – sachant bien que l'humanité est susceptible d'avoir confiance dans le champion de ses droits. Cette introduction a complètement dominé l'auditoire, et le discours a rendu M. Bryan célèbre.

Monsieur le Président et Messieurs de la Convention : Il serait présomptueux de ma part de me présenter contre les messieurs distingués que vous avez écoutés s'il s'agissait d'une simple mesure de capacités ; mais il ne s'agit pas d'un concours de personnes. Le plus humble citoyen de tout le pays, lorsqu'il est revêtu de l'armure d'une cause juste, est plus fort que toutes les armées de l'erreur. Je viens vous parler pour défendre une cause aussi sainte que la cause de la liberté, la cause de l'humanité.

Certains orateurs sont capables de susciter la confiance par leur seule manière de faire, tandis que d'autres ne le peuvent pas.

Pour obtenir la confiance, il faut être confiant. Comment pouvez-vous espérer que les autres acceptent un message dans lequel vous manquez, ou semblez manquer, de confiance vous-même ? La confiance est aussi contagieuse que la maladie. Napoléon a réprimandé un officier qui avait utilisé le mot "impossible" en sa présence. L'orateur qui n'accepte pas l'idée de la défaite engendre chez ses auditeurs l'idée de sa victoire. Lady Macbeth était si sûre de son succès que Macbeth a changé d'avis sur l'assassinat. Christophe Colomb était si sûr de sa mission que la reine Isabelle a mis en gage ses bijoux pour financer son expédition. Affirmez votre message avec une assurance implicite, et votre propre conviction agira comme autant de poudre à canon pour le faire passer.

Les publicitaires utilisent ce principe depuis longtemps. "La machine que vous finirez par acheter", "Demandez à l'homme qui en possède une", "A la force de Gibraltar", sont des slogans publicitaires si pleins de confiance qu'ils font naître la confiance dans l'esprit du lecteur.

Il devrait – mais ne doit pas ! – aller de soi que la confiance doit reposer sur des bases solides, sous peine d'un effondrement ridicule. L'envoûteur a beau revendiquer toutes les circonscriptions, le décompte officiel est à venir. La réaction contre l'excès de confiance et la suggestion excessive devrait mettre en garde ceux dont le principal atout est le bluff.

Il y a peu de temps, un orateur s'est présenté dans un club d'art oratoire et a affirmé que l'herbe pousserait à partir de cendres de bois saupoudrées sur le sol, sans l'aide de graines. Cette idée fut accueillie par un rire, mais l'orateur était si sûr de sa position qu'il répéta son affirmation avec force plusieurs fois et cita son expérience personnelle comme preuve. L'un des hommes les plus intelligents de l'auditoire, qui avait d'abord tourné cette idée en dérision, finit par y croire. Lorsqu'on lui demanda la raison de son soudain changement d'attitude, il répondit : "Parce que l'orateur est si confiant." En fait, il était si confiant qu'il fallut une lettre du ministère de l'Agriculture des États-Unis pour le déloger de son erreur.

Si, par la confiance d'un orateur, des hommes intelligents peuvent être amenés à croire des théories aussi absurdes que celle-ci, où le pouvoir de la confiance en soi cessera-t-il lorsque des propositions plausibles seront examinées, avancées avec toute la puissance d'un discours convaincant ?

Notez l'assurance totale dans ces sélections :

Je ne sais pas ce que les autres peuvent faire, mais quant à moi, donnez-moi la liberté ou donnez-moi la mort – Patrick Henry.

Je ne vous demanderai jamais un quart, et je ne serai jamais votre esclave ; mais je nagerai la mer du massacre, jusqu'à ce que je coule sous sa vague.

Patten.

Venez, venez tous. Ce rocher s'envolera de sa base solide dès que je le pourrai.

Sir Walter Scott

INVICTUS

De la nuit qui me couvre, noire comme le gouffre d'un pôle à l'autre, je remercie les dieux, quels qu'ils soient, pour mon âme invincible.

Dans l'embrayage des circonstances, je n'ai pas grimacé ni crié à haute voix ; sous les coups de matraque du hasard, ma tête est sanglante, mais non voilée.

Au-delà de ce lieu de colère et de larmes ne subsiste que l'horreur de l'ombre,

Et pourtant la menace des années me trouve et me trouvera sans crainte.

Peu importe que la porte soit étroite, que le parchemin soit chargé de châtiments, je suis le maître de mon destin, je suis le capitaine de mon âme.

-William Ernest Henley.

L'autorité est un facteur de suggestion. Nous acceptons généralement comme vérité, et sans critique, les paroles d'une autorité. Lorsqu'il parle, des idées contradictoires surgissent rarement dans l'esprit pour inhiber l'action qu'il suggère. Un juge de la Cour suprême a le pouvoir de ses paroles multiplié par la vertu de sa position. Les idées du commissaire américain à l'immigration sur son sujet sont beaucoup plus efficaces et puissantes que celles d'un fabricant de savon, même si ce dernier est un économiste compétent.

Ce principe a également été utilisé dans la publicité. On nous dit que les médecins de deux rois ont recommandé Sanatogen. On nous informe que la plus grande banque d'Amérique, Tiffany and Co. Et les départements d'État, de la guerre et de la marine utilisent tous l'Encyclopedia Britannica. Le promoteur astucieux donne des actions de sa société à des banquiers ou des hommes d'affaires influents de la communauté afin qu'il puisse utiliser leurs exemples comme argument de vente.

Si vous souhaitez influencer votre auditoire par la suggestion, si vous voulez que vos déclarations soient acceptées sans critique ni argument, vous devez apparaître sous le jour d'une autorité – et en être une. L'ignorance et la crédulité resteront inchangées si la suggestion de l'autorité n'est pas rapidement suivie de faits. Ne prétendez pas à l'autorité si vous n'avez pas votre licence dans votre poche. Laissez la raison soutenir la position que la suggestion a prise.

La publicité vous aidera à établir votre réputation – c'est à vous de l'entretenir. Un orateur a découvert que sa réputation d'auteur de magazine était un excellent atout en tant qu'orateur. La publicité de M. Bryan, obtenue grâce à trois nominations à la présidence et à son poste de secrétaire d'État, lui permet d'exiger des sommes importantes en tant que conférencier. Mais derrière tout cela, il est un grand orateur. Les annonces dans les journaux, toutes sortes de publicités, les formalités, les introductions impressionnantes, tout cela a un effet capital sur l'attitude de l'auditoire. Mais combien tout cela est ridicule si l'on annonce qu'un pistolet jouet est un pistolet de seize pouces !

Notez comment l'autorité est utilisée dans ce qui suit pour soutenir la force de l'appel de l'orateur :

Le professeur Alfred Russell Wallace vient de fêter son 90e anniversaire. Partageant avec Charles Darwin l'honneur d'avoir découvert l'évolution, le professeur Wallace a récemment reçu de nombreuses distinctions de la part de sociétés scientifiques. Lors du dîner qui lui a été donné à Londres, son discours était en grande partie constitué de réminiscences. Il a passé en revue les progrès de la civilisation au cours du siècle dernier et a fait une série de contrastes brillants et saisissants entre l'Angleterre de 1813 et le monde de 1913. Il affirme que notre progrès n'est qu'apparent et non réel. Le professeur Wallace insiste sur le fait que les peintres, les sculpteurs, les architectes d'Athènes et de Rome étaient si supérieurs aux hommes modernes que les fragments mêmes de leurs marbres et de leurs temples font le désespoir des artistes d'aujourd'hui. Il nous dit que l'homme a amélioré son télescope et ses lunettes, mais qu'il perd la vue ; que l'homme améliore ses métiers à tisser, mais raidit ses doigts ; améliore son automobile et sa locomotive, mais perd ses jambes ; améliore ses aliments, mais perd sa digestion. Il ajoute que le trafic moderne d'esclaves blancs, les asiles d'orphelins et la vie dans les maisons de rapport des villes-usines constituent une page noire de l'histoire du vingtième siècle.

Les vues du professeur Wallace sont renforcées par le rapport de la commission du Parlement sur les causes de la détérioration de la classe ouvrière. Dans notre propre pays, le professeur Jordan nous met en garde contre la guerre, l'intempérance, le surmenage, la sous-alimentation des enfants pauvres, et perturbe notre contentement avec sa "Moisson de sang". Le professeur Jenks est plus pessimiste. Il pense que le rythme, le climat et le stress de la vie urbaine ont brisé la souche puritaine, que dans un autre siècle nos vieilles familles auront disparu et que le flot de l'immigration signifie un Niagara d'eaux boueuses qui souillent les sources pures de la vie américaine. Dans son discours à New Haven, le professeur Kellogg énumère les signes de dégénérescence de la race et nous dit que cette détérioration indique même une tendance à l'extinction de la race.

-Newell Dwight Hillis.

De toutes parts, des avertissements sont adressés au peuple américain. Nos revues médicales sont remplies de signaux de danger ; de nouveaux livres et magazines, fraîchement sortis de presse, nous disent clairement que notre peuple est en face d'une crise sociale. M. Jefferson, qui était autrefois considéré comme une bonne autorité démocratique, semble avoir une opinion différente de celle du monsieur qui s'est adressé à nous au nom de la minorité. Ceux qui sont opposés à cette proposition nous disent que l'émission de papier-monnaie est une fonction de la banque, et que le gouvernement devrait se retirer des affaires bancaires. Je suis avec Jefferson plutôt qu'avec eux, et je leur dis, comme il l'a fait, que l'émission de monnaie est une fonction du gouvernement, et que les banques devraient se retirer de l'activité gouvernementale.

-William Jennings Bryan.

L'autorité est la grande arme contre le doute, mais même sa force peut rarement l'emporter sur les préjugés et la persistance des idées fausses. Si un orateur a été capable de forger une épée qui soit à la hauteur d'une telle armure, qu'il bénisse l'humanité en partageant son secret avec ses frères de plate-forme partout dans le monde, car jusqu'à présent il est seul dans sa gloire.

Il existe un juste milieu entre la suggestion d'autorité et l'aveu de faiblesse qui offre une grande marge de manœuvre pour le tact de l'orateur. Personne ne peut vous dire quand jeter votre "chapeau dans l'arène" et dire de façon provocante au début : "Messieurs, je suis ici pour me battre !". Theodore Roosevelt peut le faire – Becher aurait été assailli par la foule s'il avait commencé dans ce style à Liverpool. C'est à votre propre tact de décider si vous utiliserez la grâce désarmante de l'introduction de Henry W. Grady que nous venons de citer (même la blague usée par le temps était ingénieuse et semblait dire : " Messieurs, je viens à vous sans pièces de monnaie soigneusement empochées "), ou si la gravité solennelle de M. Bryan devant la Convention se révélera plus efficace. Assurez-vous seulement que votre attitude initiale est bien réfléchie, et si elle change au fur et à mesure que vous abordez votre sujet, faites en sorte que ce changement ne vous expose pas à une répulsion de votre auditoire.

L'exemple est un puissant moyen de suggestion. Comme nous l'avons vu en pensant à l'environnement dans ses effets sur un public, nous faisons, sans la dose habituelle d'hésitation et de critique, ce que les autres font. Paris porte certains chapeaux et certaines robes ; le reste du monde l'imite. L'enfant imite les gestes, les accents et les intonations de ses parents. Si un enfant n'entendait jamais personne parler, il n'acquerrait jamais le pouvoir de la parole, à moins d'un entraînement très difficile, et encore, de façon imparfaite. L'un des plus grands magasins des États-Unis dépense des fortunes pour un slogan publicitaire : "Tout le monde va au grand magasin". Cela donne envie à tout le monde d'y aller.

Vous pouvez renforcer la puissance de votre message en montrant qu'il a été largement accepté. Les organisations politiques subventionnent les applaudissements pour donner l'impression que les idées de leurs orateurs sont chaleureusement reçues et approuvées par l'auditoire. Les partisans de la forme de gouvernement par commission des villes, les champions du vote des femmes, réservent leurs arguments les plus forts au fait qu'un certain nombre de villes et d'États ont déjà accepté leurs plans avec succès. La publicité utilise le témoignage pour son pouvoir de suggestion.

Observez comment ce principe a été appliqué dans les sélections suivantes, et utilisez-le à chaque occasion possible dans vos tentatives d'influence par la suggestion :

La guerre a réellement commencé. Le prochain coup de vent qui viendra du Nord fera retentir à nos oreilles le fracas des armes. Nos frères sont déjà sur le terrain. Pourquoi restez-vous ici sans rien faire ?

Patrick Henry.

Avec un zèle proche de celui qui inspirait les croisés qui suivaient Pierre l'Hermite, nos démocrates d'argent sont allés de victoire en victoire jusqu'à ce qu'ils soient maintenant réunis, non pas pour discuter, non pas pour débattre, mais pour entériner le jugement déjà rendu par les gens ordinaires de ce pays. Dans cette compétition, un frère s'est opposé à un frère, un père à un fils. Les liens les plus chaleureux d'amour, de connaissance et d'association ont été ignorés ; les anciens chefs ont été écartés lorsqu'ils ont refusé d'exprimer les sentiments de ceux qu'ils voulaient diriger, et de nouveaux chefs ont surgi pour donner une direction à cette cause de la vérité. C'est ainsi que la lutte a été menée, et nous nous sommes réunis ici en vertu d'instructions aussi contraignantes et solennelles que celles qui ont jamais été imposées aux représentants du peuple.

-William Jennings Bryan.

Le langage figuré et indirect a une force suggestive, car il ne fait pas d'affirmations qui peuvent être directement contestées. Il ne suscite aucune idée contradictoire dans l'esprit de l'auditoire, remplissant ainsi l'une des conditions fondamentales de la suggestion. En impliquant une conclusion dans le langage indirect ou figuré, on l'affirme souvent avec plus de force.

Notez que dans ce qui suit, M. Bryan n'a pas dit que M. McKinley serait battu. Il l'a laissé entendre d'une manière beaucoup plus efficace :

M. McKinley a été nommé à St. Louis sur une plate-forme qui déclarait le maintien de l'étalon-or jusqu'à ce qu'il puisse être transformé en bimétallisme par un accord international. M. McKinley était l'homme le plus populaire parmi les républicains, et il y a trois mois, tout le monde dans le parti républicain prophétisait son élection. Qu'en est-il aujourd'hui ? Eh bien, l'homme qui était autrefois heureux de penser qu'il ressemblait à Napoléon – cet homme frémit aujourd'hui quand il se rappelle qu'il a été nommé le jour de l'anniversaire de la bataille de Waterloo. Non seulement cela, mais en écoutant, il peut entendre de plus en plus distinctement le bruit des vagues qui se brisent sur les rivages solitaires de Sainte-Hélène.

Si Thomas Carlyle avait dit : "Un homme faux ne peut pas fonder une religion", ses paroles n'auraient été ni aussi suggestives, ni aussi puissantes, ni aussi longtemps retenues que ce qu'il a laissé entendre dans ces mots frappants :

Un homme faux a fondé une religion ? Un homme faux ne peut pas construire une maison en briques ! S'il ne connaît pas et ne suit pas vraiment les propriétés du mortier, de l'argile brûlée, et de tout ce qu'il travaille, ce n'est pas une maison qu'il fait, mais un tas d'ordures. Elle ne tiendra pas pendant douze siècles, pour loger cent quatre-vingts millions ; elle tombera aussitôt. L'homme doit se conformer aux lois de la Nature, être en communion véritable avec la Nature et la vérité des choses, ou la Nature lui répondra : Non, pas du tout !

Observez comment le tableau que Webster dessine ici est beaucoup plus emphatique et percutant que ne pourrait l'être une simple affirmation :

Monsieur, je ne sais pas ce que les autres peuvent ressentir, mais en ce qui me concerne, lorsque je vois mon alma mater entourée, comme César dans la salle du Sénat, par ceux qui répètent coup sur coup, je ne voudrais pas, pour cette main droite, qu'elle se tourne vers moi et me dise : "Et toi aussi, mon fils !" – Webster.

Un discours doit être construit sur des bases logiques solides, et aucun homme ne devrait oser parler au nom d'un sophisme. Cependant, l'argumentation d'un sujet éveillera nécessairement des idées contradictoires dans l'esprit de votre auditoire. Lorsqu'une action immédiate ou une persuasion est souhaitée, la suggestion est plus efficace que l'argumentation – lorsque les deux sont judicieusement mélangées, l'effet est irrésistible.

QUESTIONS ET EXERCICES

1. Faites un résumé, ou une synthèse, du contenu de ce chapitre.

2. Révisez l'introduction de n'importe lequel de vos discours écrits, en tenant compte des enseignements de ce chapitre.

3. Donnez deux exemples originaux du pouvoir de suggestion tel que vous l'avez observé dans chacun de ces domaines : (a) la publicité ; (b) la politique ; (c) le sentiment public.

4. Donnez des exemples originaux de discours suggestifs, illustrant deux des principes énoncés dans ce chapitre.

5. Quelles raisons pouvez-vous donner pour réfuter l'affirmation générale de ce chapitre ?

6. Quelles sont les raisons, non déjà évoquées, qui vous paraissent le justifier ?

7. Quel effet ses propres suggestions ont-elles sur l'orateur lui-même ?

8. Une suggestion peut-elle émaner de l'auditoire ? Si oui, montrez comment.

9. Sélectionnez deux exemples de suggestion dans les discours figurant dans l'annexe.

10. Modifiez deux passages du même discours ou d'un autre discours afin d'utiliser la suggestion de manière plus efficace.

11. Livrer ces passages dans la forme révisée.

12. En choisissant votre propre sujet, préparez et prononcez un court discours en grande partie dans le style suggestif.

Chapitre 23 : Influencer par des arguments

Le bon sens est le sens commun de l'humanité. Il est le produit de l'observation et de l'expérience communes. Il est modeste, simple et non sophistiqué. Il voit avec les yeux de tous et entend avec les oreilles de tous. Elle n'a pas de distinctions capricieuses, pas de perplexités et pas de mystères. Elle ne fait jamais d'équivoque, ni de banalités. Son langage est toujours intelligible. Il est connu par la clarté de son discours et la simplicité de ses intentions.

-George Jacob Holyoake, Public Speaking and Debate.

Le nom même de la logique est effrayant pour la plupart des jeunes orateurs, mais dès qu'ils se rendent compte que ses procédés, même les plus complexes, ne sont que des énoncés techniques de vérités imposées par le bon sens, elle perd ses terreurs. En fait, la logique[25] [1]est un sujet fascinant, qui mérite bien d'être étudié par l'orateur, car elle explique les principes qui régissent l'utilisation des arguments et des preuves.

L'argumentation est le processus qui consiste à produire une conviction par le biais du raisonnement. Il existe d'autres moyens de produire la conviction, notamment la suggestion, comme nous venons de le montrer, mais aucun moyen n'est aussi élevé, aussi digne de respect, que la présentation de raisons solides à l'appui d'une affirmation.

Puisqu'il faut considérer plus d'un aspect d'un sujet avant de pouvoir prétendre en avoir délibéré de manière équitable, nous devrions envisager l'argumentation sous deux aspects : construire un argument et démolir un argument ; c'est-à-dire que vous devez non seulement examiner la stabilité de votre structure d'argumentation afin qu'elle puisse à la fois soutenir la proposition que vous avez l'intention d'étudier et être si solide qu'elle ne puisse pas être renversée par vos adversaires, mais vous devez aussi être si attentif à détecter les défauts de l'argumentation que vous serez capable de démolir les arguments les plus faibles de ceux qui argumentent contre vous.

Nous ne pouvons considérer l'argumentation que de manière générale, laissant les discussions minutieuses et techniques à d'excellents ouvrages tels que "The Principles of Argumentation" de George P. Baker et "Public

---

1.　　https://www.gutenberg.org/cache/epub/16317/pg16317-images.html#Footnote_25_26

Speaking and Debate" de George Jacob Holyoake. N'importe quelle bonne rhétorique universitaire peut également aider sur ce sujet, en particulier les ouvrages de John Franklin Genung et Adams Sherman Hill. L'étudiant est invité à se familiariser avec au moins un de ces textes.

La série de questions qui suit servira, nous l'espérons, un triple objectif : celui de suggérer les formes de preuve ainsi que les manières de les utiliser ; celui d'aider l'orateur à tester la force de ses arguments ; et celui de permettre à l'orateur d'attaquer les arguments de son adversaire avec autant d'acuité que de justice.

TEST D'UNE ARGUMENT TEST

I. La question à l'étude

1. Est-elle clairement énoncée ?

(a) Les termes de l'énoncé ont-ils la même signification pour chaque partie en cause (par exemple, la signification du terme "monsieur" peut ne pas faire l'objet d'un accord mutuel).

(b) Y a-t-il risque de confusion quant à son objet ?

2. Est-il énoncé de manière équitable ?

(a) Comprend-elle suffisamment d'éléments ?

(b) En inclut-elle trop ?

(c) Est-elle énoncée de manière à contenir un piège ?

3. La question est-elle discutable ?

4. Quel est le point central de l'ensemble de la question ?

5. Quels sont les points subordonnés ?

II. Les preuves

1. Les témoins quant aux faits

(a) Chaque témoin est-il impartial ? Quelle est sa relation avec le sujet en question ?

(b) Est-il mentalement compétent ?

(c) Est-il moralement crédible ?

(d) Est-il en mesure de connaître les faits ? Est-il un témoin oculaire ?

(e) Est-il un témoin volontaire ?

(f) Son témoignage est-il contredit ?

(g) Son témoignage est-il corroboré ?

(h) Son témoignage est-il contraire à des faits connus ou à des principes généraux ?

(i) Est-il probable ?

2. Les autorités citées comme preuve

(a) L'autorité est-elle bien reconnue comme telle ?

(b) Qu'est-ce qui fait de lui une autorité ?

(c) Son intérêt pour l'affaire est-il impartial ?

(d) Exprime-t-elle son opinion de manière positive et claire ?

(e) Les autorités non personnelles citées (livres, etc.) sont-elles fiables et impartiales ?

3. Les faits invoqués comme preuves

(a) Sont-ils en nombre suffisant pour constituer une preuve ?

(b) Ont-ils un caractère suffisamment lourd ?

(c) Sont-ils en harmonie avec la raison ?

(d) Sont-ils mutuellement harmonieux ou contradictoires ?

(e) Sont-ils admis, mis en doute ou contestés ?

4. Les principes invoqués comme preuve

(a) Sont-ils axiomatiques ?

(b) Sont-ils des vérités d'expérience générale ?

(c) S'agit-il de vérités d'expérience particulière ?

(d) S'agit-il de vérités obtenues par l'expérience ?

Ces expériences étaient-elles spéciales ou générales ?

Les expériences ont-elles fait autorité et ont-elles été concluantes ?

III. Le raisonnement

1. Inductions

(a) Les faits sont-ils assez nombreux pour justifier l'acceptation de la généralisation

comme étant concluante ?

(b) Les faits ne concordent-ils que lorsqu'ils sont considérés à la lumière de cette explication comme une conclusion ?

(c) Avez-vous négligé des faits contradictoires ?

(d) Les faits contradictoires sont-ils suffisamment expliqués lorsque cette déduction est acceptée comme vraie ?

(e) Toutes les positions contraires sont-elles démontrées comme étant relativement indéfendables ?

(f) Avez-vous accepté de simples opinions comme des faits ?

2. Déductions

(a) La loi ou le principe général est-il bien établi ?

(b) La loi ou le principe inclut-il clairement le fait que vous voulez en déduire, ou avez-vous forcé la déduction ?

(c) L'importance de la loi ou du principe justifie-t-elle une déduction aussi importante ?

(d) Peut-on démontrer que la déduction est trop importante ?

3.Cas parallèles

(a) Les cas sont-ils parallèles en suffisamment de points pour justifier une déduction de cause ou d'effet similaire ?

(b) Les cas sont-ils parallèles sur le point essentiel en cause ?

(c) Le parallélisme a-t-il été poussé à l'extrême ?

(d) N'y a-t-il pas d'autres parallèles qui permettraient de tirer une conclusion contraire plus forte ?

4. Déductions

(a) Les conditions antécédentes sont-elles de nature à rendre l'allégation probable ? (Caractère et possibilités de l'accusé, par exemple).

(b) Les indices qui mènent à la déduction sont-ils suffisamment clairs ou nombreux pour justifier son acceptation comme un fait ?

(c) Les indices sont-ils cumulatifs et concordants ?

(d) Peut-on faire en sorte que les signes mènent à une conclusion contraire ?

5. Syllogismes

(a) Y a-t-il des étapes omises dans les syllogismes ?

(Comme dans un syllogisme en enthymème.) Si oui, testez-les en remplissant les syllogismes.

(b) Avez-vous été coupable d'énoncer une conclusion qui

ne suit pas vraiment ? (Un non sequitur.)

(c) Votre syllogisme peut-il être réduit à une absurdité ?

(Reductio ad absurdum.)

QUESTIONS ET EXERCICES

1. Montrez pourquoi une affirmation non étayée n'est pas un argument.

2. Illustrez comment un fait non pertinent peut être amené à sembler soutenir un argument.

3. Quelles déductions peut-on faire à juste titre de ce qui suit ?

Pendant la guerre des Boers, on a constaté que l'Anglais moyen n'était pas à la hauteur des normes de recrutement et que le soldat moyen sur le terrain manifestait un faible niveau de vitalité et d'endurance. Le Parlement, alarmé par les conséquences désastreuses, a institué une enquête. La commission nommée a conclu que l'empoisonnement alcoolique était la cause principale de la dégénérescence nationale. Les enquêtes de la commission ont été complétées par celles d'organismes scientifiques et de scientifiques individuels, qui sont tous arrivés à la même conclusion. En conséquence, le gouvernement britannique a placardé les rues d'une centaine de villes de panneaux publicitaires exposant la nature destructrice et dégénérative de l'alcool et appelant le peuple, au nom de la nation, à renoncer à la consommation de boissons alcoolisées. Grâce aux efforts dirigés par le gouvernement, l'armée britannique est en train de devenir une armée d'abstinents totaux.

Les gouvernements d'Europe continentale ont suivi l'exemple du gouvernement britannique. Le gouvernement français a placardé la France d'appels au peuple, attribuant la baisse du taux de natalité et l'augmentation du taux de mortalité à l'usage répandu des boissons alcoolisées. L'expérience du gouvernement allemand a été la même. L'empereur allemand a clairement déclaré que le leadership en temps de guerre et en temps de paix serait détenu par la nation qui éliminerait l'alcool. Il a entrepris d'éliminer, dans la mesure du possible, même la consommation de bière dans l'armée et la marine allemandes - Richmond Pearson Hobson, devant le Congrès américain.

4. Puisque la charge de la preuve incombe à celui qui attaque une position ou qui plaide pour un changement de situation, comment son adversaire serait-il susceptible de mener sa propre partie du débat ?

5. Définissez (a) le syllogisme ; (b) la réfutation ; (c) le fait de " poser la question " ; (d) la prémisse ; (e) la réplique ; (f) la sur-réplique ; (g) le dilemme ; (h) l'induction ; (i) la déduction ; (j) l'a priori ; (k) l'a posteriori ; (l) l'inférence.

6. Critiquez ce raisonnement :

Les hommes ne devraient pas fumer de tabac, car cela est contraire à la meilleure opinion médicale. Mon médecin a expressément condamné cette pratique, et il est une autorité médicale dans ce pays.

7. Critiquez ce raisonnement :

Les hommes ne doivent pas jurer profanement, parce que c'est mal. C'est mal parce que c'est contraire à la loi morale, et c'est contraire à la loi morale parce que c'est contraire aux Écritures. C'est contraire aux Écritures parce que c'est contraire à la volonté de Dieu, et nous savons que c'est contraire à la volonté de Dieu parce que c'est mal.

8. Critiquez ce syllogisme :

PREMISE MAJEURE : Tous les hommes qui n'ont pas de soucis sont heureux.

PREMISE MINEURE : Les hommes négligents sont insouciants.

CONCLUSION : Par conséquent, les hommes négligents sont heureux.

9. Critiquez les prémisses majeures, ou fondatrices, suivantes :

Tout n'est pas que de l'or qui brille.

Tout le froid peut être expulsé par le feu.

10. Critiquez le sophisme suivant (non sequitur) :

PREMISE MAJEURE : Tous les hommes forts admirent la force.

PREMISE MINOR : Cet homme n'est pas fort.

CONCLUSION : Cet homme n'admire donc pas la force.

11. Critiquez ces déclarations :

Le sommeil est bénéfique en raison de ses qualités soporifiques.

Les histoires de Fiske sont authentiques parce qu'elles contiennent des comptes rendus précis de l'histoire américaine, et nous savons qu'il s'agit de comptes rendus véridiques car, sinon, ils ne seraient pas contenus dans ces ouvrages authentiques.

12. Que comprenez-vous des expressions "raisonnement de l'effet à la cause" et "de la cause à l'effet" ? Donnez des exemples.

13. Quel principe Richmond Pearson Hobson a-t-il utilisé dans ce qui suit ?

Qu'est-ce que le pouvoir de police des États ? Le pouvoir de police du gouvernement fédéral ou de l'État - tout État souverain - a été défini. Prenons la définition donnée par Blackstone, qui est la suivante :

La réglementation et l'ordre domestique du Royaume, par lesquels les habitants d'un État, comme les membres d'une famille bien gouvernée, sont tenus de conformer leur comportement général aux règles de la bienséance, du voisinage et des bonnes manières, et d'être décents, industrieux et inoffensifs dans leurs postes respectifs.

Cet amendement interférerait-il avec tout État poursuivant la promotion de son ordre interne ?

Ou vous pouvez prendre la définition sous une autre forme, dans laquelle elle est donnée par M. Tiedeman, quand il dit :

L'objet du gouvernement est d'imposer aux actions humaines le degré de restriction nécessaire à une jouissance uniforme et raisonnable des droits privés. Le pouvoir du gouvernement d'imposer cette restriction s'appelle le pouvoir de police.

Le juge Cooley dit à propos du trafic d'alcool :

La fabrication et la vente de boissons alcoolisées sont des activités qui affectent les intérêts publics de nombreuses manières et entraînent de nombreux désordres. Il a tendance à accroître le paupérisme et le crime. Il rend indispensable un grand nombre d'agents de la paix et augmente les dépenses des tribunaux et de presque toutes les branches de l'administration civile.

Le juge Bradley, de la Cour suprême des États-Unis, dit :

Des licences peuvent être exigées à juste titre pour l'exercice de nombreuses professions et activités qui requièrent une compétence et une formation particulières ou une surveillance pour le bien-être public. La profession ou l'activité est ouverte à tous ceux qui se préparent avec les qualifications requises ou qui donnent la garantie requise pour préserver l'ordre public. Ceci est en harmonie avec la proposition générale selon laquelle les activités ordinaires de la vie, qui constituent le plus grand pourcentage des activités industrielles, sont et devraient être libres et ouvertes à tous, sous réserve seulement des règlements généraux, s'appliquant également à tous, que l'intérêt général peut exiger.

Toutes ces réglementations sont entièrement du ressort de la législature et ne constituent en aucun cas une restriction de l'égalité des droits des citoyens. Mais une licence pour faire ce qui est odieux et contre le droit commun est nécessairement un outrage à l'égalité des droits des citoyens.

14. Quelle méthode Jésus a-t-il employée dans les cas suivants :

Vous êtes le sel de la terre ; mais si le sel a perdu sa saveur, avec quoi le salera-t-on ? Il n'est plus bon à rien qu'à être jeté dehors, et à être foulé aux pieds par les hommes.

Voyez les oiseaux du ciel : ils ne sèment pas, ils ne moissonnent pas, ils n'amassent pas dans des greniers ; mais votre Père céleste les nourrit. Ne valez-vous pas beaucoup mieux qu'eux ?

Et pourquoi vous préoccupez-vous du vêtement ? Considérez les lis des champs, comme ils croissent ; ils ne travaillent pas, ils ne filent pas ; et cependant je vous dis que Salomon même, dans toute sa gloire, n'était pas vêtu comme l'un d'eux. C'est pourquoi, si Dieu habille ainsi l'herbe des champs, qui est aujourd'hui et qui demain sera jetée au four, ne vous habillera-t-il pas à plus forte raison, ô hommes de peu de foi ?

Quel est parmi vous l'homme qui, si son fils demande du pain, lui donnera une pierre ? Ou s'il demande un poisson, lui donnera-t-il un serpent ? Si donc, méchants comme vous l'êtes, vous savez donner de bonnes choses à vos enfants, à combien plus forte raison votre Père qui est dans les cieux donnera-t-il de bonnes choses à ceux qui les lui demandent.

15. Faites cinq syllogismes originaux sur les modèles suivants :

Prémisse majeure : Celui qui administre de l'arsenic donne du poison. Prémisse mineure : Le prisonnier a administré de l'arsenic à la victime. Conclusion : Le prisonnier est donc un empoisonneur.

Prémisse majeure : Tous les chiens sont des quadrupèdes. Prémisse mineure : Cet animal est un bipède. Conclusion : Cet animal n'est donc pas un chien.

16. Préparez le côté positif ou négatif de la question suivante pour le débat : La révocation des juges devrait être adoptée comme un principe national.

17. Cette question est-elle discutable ? Benedict Arnold était un gentleman. Donnez les raisons de votre réponse.

18. Critiquez une dispute de rue ou de table que vous avez entendue récemment.

19. Testez le raisonnement de l'un des discours prononcés dans ce volume.

20. Faites un court discours en faveur de l'enseignement de l'art oratoire dans les écoles publiques du soir.

21. (a) Découpez un éditorial de journal dans lequel le raisonnement est faible. (b) Critiquez-le. (c) Corrigez-le.

22. Faites une liste de trois sujets de débat, choisis dans les magazines mensuels.

23. Faites de même avec les journaux.

24. En choisissant votre question et votre camp, préparez un dossier adapté à un débat de dix minutes. Les modèles de mémoires suivants peuvent vous aider

DEBAT

Résolu : Que l'intervention armée n'est pas justifiable de la part d'une nation quelconque pour recouvrer, au nom de particuliers, des créances financières contre toute nation américaine.

Mémoire de l'argumentation affirmative

Premier intervenant-Chafee

L'intervention armée pour le recouvrement de créances privées auprès de toute nation américaine

n'est pas justifiable, car

1. Elle est mauvaise en principe, car

(a) Elle viole les principes fondamentaux du droit international pour une cause très légère.

(b) Elle est contraire à la fonction propre de l'État, et

(c) Elle est contraire à la justice, car les revendications sont exagérées.

Deuxième intervenant - Hurley

2. Elle est désastreuse dans ses résultats, parce que

(a) elle fait courir le risque de graves complications internationales

(b) Elle tend à augmenter le poids de la dette des républiques sud-américaines. Républiques sud-américaines

(c) elle encourage le gaspillage des capitaux mondiaux, et

(d) Elle perturbe la paix et la stabilité en Amérique du Sud.

Troisième intervenant-Bruce

3. Il est inutile de collecter de cette manière, car

(a) Les méthodes pacifiques ont réussi

(b) En cas d'échec, les réclamations devraient être réglées par le Tribunal de La Haye.

(c) La faute a toujours incombé aux États européens lorsqu'il a été fait usage de la force, et

(d) En tout cas, la force ne devrait pas être utilisée, car elle va à l'encontre du mouvement vers la paix.

Résumé de l'argumentation négative

Premier intervenant-Branche

L'intervention armée pour le recouvrement de créances financières privées contre

certains États américains est justifiable, car

1. Lorsque les autres moyens de recouvrement ont échoué, une intervention armée

contre toute nation est essentiellement appropriée, car

(a) La justice doit toujours être assurée

(b) La non-exécution du paiement favorise la malhonnêteté.

(c) L'intervention à cette fin est sanctionnée par la meilleure

autorité internationale.

(d) le risque de recouvrement indu est faible et peut être entièrement évité en soumettant

les demandes au Tribunal de La Haye avant d'intervenir.

Deuxième orateur - Stone

2. L'intervention armée est nécessaire pour assurer la justice en Amérique tropicale, pour les raisons suivantes, car

(a) Les gouvernements de cette section répudient constamment les dettes justes

(b) ils insistent pour que la décision finale concernant les créances revienne à leurs propres tribunaux corrompus

(c) Ils refusent parfois d'arbitrer.

Troisième intervenant - Dennett

3. L'intervention armée est bénéfique dans ses résultats, car

(a) Elle inspire la responsabilité

(b) En administrant les douanes, elle supprime la tentation des révolutions.

(c) Elle donne confiance aux capitaux souhaitables.

Entre autres, les livres suivants ont été utilisés dans la préparation des arguments :

N. "La Doctrine Monroe", par T.B. Edgington. Chapitres 22-28.

"Digest of International Law", par J.B. Moore. Rapport de Penfield sur les procédures devant le Tribunal de La Haye en 1903.

"Statesman's Year Book" (pour les statistiques).

A. Appel du ministre Drago aux États-Unis, dans Foreign Relations of United States, 1903.

Relations extérieures des Etats-Unis, 1903.

Message du président Roosevelt, 1905, pp. 33-37.

Et des articles dans les magazines suivants (parmi beaucoup d'autres) :

"Journal of Political Economy", décembre 1906.

"Atlantic Monthly, octobre 1906.

"North American Review", Vol. 183, p. 602.

Tous ces documents contiennent des informations utiles pour les deux parties, à l'exception de ceux marqués "N" et "A", qui ne sont utiles que pour la partie négative et la partie positive, respectivement.

Note: -La pratique du débat est très utile à l'orateur public, mais si possible, chaque débat devrait être supervisé par une personne dont la parole sera respectée, afin que les débatteurs puissent faire preuve de courtoisie, de précision, de raisonnement efficace et de la nécessité d'une préparation minutieuse. L'annexe contient une liste de questions à débattre.

25. Les points suivants sont-ils bien pris en compte ?

L'impôt sur les successions n'est pas une bonne mesure de réforme sociale

A. Il ne s'attaque pas à la racine du mal

1. Les fortunes ne sont pas une menace en soi Une fortune de 500 000 $ peut être un plus grand mal social qu'une fortune de 500 000 000 $.

2. Le danger de la richesse dépend de sa mauvaise accumulation et de son utilisation.

3. L'impôt sur les successions n'empêchera pas les ristournes, le monopole,

la discrimination, la corruption, etc.

4. 4. Les lois visant l'accumulation et l'utilisation injustes des richesses constituent le véritable

véritable remède.

B. Elle serait éludée

1. Les taux bas sont éludés

2. Le taux doit être élevé pour entraîner la distribution de grandes fortunes.

26. Exercices en classe : Procès fictif pour (a) un délit politique grave ; (b) un délit burlesque.

Chapitre 24 : Influencer par la persuasion

Elle a un art prospère Quand elle joue avec la raison et le discours, Et elle sait bien persuader.

-Shakespeare, Mesure pour mesure.

C'est lui que nous appelons un artiste qui jouera sur une assemblée d'hommes comme un maître sur les touches d'un piano, qui, voyant le peuple furieux, l'adoucira et le composera, l'entraînera, quand il le voudra, au rire et aux larmes. Mettez-le en présence de son public, et, qu'il soit grossier ou raffiné, content ou mécontent, boudeur ou sauvage, qu'il ait ses opinions sous la garde d'un confesseur ou dans le coffre de sa banque, il le fera plaire et l'amusera comme il voudra, et il exécutera ce qu'il lui ordonnera.

-Ralph Waldo Emerson, Essai sur l'éloquence.

Plus de bien et plus de mal ont été faits par la persuasion que par toute autre forme de discours. Il s'agit d'une tentative d'influence par le biais d'un appel à un intérêt particulier que l'auditeur juge important. Ses motifs peuvent être élevés ou bas, justes ou injustes, honnêtes ou malhonnêtes, calmes ou passionnés, et son champ d'application est donc sans égal dans l'art oratoire.

Cette "instillation de la conviction", pour reprendre l'expression de Matthew Arnold, est naturellement un processus complexe en ce sens qu'il comprend généralement une argumentation et fait souvent appel à la suggestion, comme l'illustrera le chapitre suivant. En fait, il n'y a guère de discours public digne de ce nom qui ne soit pas en partie persuasif, car les hommes parlent rarement dans le seul but de modifier l'opinion des hommes - le but ultérieur est presque toujours l'action.

La nature de la persuasion n'est pas uniquement intellectuelle, mais largement émotionnelle. Elle utilise tous les principes de l'art oratoire et toutes les "formes de discours", pour reprendre l'expression d'un rhéteur, mais l'argumentation complétée par un appel particulier est sa qualité particulière. Pour s'en convaincre, il suffit d'examiner.

Les méthodes de persuasion

Les orateurs de haut niveau cherchent souvent à inciter leurs auditeurs à agir en faisant appel à leurs motifs les plus élevés, comme l'amour de la liberté.

Le sénateur Hoar, en plaidant pour une action sur la question philippine, a utilisé cette méthode :

Quel a été l'esprit d'État pratique qui découle de vos idéaux et de vos sentiments ? Vous avez gaspillé près de six cents millions de dollars de trésor. Vous avez sacrifié près de dix mille vies américaines, la fleur de notre jeunesse. Vous avez dévasté des provinces. Vous avez tué des milliers de personnes parmi celles que vous voulez aider. Vous avez établi des camps de reconcentration. Vos généraux rentrent de leur moisson en apportant des gerbes avec eux, sous la forme de milliers d'autres malades, de blessés et d'aliénés qui traînent des vies misérables, anéantis dans leur corps et leur esprit. Vous faites du drapeau américain, aux yeux d'un peuple nombreux, l'emblème du sacrilège dans les églises chrétiennes, de l'incendie des habitations humaines et de l'horreur de la torture par l'eau. Votre esprit d'État pratique, qui dédaigne de prendre pour modèles George Washington et Abraham Lincoln ou les soldats de la Révolution ou de la guerre civile, a regardé dans certains cas l'Espagne comme exemple. Je crois - non, je sais - qu'en général, nos officiers et nos soldats sont humains. Mais dans certains cas, ils ont mené votre guerre avec un mélange d'ingéniosité américaine et de cruauté castillane.

Votre esprit pratique d'homme d'État a réussi à convertir un peuple qui, il y a trois ans, était prêt à embrasser l'ourlet du vêtement de l'Américain et à l'accueillir comme un libérateur, qui se pressait après vos hommes, lorsqu'ils débarquaient sur ces îles, avec bénédiction et gratitude, en ennemis maussades et irréconciliables, possédés d'une haine que les siècles ne peuvent éradiquer.

Monsieur le Président, c'est la loi éternelle de la nature humaine. Vous pouvez lutter contre elle, vous pouvez essayer d'y échapper, vous pouvez vous persuader que vos intentions sont bienveillantes, que votre joug sera facile et votre fardeau léger, mais elle s'affirmera de nouveau. Un gouvernement sans le consentement des gouvernés - une autorité que le ciel n'a jamais donnée - ne peut être soutenu que par des moyens que le ciel ne pourra jamais sanctionner.

Le peuple américain doit répondre à cette seule question. Ils peuvent y répondre maintenant ; ils peuvent prendre dix ans, ou vingt ans, ou une génération, ou un siècle pour y réfléchir. Mais ils ne le feront pas. Ils doivent y répondre à la fin : Pouvez-vous légalement acheter avec de l'argent, ou obtenir par la force brutale des armes, le droit de soumettre un peuple qui ne le veut pas, et de lui imposer la constitution que vous, et non lui, jugez la meilleure pour lui ?

Le sénateur Hoar a ensuite fait un autre type d'appel - l'appel aux faits et à l'expérience :

Nous avons répondu à cette question un bon nombre de fois dans le passé. Les pères y ont répondu en 1776, et ont fondé la République sur leur réponse, qui en a été la pierre angulaire. John Quincy Adams et James Monroe y ont répondu à nouveau dans la Doctrine Monroe, dont John Quincy Adams a déclaré qu'elle n'était que la doctrine du consentement des gouvernés. Le parti républicain y répondit lorsqu'il prit possession de la force du gouvernement au début de la période la plus brillante de toute l'histoire législative. Abraham Lincoln y a répondu lorsque, lors de ce voyage fatal vers Washington en 1861, il a annoncé que c'était la doctrine de son credo politique, et a déclaré, avec une vision prophétique, qu'il était prêt à être assassiné pour cela si nécessaire. Vous y avez encore répondu vous-mêmes quand vous avez dit que Cuba, qui n'avait pas plus de titre que le peuple des îles Philippines à son indépendance, devait de droit être libre et indépendante.

George F. Hoar.

L'appel aux choses auxquelles l'homme tient est une autre forme puissante de persuasion.

Joseph Story, dans son grand discours de Salem (1828), a utilisé cette méthode de la manière la plus spectaculaire :

Je vous appelle, pères, par les ombres de vos ancêtres, par les cendres chères qui reposent sur ce sol précieux, par tout ce que vous êtes et tout ce que vous espérez être, à résister à tout objet de désunion, à tout empiètement sur vos libertés, à toute tentative d'entraver vos consciences, d'étouffer vos écoles publiques ou d'éteindre votre système d'instruction publique.

J'en appelle à vous, mères, par ce qui ne manque jamais à la femme, l'amour de votre progéniture ; enseignez-leur, alors qu'ils montent sur vos genoux ou s'appuient sur vos poitrines, les bienfaits de la liberté. Jurez-leur à l'autel, comme par les vœux de leur baptême, d'être fidèles à leur pays, de ne jamais l'oublier ni l'abandonner.

Je vous invite, jeunes gens, à vous rappeler de qui vous êtes les fils, de qui vous possédez l'héritage. La vie n'est jamais trop courte, qui n'apporte que disgrâce et oppression. La mort ne vient jamais trop tôt, si elle est nécessaire pour défendre les libertés de votre pays.

J'en appelle à vous, vieillards, pour vos conseils, vos prières et vos bénédictions. Que vos cheveux gris ne descendent pas avec tristesse dans la tombe, avec le souvenir que vous avez vécu en vain. Que votre dernier soleil ne coule pas à l'ouest sur une nation d'esclaves.

Non ; je lis dans les destinées de mon pays des espoirs bien meilleurs, des visions bien plus brillantes. Nous, qui sommes maintenant réunis ici, devrons bientôt être rassemblés dans l'assemblée d'autres jours. Le temps de notre départ est proche, pour faire place à nos enfants sur le théâtre de la vie. Que Dieu les accompagne, eux et les leurs. Que celui qui, à un siècle de distance, se tiendra ici pour célébrer ce jour, puisse encore regarder autour de lui un peuple libre, heureux et vertueux. Qu'il ait des raisons d'exulter comme nous le faisons. Qu'il s'exclame, avec tout l'enthousiasme de la vérité et de la poésie, que son pays est toujours là...

-Joseph Story.

L'appel aux préjugés est efficace, bien qu'il ne soit pas souvent, voire jamais, justifié ; pourtant, tant que les plaidoyers spéciaux perdureront, on aura recours à ce type de persuasion. Rudyard Kipling utilise cette méthode - comme beaucoup d'autres des deux côtés - pour parler de la Grande Guerre européenne. Mêlé à l'appel aux préjugés, M. Kipling utilise l'appel à l'intérêt personnel ; bien qu'il ne soit pas le plus élevé, c'est un motif puissant dans toutes nos vies. Remarquez comment, à la fin, le plaideur s'élance sur le terrain le plus élevé qu'il puisse prendre. C'est un exemple remarquable d'appel progressif, commençant par un motif bas et finissant par un motif élevé de manière à porter toute la force du préjugé et à gagner toute la valeur de la ferveur patriotique.

Sans aucune faute ni volonté de notre part, nous sommes en guerre avec l'Allemagne, la puissance qui doit son existence à trois guerres bien pensées ; la puissance qui, depuis vingt ans, s'est consacrée à l'organisation et à la préparation de cette guerre ; la puissance qui lutte maintenant pour conquérir le monde civilisé.

Au cours des deux dernières générations, on a soigneusement enseigné aux Allemands, dans leurs livres, leurs conférences, leurs discours et leurs écoles, que rien de moins que cette conquête du monde était l'objet de leurs préparatifs et de leurs sacrifices. Ils se sont préparés avec soin et ont fait de grands sacrifices.

Nous avons besoin d'hommes, d'hommes et d'hommes, si nous voulons, avec nos alliés, arrêter la ruée de la barbarie organisée.

Ne vous faites pas d'illusions. Nous avons affaire à un ennemi puissant et magnifiquement équipé, dont le but avoué est notre destruction complète. La violation de la Belgique, l'attaque de la France et la défense contre la Russie, ne sont que des étapes sur le chemin. Le véritable objectif de l'Allemagne, comme elle nous l'a toujours dit, est l'Angleterre, sa richesse, son commerce et ses possessions mondiales.

Si vous supposez, pour un instant, que l'attaque réussira, l'Angleterre ne sera pas réduite, comme certains le disent, au rang de puissance de second rang, mais nous cesserons d'exister en tant que nation. Nous deviendrons une province périphérique de l'Allemagne, à administrer avec la sévérité que la sécurité et l'intérêt allemands exigent.

Nous sommes contre un tel destin. Nous entrons dans une nouvelle vie où tous les faits de guerre que nous avions mis de côté ou oubliés depuis cent ans, sont revenus sur le devant de la scène et nous mettent à l'épreuve comme ils ont mis à l'épreuve nos pères. La route sera longue et difficile, semée de difficultés et de découragements, mais nous la parcourons ensemble et nous la parcourrons ensemble jusqu'au bout.

Nos divisions et barrières sociales mesquines ont été balayées dès le début de notre puissante lutte. Tous les intérêts de notre vie d'il y a six semaines sont morts. Nous n'avons qu'un seul intérêt maintenant, et il touche le cœur nu de chaque homme dans cette île et dans l'empire.

Si nous voulons gagner le droit pour nous-mêmes et pour la liberté d'exister sur terre, chaque homme doit s'offrir pour ce service et ce sacrifice.

Ces exemples montrent que la manière particulière dont les orateurs ont séduit leurs auditeurs était de se rapprocher de leurs intérêts et de faire preuve d'émotion - deux principes très importants que vous devez garder constamment à l'esprit.

Pour y parvenir, il faut une connaissance approfondie des motivations humaines en général et une compréhension du public auquel on s'adresse. Quels sont les motifs qui poussent les hommes à agir ? Pensez-y sérieusement, inscrivez-les sur les tablettes de votre esprit, étudiez comment y faire appel dignement. Ensuite, quels motifs seraient susceptibles de plaire à vos auditeurs ? Quels sont leurs idéaux et leurs intérêts dans la vie ? Une erreur dans votre estimation peut vous coûter votre cause. Faire appel à l'orgueil de l'apparence ferait simplement rire un groupe d'hommes - essayer de susciter la sympathie pour les Juifs de Palestine serait un effort gaspillé chez d'autres. Étudiez votre auditoire, tâtez le terrain, et lorsque vous avez fait jaillir une étincelle, faites-en une flamme avec toutes les ressources honnêtes que vous possédez.

Plus votre public est large, plus vous êtes sûr de trouver une base universelle d'attrait. Un petit public de célibataires ne s'enthousiasmera pas pour l'importance de l'assurance des meubles ; la plupart des hommes peuvent être amenés à défendre la liberté de la presse.

Les publicités de médicaments brevetés commencent généralement par parler de vos douleurs - elles commencent par vos intérêts. S'ils commençaient par parler de la taille et de la cote de leur établissement, ou de l'efficacité de leur remède, vous ne liriez jamais l'"annonce". S'ils arrivent à vous faire croire que vous avez des problèmes nerveux, vous plaiderez même pour un remède - ils n'auront pas à essayer de le vendre.

Les fabricants de médicaments brevetés vous supplient d'investir votre argent dans leurs produits, mais ils ne semblent pas le faire. Ils se rendent de votre côté de la barrière et suscitent un désir pour leurs remèdes en faisant appel à vos propres intérêts.

Récemment, un vendeur de livres est entré dans le bureau d'un avocat à New York et a demandé : "Voulez-vous acheter un livre ?" Si l'avocat avait voulu un livre, il l'aurait probablement acheté sans attendre l'appel d'un vendeur de livres. L'avocat a fait la même erreur que le représentant qui a fait son approche avec : "Je veux vous vendre une machine à coudre." Tous deux n'ont parlé qu'en fonction de leurs propres intérêts.

Le bon plaideur doit convertir ses arguments en termes avantageux pour ses auditeurs. Les hommes sont toujours égoïstes, ils s'intéressent à ce qui les sert. Expurgez de votre discours vos préoccupations personnelles et présentez votre appel en termes d'intérêt général, et pour ce faire, vous n'avez pas besoin d'être insincère, car vous feriez mieux de ne pas plaider une cause qui ne soit pas pour le bien de vos auditeurs. Remarquez comment le sénateur Thurston, dans son plaidoyer pour une intervention à Cuba, et M. Bryan, dans son discours de la "Croix d'or", se sont constitués les apôtres de l'humanité.

L'exhortation est une forme d'appel très passionné fréquemment utilisée par la chaire pour éveiller les hommes au sens du devoir et les inciter à décider de leurs orientations personnelles, et par les avocats pour tenter d'influencer un jury. Les grands prédicateurs, comme les grands juristes, ont toujours été des maîtres de la persuasion.

Remarquez la différence entre ces quatre exhortations, et analysez les motifs auxquels il est fait appel :

La vengeance ! Sur ! Cherche ! Brûler ! Feu ! Tuer ! Tuez ! Ne laissez pas vivre un traître !-Shakespeare, Jules César.

Frappez jusqu'à ce que le dernier ennemi armé expire, Frappez pour vos autels et vos feux, Frappez pour les tombes vertes de vos sires, Dieu et votre terre natale !

-Fitz-Greene Halleck, Marco Bozzaris.

Croyez, messieurs, que si ce n'était pour ces enfants, il ne viendrait pas ici aujourd'hui pour demander une telle rémunération ; si ce n'était que, par votre verdict, vous pouvez empêcher ces petits malheureux innocents et escroqués de devenir des mendiants errants, ainsi que des orphelins sur la face de cette terre. Oh, je sais que je n'ai pas besoin de demander ce verdict à votre miséricorde ; je n'ai pas besoin de l'extorquer à votre compassion ; je le recevrai de votre justice. Je vous conjure, non pas comme pères, mais comme maris ; non pas comme maris, mais comme citoyens ; non pas comme citoyens, mais comme hommes ; non pas comme hommes, mais comme chrétiens ; par toutes vos obligations, publiques, privées, morales et religieuses ; par le foyer profané ; par la maison désolée ; par les canons du Dieu vivant foulés aux pieds ; sauvez, oh ! sauvez vos foyers de la contagion, votre pays du crime, et peut-être des milliers de personnes, encore à naître, de la honte, du péché et de la douleur de cet exemple !

-Charles Phillips, appel au jury au nom de Guthrie.

Je lance donc un appel aux hommes aux bas de soie qui dansaient sur de la musique faite par des esclaves et qui appelaient cela la liberté, aux hommes aux chapeaux à clochettes qui menaient Hester Prynne à la honte et qui appelaient cela la religion, à cet américanisme qui tend les bras pour frapper le mal avec la raison et la vérité, sûr du pouvoir des deux. J'en appelle des patriarches de la Nouvelle-Angleterre aux poètes de la Nouvelle-Angleterre, d'Endicott à Lowell, de Winthrop à Longfellow, de Norton à Holmes, et j'en appelle au nom et aux droits de cette citoyenneté commune, de cette origine commune, issue du puritain et du cavalier, à laquelle nous devons tous notre existence. Laissez le passé mort, consacré par le sang de ses martyrs, et non par ses haines sauvages, assombries par la royauté et la prêtrise, laissez le passé mort enterrer ses morts. Que le présent et l'avenir résonnent du chant des chanteurs. Bénis soient les leçons qu'ils enseignent, les lois qu'ils font. Béni soit l'œil pour voir, la lumière pour révéler. Bénie soit la tolérance, toujours assise à la droite de Dieu pour guider le chemin avec une parole aimante, comme est béni tout ce qui nous rapproche du but de la vraie religion, du vrai républicanisme et du vrai patriotisme, de la méfiance des mots d'ordre et des étiquettes, des impostures et des héros, de la foi en notre pays et en nous-mêmes. Ce n'est pas Cotton Mather, mais John Greenleaf Whittier, qui a crié :

Cher Dieu et Père de nous tous, Pardonnez notre foi dans les mensonges cruels, Pardonnez l'aveuglement qui nie.

Renverse nos idoles, renverse nos autels sanglants, fais-nous voir ton humanité

-Henry Watterson, Puritain et Cavalier.

Goethe, à qui l'on reprochait de ne pas avoir écrit de chants de guerre contre les Français, répondit : "Dans ma poésie, je n'ai jamais fait semblant. Comment aurais-je pu écrire des chants de haine sans haine ?". Il n'est pas non plus possible de plaider avec une pleine efficacité pour une cause pour laquelle on ne ressent pas profondément. Le sentiment est contagieux comme la croyance est contagieuse. L'orateur qui plaide avec un réel sentiment pour ses propres convictions insufflera ses sentiments à ses auditeurs. La sincérité, la force, l'enthousiasme et, par-dessus tout, les sentiments sont les qualités qui touchent les multitudes et rendent les appels irrésistibles. Elles sont d'une importance bien plus grande que les principes techniques d'élocution, la grâce du geste ou l'énonciation soignée, même si tous ces éléments doivent être considérés comme importants. Basez votre appel sur la raison, mais ne vous arrêtez pas au sous-sol - laissez l'édifice s'élever, plein d'une émotion profonde et d'une noble persuasion.

QUESTIONS ET EXERCICES

1. (a) Quels éléments d'attrait trouvez-vous dans ce qui suit ? (b) Est-il trop fleuri ? (c) Ce style est-il aussi puissant aujourd'hui ? (d) Les phrases sont-elles trop longues et trop complexes pour être claires et percutantes ?

Oh, messieurs, suis-je aujourd'hui seulement le conseil de mon client ? Non, non ; je suis l'avocat de l'humanité - de vous-mêmes - de vos foyers - de vos femmes - de vos familles - de vos petits-enfants. Je suis heureux que ce cas expose une telle atrocité ; non marqué comme il l'est par aucun trait atténuant, il peut arrêter la progression effrayante de cette calamité ; il sera rencontré maintenant, et marqué par la vengeance. Si elle ne l'est pas, adieu aux vertus de votre pays ; adieu à toute confiance d'homme à homme ; adieu à cette tendresse insoupçonnée et réciproque, sans laquelle le mariage n'est qu'une malédiction consacrée. Si les serments doivent être violés, les lois méprisées, l'amitié trahie, l'humanité foulée aux pieds, l'honneur national et individuel souillé, et si un jury de pères et de maris donne à cette inconvenance un passeport pour leurs maisons, leurs femmes et leurs filles, adieu à tout ce qui reste encore de l'Irlande ! Mais je ne vais pas jeter un tel doute sur le caractère de mon pays. Contre les ricanements de l'ennemi, et le scepticisme de l'étranger, j'indiquerai encore les vertus domestiques, qu'aucune perfidie ne peut troquer, et qu'aucune corruption ne peut acheter, qui, avec un usage romain, embellissent et consacrent à la fois les foyers, donnant à la société du foyer toute la pureté de l'autel ; que l'on trouve encore éparpillés dans ce pays, dans le palais comme dans la chaumière, les vestiges de ce qu'elle fut, la source peut-être de ce qu'elle pourra être, les monuments solitaires, majestueux et magnifiques qui, dressant leur majesté au milieu des ruines environnantes, servent à la fois de repères à la gloire disparue et de modèles pour l'édification de l'avenir.

Préservez ces vertus avec une fidélité vestale ; marquez aujourd'hui, par votre verdict, votre horreur de leur profanation ; et croyez-moi, quand la main qui enregistre ce verdict sera poussière, et la langue qui le demande, sans trace dans la tombe, plus d'un foyer heureux en bénira les conséquences, et plus d'une mère enseignera à son petit enfant à haïr l'impie trahison de l'adultère.

Charles Phillips.

2. Analysez et critiquez les formes d'appel utilisées dans les sélections de Hoar, Story et Kipling.

4. Citez deux exemples chacun, tirés des sélections de ce volume, dans lesquels les orateurs cherchent à être persuasifs en s'assurant (a) la sympathie des auditeurs pour eux-mêmes ; (b) la sympathie pour leurs sujets ; (c) l'apitoiement.

5. Faites un court discours en utilisant la persuasion.

6. Quelles autres méthodes de persuasion que celles mentionnées ici pouvez-vous citer ?

7. Est-il plus facile de persuader les hommes de changer leur ligne de conduite que de les persuader de continuer dans une ligne donnée ? Donnez des exemples pour étayer votre opinion.

8. Dans quelle mesure est-il justifié de faire appel à l'intérêt personnel pour amener les hommes à adopter une ligne de conduite donnée ?

9. Le mérite du cours a-t-il un rapport avec le mérite des méthodes utilisées ?

10. Illustrez une méthode indigne d'utiliser la persuasion.

11. Faites un court discours sur la valeur de l'aptitude à la persuasion.

12. Une persuasion efficace produit-elle toujours une conviction ?

13. La conviction débouche-t-elle toujours sur une action ?

14. Est-il juste pour un avocat de faire appel aux émotions d'un jury dans un procès pour meurtre ?

15. Le juge doit-il utiliser la persuasion dans son accusation ?

16. Dites comment la conscience de soi peut entraver le pouvoir de persuasion d'un orateur.

17. Une émotion sans paroles est-elle jamais persuasive ? Si oui, illustrez.

18. Des gestes sans paroles peuvent-ils être persuasifs ? Si oui, illustrez.

19. La posture d'un orateur a-t-elle un rapport avec la persuasion ? Discutez-en.

20. A la voix ? Discutez-en.

21. A-t-il des manières ? Discutez-en.

22. Quel effet le magnétisme personnel a-t-il sur la conviction ?

23. Discutez de la relation entre la persuasion et (a) la description, (b) la narration, (c) l'exposition, (d) la raison pure.

24. Quel est l'effet de la sur-persuasion ?

25. Faites un court discours sur l'effet de l'utilisation constante de la persuasion sur la sincérité de l'orateur lui-même.

26. Montrez par l'exemple qu'une déclaration générale n'est pas aussi persuasive qu'un exemple concret illustrant le point discuté.

27. Montrez par l'exemple comment la brièveté est utile à la persuasion.

28. Discutez de l'importance d'éviter une attitude antagoniste dans la persuasion.

29. Quel est le passage le plus convaincant que vous avez trouvé dans les sélections de ce volume. Sur quoi basez-vous votre décision ?

30. Citez un passage persuasif provenant d'une autre source. Lisez ou récitez-le à haute voix.

31. Dressez une liste des bases émotionnelles de l'appel, en les classant de faible à élevé, selon votre estimation.

32. Les circonstances feraient-elles une différence dans ce classement ? Si oui, donnez des exemples.

33. Livrer un appel court et passionné à un jury, plaidant pour la justice envers une pauvre veuve.

34. Lancez un bref appel aux hommes pour qu'ils abandonnent quelque mauvaise voie.

Chapitre 25 : Influencer la foule

Le succès dans les affaires, en dernière analyse, dépend de la capacité à toucher l'imagination des foules. La raison pour laquelle les prédicateurs de la génération actuelle réussissent moins bien à amener les gens à vouloir le bien que les hommes d'affaires à les amener à vouloir des voitures à moteur, des chapeaux et des pianos, c'est que les hommes d'affaires, en tant que classe, sont des étudiants plus attentifs et plus désespérés de la nature humaine, et qu'ils se sont davantage penchés sur l'art de toucher l'imagination des foules.

-Gerald Stanley Lee, Crowds.

Au début du mois de juillet 1914, un groupe de Français à Paris ou d'Allemands à Berlin n'est pas une foule au sens psychologique du terme. Chaque individu avait ses propres intérêts et besoins particuliers, et il n'y avait pas d'idée commune puissante pour les unifier. Un groupe ne représentait alors qu'une collection d'individus. Un mois plus tard, n'importe quelle collection de Français ou d'Allemands formait une foule : Le patriotisme, la haine, une peur commune, un chagrin omniprésent, avaient unifié les individus.

La psychologie de la foule est très différente de la psychologie des membres personnels qui la composent. La foule est une entité distincte. Les individus réfrènent et maîtrisent nombre de leurs impulsions sous la dictée de la raison. La foule ne raisonne jamais. Elle ne fait que ressentir. En tant que personnes, il y a un sens de la responsabilité attaché à nos actions qui contrôle beaucoup de nos incitations, mais le sens de la responsabilité est perdu dans la foule à cause de son nombre. La foule est extrêmement influençable et agira en fonction des idées les plus folles et les plus extrêmes. L'esprit de la foule est primitif et applaudit des plans et accomplit des actions que ses membres rejetteraient complètement.

Un attroupement n'est qu'une foule très animée. La description de Ruskin est appropriée : "Vous pouvez faire croire n'importe quoi à une foule ; ses sentiments peuvent être - et sont généralement - généreux et justes, mais ils n'ont aucun fondement, aucune emprise sur eux. Vous pouvez la taquiner ou la chatouiller à votre guise. Elle pense par infection, la plupart du temps, en attrapant une opinion comme un rhume, et il n'y a rien de si petit qu'elle ne rugira pas sauvagement, quand la crise est là, rien de si grand qu'elle n'oubliera en une heure quand la crise sera passée "

L'histoire nous montrera comment fonctionne l'esprit de foule. L'esprit médiéval n'était pas enclin au raisonnement ; l'homme médiéval attachait un grand poids aux paroles de l'autorité ; sa religion touchait principalement les émotions. Ces conditions constituaient un terreau fertile pour la propagation de l'esprit de foule lorsque, au XIe siècle, la flagellation, une autoflagellation volontaire, fut prêchée par les moines. Les réformateurs préconisent de substituer la flagellation à la récitation des psaumes de pénitence. Un barème fut établi, faisant correspondre mille coups à dix psaumes, ou quinze mille à l'ensemble du psautier. Cet engouement se répandit par bonds et par foules. Des fraternités de flagellants se créent. Des prêtres portant des bannières conduisaient dans les rues de grandes processions récitant des prières et fouettant leurs corps ensanglantés avec des lanières de longe munies de quatre pointes de fer. Le pape Clément dénonça cette pratique et plusieurs des chefs de ces processions durent être brûlés sur le bûcher avant que la frénésie ne soit déracinée.

Toute l'Europe occidentale et centrale a été transformée en une foule par la prédication des croisés, et des millions d'adeptes du Prince de la Paix se sont précipités en Terre Sainte pour tuer les païens. Même les enfants partent en croisade contre les Sarrasins. L'esprit de foule était si fort que l'affection et la persuasion des familles ne pouvaient l'emporter sur lui et des milliers de jeunes enfants moururent dans leur tentative d'atteindre et de racheter le Sépulcre sacré.

Au début du XVIIIe siècle, la South Sea Company a été créée en Angleterre. La Grande-Bretagne devient une foule spéculative. Les actions de la South Sea Company passèrent de 128-1/2 points en janvier à 550 en mai, et atteignirent 1 000 en juillet. Cinq millions d'actions ont été vendues à cette prime. La spéculation s'est déchaînée. Des centaines de sociétés ont été organisées. L'une d'elles a été créée "pour une roue à mouvement perpétuel". Une autre ne s'est jamais souciée de donner une raison quelconque pour prendre l'argent de ses abonnés - elle a simplement annoncé qu'elle était organisée "pour un projet qui sera promulgué plus tard". Les propriétaires ont commencé à vendre, la foule s'est emparée de la suggestion, une panique s'est installée, l'action de la South Sea Company a chuté de 800 points en quelques jours, et plus d'un milliard de dollars se sont évaporés en cette ère de spéculation frénétique.

Le bûcher des sorcières à Salem, la folie de l'or du Klondike et les quarante-huit personnes qui ont été tuées par des foules aux États-Unis en 1913 sont des exemples qui nous sont familiers en Amérique.

La foule doit avoir un chef

Le leader de la foule ou de l'attroupement est son facteur déterminant. Il s'auto-hynoptise avec l'idée qui unifie ses membres, son enthousiasme est contagieux - et le leur aussi. La foule agit comme il le suggère. La grande masse des gens n'a pas de conclusions très tranchées sur quelque sujet que ce soit en dehors de sa petite sphère, mais lorsqu'elle devient une foule, elle est parfaitement disposée à accepter des opinions toutes faites, transmises de génération en génération. Ils suivront un chef à tout prix - dans les conflits du travail, ils suivent souvent un chef plutôt que d'obéir à leur gouvernement ; à la guerre, ils jetteront leur instinct de conservation aux oubliettes et suivront un chef face à des fusils qui tirent quatorze fois par seconde. La foule est privée de volonté et obéit aveuglément à son dictateur. Le gouvernement russe, reconnaissant la menace que représente l'esprit de foule pour son autocratie, a autrefois interdit les rassemblements publics. L'histoire est pleine de cas similaires.

Comment la foule est créée

Aujourd'hui, la foule est un facteur aussi réel dans notre vie sociale que les magnats et les monopoles. C'est un problème trop complexe pour qu'on se contente de le condamner ou de le louer - il faut en tenir compte et le maîtriser. Le problème actuel est de savoir comment tirer le maximum et le meilleur de l'esprit de la foule, et l'orateur public trouve que c'est une question qui lui est propre. Son influence est multipliée s'il peut transformer son auditoire en une foule. Ses affirmations doivent être leurs conclusions.

Cela peut être accompli en unifiant les esprits et les besoins de l'auditoire et en suscitant ses émotions. C'est sur leurs sentiments, et non sur leur raison, qu'il faut jouer - c'est à lui de le faire noblement. L'argumentation a sa place sur l'estrade, mais même ses forces doivent servir le plan d'attaque de l'orateur pour gagner la faveur de son auditoire.

Relisez le chapitre "Sentiment et enthousiasme". Il est impossible de faire d'un public une foule sans faire appel à ses émotions. Pouvez-vous imaginer que le groupe moyen devienne une foule en entendant une conférence sur la pêche à la mouche sèche ou sur l'art égyptien ? D'un autre côté, il n'aurait pas été nécessaire de faire preuve d'une éloquence mondialement connue pour transformer n'importe quel public de l'Ulster, en 1914, en une foule en discutant du Home Rule Act. L'esprit de foule dépend largement du sujet utilisé pour fusionner les individualités en un tout lumineux.

Notez comment Antoine a joué sur les sentiments de ses auditeurs dans la célèbre oraison funèbre donnée par Shakespeare dans "Jules César". D'unités murmurantes, les hommes sont devenus une unité - une foule.

ANTONY'S ORATION OVER CÆSAR'S BODY

Amis, Romains, compatriotes ! Je viens enterrer César, pas le louer. Le mal que font les hommes leur survit, le bien est souvent enterré avec leurs ossements. Le noble Brutus vous a dit que César était ambitieux. Si c'était le cas, c'était une faute grave, et César y a répondu de façon grave. Ici, sous la permission de Brutus, et les autres, car Brutus est un homme honorable,

C'est ainsi qu'ils sont tous, tous des hommes d'honneur. Je suis venu parler aux funérailles de César. C'était mon ami, fidèle et juste pour moi, mais Brutus dit qu'il était ambitieux, et Brutus est un homme d'honneur. Il a ramené de nombreux captifs à Rome, dont les rançons ont rempli les coffres du général, est-ce que cela semblait ambitieux chez César ? Quand les pauvres ont pleuré, César a pleuré. L'ambition devrait être plus forte. Pourtant, Brutus dit qu'il était ambitieux. Et Brutus est un homme d'honneur. Vous avez tous vu que, lors du Lupercal, je lui ai présenté trois fois une couronne royale, qu'il a refusée trois fois. Etait-ce de l'ambition ? Mais Brutus dit qu'il était ambitieux, et il est certain que c'est un homme d'honneur. Je ne parle pas pour réfuter ce que Brutus a dit, mais je suis ici pour dire ce que je sais. Vous l'avez tous aimé autrefois, non sans raison ; quelle raison vous empêche alors de le pleurer ? Oh, jugement, tu as fui devant les bêtes sauvages, et les hommes ont perdu leur raison ! [Pleurs.

1 Plebeian. Je pense qu'il y a beaucoup de raison dans ce qu'il dit.

2 Ple. Si tu considères correctement l'affaire, César a eu un grand tort.

3 Ple. L'a-t-il fait, maîtres ? Je crains qu'un pire ne vienne à sa place.

4 Ple. Avez-vous remarqué ses paroles ? Il ne voulait pas prendre la couronne. Il est donc certain qu'il n'était pas ambitieux.

1 Ple. S'il en est ainsi, certains ne le supporteront pas.

2 Ple. Pauvre âme, ses yeux sont rouges comme le feu à force de pleurer.

3 Ple. Il n'y a pas d'homme plus noble à Rome qu'Antoine.

4 Ple. Maintenant, observez-le, il recommence à parler.

Ant. Mais hier, la parole de César aurait pu s'opposer au monde : maintenant, il est couché là, et personne n'est aussi pauvre pour lui rendre hommage.

Oh, maîtres, si j'étais disposé à exciter vos cœurs et vos esprits à la mutinerie et à la rage, je ferais tort à Brutus et à Cassius, qui, vous le savez tous, sont des hommes honorables. Je ne leur ferai pas tort ; j'aime mieux faire tort aux morts, me faire tort à moi-même et à vous, que de faire tort à des hommes aussi honorables.Mais voici un parchemin, avec le sceau de César ; je l'ai trouvé dans son armoire ; c'est son testament : Que les communes entendent ce testament - que, pardonnez-moi, je n'ai pas l'intention de lire - et elles iront baiser les blessures de César mort, et tremperont leurs serviettes dans son sang sacré ; elles lui demanderont un cheveu en souvenir, et, mourantes, le mentionneront dans leurs testaments, le léguant comme un riche héritage à leurs descendants.

4 Ple. Nous allons entendre le testament : Lis-le, Marc-Antoine.

Tous. La volonté ! La volonté ! Nous allons entendre la volonté de César.

Fourmi. Soyez patients, chers amis : Vous n'êtes pas du bois, vous n'êtes pas des pierres, mais des hommes ; et, en tant qu'hommes, entendre la volonté de César vous enflammera, vous rendra fous : il est bon que vous ne sachiez pas que vous êtes ses héritiers ; car si vous le saviez, oh, ce qui en résulterait !

4 Ple. Lis le testament ; nous l'entendrons, Antoine ! Tu vas nous lire le testament ! Le testament de César !

Fourmi. Serez-vous patient ? Voulez-vous rester un peu ? Je me suis épuisé à vous le dire. Je crains de faire du tort aux hommes honorables Dont les poignards ont poignardé César ; je le crains.

4 Ple. C'étaient des traîtres : Des hommes honorables !

Tous. Le testament ! Le testament !

2 Ple. C'étaient des méchants, des meurtriers ! Le testament ! Lis le testament !

Ant. Tu vas donc me forcer à lire le testament ? Alors, fais un cercle autour du corps de César, et laisse-moi te montrer celui qui a fait le testament. Dois-je descendre ? Et vous m'y autoriserez ?

Tous. Descendez.

2 Ple. Descendre. [Il descend de la Rostrum.

3 Ple. Vous aurez la permission.

4 Ple. Un anneau ; se tenir en rond.

1 Ple. Écartez-vous du corbillard, écartez-vous du corps.

2 Ple. De la place pour Antoine ! Le très noble Antoine !

Ant. Non, ne me pressez pas ainsi ; tenez-vous à l'écart.

Tous. Reculez ! Chambre ! Reculez !

Fourmi. Si vous avez des larmes, préparez-vous à les verser maintenant ; vous connaissez tous ce manteau : Je me souviens que la première fois que César l'a revêtu, c'était un soir d'été, dans sa tente, le jour où il a vaincu les Nerviis. Regardez, à cet endroit, a traversé le poignard de Cassius, voyez quelle déchirure a fait l'envieux Casca, à travers lequel le bien-aimé Brutus a poignardé, et comme il a arraché son acier maudit, notez comment le sang de César l'a suivi !Comme il se précipite hors des portes, pour se résoudre à ce que Brutus frappe si méchamment, ou non ; car Brutus, comme vous le savez, était l'ange de César : jugez, ô vous, Dieux, combien César l'aimait !Car quand le noble César l'a vu le poignarder, l'ingratitude, plus forte que les armes des traîtres, l'a vaincu : alors son cœur puissant a éclaté ; et dans son manteau qui lui cachait le visage, même au pied de la statue de Pompée, où le sang coulait, le grand César est tombé.Oh, quelle chute, mes compatriotes ! Nous sommes tous tombés, vous et moi, tandis que la trahison sanglante s'épanouissait au-dessus de nous. Oh ! maintenant vous pleurez, et je vois que vous sentez le poids de la pitié ; ce sont des gouttes gracieuses. Regardez, c'est lui qui est blessé, comme vous le voyez, par des traîtres.

1 Ple. Oh, piteux spectacle !

2 Ple. Oh, noble César !

3 Ple. Oh, quel jour funeste !

4 Ple. Oh, traîtres, scélérats !

1 Ple. Oh, une vue des plus sanglantes !

2 Ple. Nous serons vengés !

Tous. Vengeance ; sur le point de chercher, brûler, tuer le jour ! Ne laissez pas un traître vivre !

Fourmi. Restez, compatriotes.

1 Ple. Paix là-bas ! Entendez le noble Antoine.

2 Ple. Nous l'écouterons, nous le suivrons, nous mourrons avec lui.

Ant. Mes bons amis, mes chers amis, je ne veux pas vous pousser à une mutinerie aussi soudaine : ceux qui ont commis cet acte sont honorables ; je ne sais pas, hélas, quels griefs privés les ont poussés à agir ainsi ; ils sont sages et honorables, et vous répondront, sans doute, avec des raisons.Je ne viens pas, mes amis, pour dérober vos cœurs ; je ne suis pas un orateur, comme l'est Brutus ; mais comme vous me connaissez tous, je suis un homme simple et franc, qui aime mon ami, et qui sait parfaitement que c'est lui qui m'a donné la permission publique de parler de lui : car je n'ai ni esprit, ni paroles, ni valeur, ni action, ni parole, ni pouvoir de parole, pour remuer le sang des hommes. Je ne fais que parler franchement : je vous dis ce que vous savez vous-mêmes ; montrez les blessures de votre doux César, pauvres, pauvres, bouches muettes, et faites-les parler pour moi. Mais si j'étais Brutus, et Brutus Antoine, s'il y avait un Antoine, je vous ébourifferais, et je mettrais une langue dans chaque blessure de César, qui pousserait les pierres de Rome à se soulever et à se mutiner. Tous. Nous allons nous mutiner !

1 Ple. Nous allons brûler la maison de Brutus.

3 Ple. Va-t'en, alors ! Venez, cherchez les conspirateurs.

Ant. Mais écoutez-moi, compatriotes, mais écoutez-moi parler.

Tous. Paix, ho ! Entendez Antoine, le très noble Antoine.

Fourmi. Pourquoi, mes amis, vous allez faire vous ne savez quoi ? En quoi César a-t-il ainsi mérité vos amours ? Hélas, vous ne le savez pas ! Il faut que je vous le dise : vous avez oublié le testament dont je vous ai parlé.

Ple. C'est vrai, la volonté ! Restons, et écoutons la volonté.

Ant. Voici le testament, et sous le sceau de César, il donne à chaque citoyen romain, à chaque homme particulier, soixante-quinze drachmes.

2 Ple. Très noble César ! Nous allons venger sa mort.

3 Ple. O royal César !

Fourmi. Ecoutez-moi avec patience.

Tous. Paix, ho !

Ant. De plus, il vous a laissé toutes ses promenades, ses tonnelles privées et ses vergers nouvellement plantés, de ce côté du Tibre ; il vous les a laissés, et à vos héritiers pour toujours, des plaisirs communs, pour vous promener et vous récréer. Quand en verra-t-on un autre ?

1 Ple. Jamais, jamais ! -Venez, loin, loin ! Nous brûlerons son corps dans le lieu saint, et avec les marques du feu les maisons des traîtres. Prenez le corps.

2 Ple. Va, va chercher du feu.

3 Ple. Rabattre les bancs.

4 Ple. Arracher les formes, les fenêtres, n'importe quoi. [Exeunt Citoyens, avec le corps.

Fourmi. Maintenant, que ça marche. Espièglerie, tu es sur pied, prends le chemin que tu veux !

Pour unifier les auditeurs individuels en une foule, exprimer leurs besoins, aspirations, dangers et émotions communs, délivrer votre message de telle sorte que les intérêts de l'un apparaissent comme les intérêts de tous. La conviction d'un homme s'intensifie dans la mesure où il trouve d'autres personnes partageant sa croyance et son sentiment. Antoine ne se contente pas de dire à la populace romaine que César est tombé - il rend la tragédie universelle :

Alors moi, et toi, et nous tous, nous sommes tombés, tandis que la trahison sanglante fleurissait sur nous.

Les applaudissements, généralement un signe de sentiment, contribuent à unifier un public. La nature de la foule est illustrée par la contagion des applaudissements. Récemment, dans une salle de cinéma et de vaudeville de New York, une foule avait applaudi plusieurs chansons, et lorsqu'une publicité pour des jupes sur mesure a été projetée sur l'écran, quelqu'un a déclenché les applaudissements, et la foule, comme des moutons, a aveuglément imité - jusqu'à ce que quelqu'un ait vu la plaisanterie et ait ri ; alors la foule a de nouveau suivi un leader et a ri et applaudi sa propre stupidité.

Les acteurs commencent parfois à applaudir leur texte en claquant des doigts. Une personne dans les premiers rangs confondra ce claquement avec un léger applaudissement, et tout le théâtre s'y mettra.

Un auditeur observateur sera intéressé de remarquer les divers artifices qu'un monologuiste utilise pour obtenir la première série de rires et d'applaudissements. Il travaille si dur parce qu'il sait qu'un public d'unités est un public de critiques indifférents, mais une fois qu'il les fait rire ensemble, chaque rieur entraîne un certain nombre d'autres avec lui, jusqu'à ce que tout le théâtre soit en effervescence et que l'amuseur ait marqué. Il s'agit là, bien sûr, de stratagèmes mesquins qui n'ont pas le moindre goût d'inspiration, mais la nature des foules n'a pas changé depuis un millier d'années et la même loi s'applique au plus grand prédicateur comme au plus petit orateur de rue : vous devez faire fondre votre public, sinon il ne sera pas réceptif à votre message. Les procédés du grand orateur ne sont peut-être pas aussi évidents que ceux du monologuiste de vaudeville, mais le principe est le même : il essaie de frapper une note universelle qui fera que tous ses auditeurs ressentiront la même chose au même moment.

L'évangéliste le sait lorsqu'il fait chanter au soliste une chanson touchante juste avant le discours. Ou bien il fait chanter toute l'assemblée, et c'est la psychologie du "Maintenant, tout le monde chante !" car il sait que ceux qui ne se joindront pas au chant sont encore en dehors de la foule. Bien souvent, l'évangéliste populaire s'est arrêté au milieu de son discours, lorsqu'il a senti que ses auditeurs étaient des unités au lieu d'une masse en fusion (et un orateur sensible peut ressentir cette condition de la manière la plus déprimante) et a soudainement demandé que tout le monde se lève et chante, ou répète à haute voix un passage familier, ou lise à l'unisson ; ou peut-être a-t-il subtilement quitté le fil de son discours pour raconter une histoire dont il savait, par une longue expérience, qu'elle ne manquerait pas d'amener ses auditeurs à un sentiment commun.

Ces choses sont des ressources importantes pour l'orateur, et heureux celui qui les utilise dignement et non comme un charlatan méprisable. La différence entre un démagogue et un leader n'est pas tant une question de méthode que de principe. Même l'orateur le plus digne doit reconnaître les lois éternelles de la nature humaine. Il ne vous est nullement demandé de devenir un truqueur sur l'estrade - loin de là !- mais ne tuez pas votre discours par la dignité. Être d'une correction glaciale est aussi stupide que de fulminer. Ne faites ni l'un ni l'autre, mais faites appel à ces éléments séculaires de votre auditoire qui ont été reconnus par tous les grands orateurs, de Démosthène à Sam Small, et veillez à ne jamais avilir vos pouvoirs en excitant vos auditeurs de façon indigne.

Il est aussi difficile d'allumer l'enthousiasme d'un public dispersé que de construire un feu avec des bâtons éparpillés. Pour transformer un auditoire en foule, il faut le faire apparaître comme une foule. Cela n'est pas possible lorsqu'il est éparpillé sur une grande surface ou lorsque de nombreux bancs vides séparent l'orateur de ses auditeurs. Faites en sorte que votre auditoire soit assis de manière compacte. Combien de prédicateurs ont déploré l'énorme édifice sur lequel ce qui devrait normalement être une grande assemblée s'est dispersé dans une solitude froide et glaciale dimanche après dimanche ! L'évêque Brooks lui-même n'aurait pas pu inspirer une congrégation de mille âmes assises dans l'immensité de Saint-Pierre de Rome. Dans ce sanctuaire colossal, ce n'est que lors des grandes occasions qui attirent les multitudes que le service se déroule devant le maître-autel - le reste du temps, on utilise les petites chapelles latérales.

Les idées universelles chargées de sentiments contribuent à créer l'atmosphère de la foule. Exemples : liberté, caractère, droiture, courage, fraternité, altruisme, pays et héros nationaux. George Cohan a rendu la psychologie pratique et rentable lorsqu'il a introduit le drapeau et les chants du drapeau dans ses comédies musicales. Les régiments de Cromwell priaient avant la bataille et allaient au combat en chantant des hymnes. Les corps français, chantant la Marseillaise en 1914, ont chargé les Allemands comme un seul homme. De tels procédés unificateurs éveillent les sentiments, font des soldats des foules fanatiques et, hélas, des meurtriers plus efficaces.

Chapitre 26 : Chevauchant le cheval ailé

Penser et sentir constituent les deux grandes divisions des hommes de génie - les hommes de raisonnement et les hommes d'imagination.

-Isaac Disraeli, Caractère littéraire des hommes de génie.

Et comme l'imagination produit les formes de choses inconnues, la plume du poète les transforme en formes et donne au néant aérien une habitation locale et un nom.

Shakespeare, Le Songe d'une nuit d'été.

Il est courant, chez ceux qui s'occupent principalement des aspects pratiques de la vie, de penser que l'imagination a peu de valeur par rapport à la pensée directe. Ils sourient avec tolérance quand Emerson dit que "la science ne connaît pas sa dette envers l'imagination", car ce sont les paroles d'un essayiste spéculatif, d'un philosophe, d'un poète. Mais lorsque Napoléon - l'indomptable soudeur d'empires - déclare que "Le genre humain est gouverné par son imagination", cette parole d'autorité impose leur respect.

Il faut se rappeler que la faculté de former des images mentales est un rouage aussi efficace que celui que l'on peut trouver dans toute la machine de l'esprit. Il est vrai qu'elle doit s'intégrer à cet autre rouage vital qu'est la pensée pure, mais lorsqu'elle le fait, on peut se demander lequel est le plus productif de résultats importants pour le bonheur et le bien-être de l'homme. Cela devrait devenir plus évident à mesure que nous avançons.

I. QU'EST-CE QUE L'IMAGINATION ?

Ne cherchons pas une définition, car on peut en trouver une vingtaine de différentes, mais saisissons ce fait : par imagination, nous entendons soit la faculté, soit le processus de formation des images mentales.

Le sujet de l'imagination peut être réellement existant dans la nature, ou pas du tout réel, ou une combinaison des deux ; il peut être physique ou spirituel, ou les deux - l'image mentale est à la fois l'enfant le plus anarchique et le plus respectueux des lois qui soit né de l'esprit.

Tout d'abord, comme son nom l'indique, le processus d'imagination - car nous le considérons maintenant comme un processus plutôt que comme une faculté - est un travail de mémoire. Nous devons donc le considérer avant tout comme

1. L'imaginaire reproductif

Nous voyons ou entendons ou sentons ou goûtons ou sentons quelque chose et la sensation disparaît. Pourtant, nous sommes conscients d'une capacité plus ou moins grande à reproduire de telles sensations à volonté. Deux considérations, en général, régissent la vivacité de l'image ainsi évoquée : la force de l'impression initiale et le pouvoir de reproduction d'un esprit par rapport à un autre. Cependant, toute personne normale sera capable d'évoquer des images avec un certain degré de clarté.

Le fait que tous les esprits ne possèdent pas cette faculté de représentation dans une mesure à peu près égale aura une incidence importante sur l'étude de cette question par l'orateur. Aucun homme qui ne ressent pas au moins quelques impulsions poétiques n'est susceptible d'aspirer sérieusement à devenir poète, et pourtant beaucoup de ceux dont les facultés d'imagerie sont si dormantes qu'elles semblent réellement mortes aspirent à devenir des orateurs. À tous ceux-là, nous disons très sincèrement : "Réveillez votre don de création d'images, car même dans le discours le plus froidement logique, il vous sera certainement d'un grand secours. Il est important que vous découvriez immédiatement à quel point votre imagination est riche et digne de confiance, car elle peut être cultivée, mais aussi abusée.

Francis Galton[29] [1]dit : "Les Français semblent posséder la faculté de visualisation à un haut degré. L'habileté particulière dont ils font preuve pour organiser à l'avance les cérémonies et les fêtes de toutes sortes et leur génie incontestable pour la tactique et la stratégie montrent qu'ils sont capables de prévoir les effets avec une clarté inhabituelle. Leur ingéniosité dans tous les artifices techniques est un témoignage supplémentaire dans le même sens, de même que leur singulière clarté d'expression. Leur expression figurez-vous, ou picture to yourself, semble exprimer leur mode de perception dominant. Notre équivalent, 'image', est ambigu."

Mais les individus diffèrent à cet égard de manière aussi marquée que, par exemple, les Hollandais des Français. Et ceci est vrai non seulement pour ceux qui sont classés par leurs amis comme étant respectivement imaginatifs ou non imaginatifs, mais aussi pour ceux dont les dons ou les habitudes ne sont pas bien connus.

---

1.   https://www.gutenberg.org/cache/epub/16317/pg16317-images.html#Footnote_29_30

Prenons, à titre d'expérience, six des types d'images les plus connus et voyons en pratique comment ils se manifestent dans notre propre esprit.

De toute évidence, le type le plus courant est (a) l'image visuelle. Les enfants qui se souviennent plus facilement de ce qu'ils ont vu que de ce qu'ils ont entendu sont appelés par les psychologues des "esprits oculaires", et la plupart d'entre nous sont orientés dans cette direction. Fermez les yeux maintenant et rappelez-vous - le mot avec trait d'union est plus suggestif - la scène autour de la table du petit déjeuner de ce matin. Peut-être n'y avait-il rien de frappant dans cette situation et l'image n'est donc pas frappante. Imaginez alors n'importe quelle scène de table notable dans votre expérience - comme elle est frappante, parce qu'à ce moment-là vous avez ressenti cette impression fortement. Vous n'étiez peut-être pas conscient de la force de cette scène, car nous sommes souvent si concentrés sur ce que nous voyons que nous ne pensons pas au fait qu'elle nous impressionne. Vous serez peut-être surpris d'apprendre à quel point vous êtes capable de vous représenter une scène avec précision lorsqu'une longue période s'est écoulée entre la concentration consciente de votre attention sur l'image et le moment où vous avez vu l'original.

(b) L'image auditive est probablement la deuxième plus vivante des expériences dont nous nous souvenons. Ici, l'association est puissante pour suggérer des similitudes. Fermez les yeux sur le monde environnant et écoutez le son particulier du tonnerre dans les montagnes rocheuses - le fracas de la balle contre les dix quilles peut le suggérer. Ou imaginez (le mot est imparfait, car il ne semble suggérer que l'œil) le son des cordes qui se déchirent lorsqu'un poids précieux est en danger. Ou encore, rappelez-vous le brame d'un chien de chasse qui vous poursuit - choisissez votre propre son et voyez comme il devient agréablement ou terriblement réel lorsqu'il est imagé dans votre cerveau.

(c) L'image motrice est une concurrente proche de l'auditif pour la deuxième place. Vous êtes-vous déjà réveillé dans la nuit, tous les muscles tendus et tendus, pour sentir votre corps se tendre contre la ligne de football adverse qui tenait comme un mur de pierre ou aussi fermement que la tête de votre lit ? Ou vous rappeler volontairement le mouvement du bateau lorsque vous vous êtes écrié intérieurement : "C'est à moi que ça arrive !" L'embardée périlleuse d'un train, l'affaissement soudain d'un ascenseur, ou le basculement inattendu d'une chaise à bascule peuvent servir d'autres expériences.

(d) L'image gustative est assez courante, comme en témoigne l'idée de manger des citrons. Il arrive que le souvenir agréable d'un dîner délicieux fasse monter l'eau à la bouche des années plus tard, ou que l'"image" d'un médicament particulièrement atroce plisse le nez longtemps après avoir rendu un jour d'enfance misérable.

(e) L'image olfactive est encore plus délicate. Il en est qui sont affectés à la maladie par le souvenir de certaines odeurs, tandis que d'autres éprouvent les sensations les plus délectables par l'élévation d'images olfactives agréables.

(f) L'image tactile, pour ne citer qu'elle, est presque aussi puissante. Frissonnez-vous à l'idée du velours frotté par le bout de doigts courts ? Ou avez-vous déjà été "brûlé" en touchant un poêle glacé ? Ou, souvenir plus heureux, pouvez-vous encore sentir le contact d'une main absente bien-aimée ?

Il faut se rappeler que peu de ces images sont présentes dans notre esprit, sauf en combinaison - la vue et le son de l'avalanche qui s'écrase en sont une, tout comme l'éclair et le rapport du fusil du chasseur qui a été si près de "faire pour nous".

Ainsi, l'imagination - en particulier l'imagination reproductive consciente - deviendra un élément précieux de nos processus mentaux dans la mesure où nous la dirigeons et la contrôlons.

2. L'imagination productive

Tous les exemples qui précèdent, et sans doute aussi beaucoup d'expériences dont vous pourriez être vous-même à l'origine, sont simplement reproductifs. Aussi agréables ou horribles qu'elles puissent être, elles sont bien moins importantes que les images évoquées par l'imagination productive - ce qui n'implique pas pour autant une faculté distincte.

Rappelez-vous, encore une fois pour l'expérience, une scène dont vous avez vu le début au coin d'une rue, mais qui est passée avant que le dénouement ne soit prêt à être révélé. Rappelez-vous tout cela - jusqu'à présent, l'image est reproductive. Mais qu'est-ce qui a suivi ? Laissez votre imagination vagabonder à loisir - les scènes suivantes sont productives, car vous avez plus ou moins consciemment inventé l'irréel sur la base du réel.

Et c'est ici que le romancier, le poète et l'orateur verront la valeur de l'imagerie productive. Certes, les pieds de l'idole que vous construisez sont sur le sol, mais sa tête perce les nuages, elle est à la fois fils de la terre et du ciel.

Il est important de noter ici un fait : L'imagerie est un atout mental précieux dans la mesure où elle est contrôlée par la puissance intellectuelle supérieure de la raison pure. L'enfant ignorant de la nature pense surtout en images et leur accorde donc une importance excessive. Il confond volontiers le réel et l'irréel - pour lui, ils ont la même valeur. Mais l'homme instruit distingue aisément l'un de l'autre et évalue chacun d'eux avec une certaine, sinon une parfaite, justice.

Ainsi, nous voyons qu'une imagination débridée peut produire un bateau à vapeur sans gouvernail, tandis que la faculté entraînée est le sloop gracieux, effleurant les mers à la volonté de son capitaine, sa course étant dirigée par la barre de la raison et ses ailes légères attrapant chaque air du ciel.

Le jeu d'échecs, le plan tactique du seigneur de la guerre, l'évolution d'un théorème géométrique, la conception d'une grande campagne commerciale, l'élimination du gaspillage dans une usine, le dénouement d'un drame puissant, le dépassement d'un obstacle économique, le plan d'un poème sublime et le siège convaincant d'un public peuvent - et même doivent - tous être conçus dans une image et réalisés dans la réalité selon les plans et les spécifications posées sur la planche à tréteaux par quelque Hiram imaginatif moderne. Le fermier qui se contenterait de la semence qu'il possède n'aurait pas de récolte. Ne vous contentez pas de la capacité de vous rappeler des images, mais cultivez votre imagination créatrice en construisant "ce qui pourrait être" sur la fondation de "ce qui est".

II. LES UTILISATIONS DE L'IMAGERIE DANS LES DISCOURS PUBLICS

À ce stade, vous aurez déjà appliqué ces idées de manière générale à l'art de la plate-forme, mais nous devons maintenant nous référer à plusieurs utilisations spécifiques.

1. L'imagerie dans la préparation de la parole

(a) Préparez l'image de votre auditoire pendant que vous vous préparez. Une déception peut se cacher ici, et vous ne pouvez pas être paré à toute éventualité, mais dans l'ensemble, vous devez rencontrer votre auditoire avant de le faire - imaginez son humeur et son attitude probables à l'égard de l'occasion, du thème et de l'orateur.

(b) Concevez votre discours comme un tout pendant que vous en préparez les parties, sinon vous ne pouvez pas voir - imaginer - comment ses parties s'emboîteront parfaitement.

(c) Imaginez la langue que vous utiliserez, dans la mesure où le discours écrit ou extemporané peut l'exiger. L'habitude d'imaginer vous donnera le choix de figures de style variées, car rappelez-vous qu'une allocution sans comparaison fraîche est comme un jardin sans fleurs. Ne vous contentez pas de la première figure banale qui se présente à la pointe de votre stylo, mais continuez à rêver jusqu'à ce que la comparaison frappante, inhabituelle, et pourtant si vivante, pointe votre pensée comme l'acier à la pointe d'une flèche.

Notez la fraîcheur et l'efficacité de la description suivante, tirée du début de l'histoire d'O. Henry, "The Harbinger".

Bien avant que le printemps ne se fasse sentir dans la poitrine terne du yokel, l'homme de la ville sait que la déesse de l'herbe verte est sur son trône. Il est assis devant son petit-déjeuner composé d'oeufs et de toasts, entouré de murs de pierre, ouvre son journal du matin et voit le journalisme laisser le verbalisme à la poste.

En effet, si les coursiers du printemps étaient autrefois les témoins de nos sens les plus fins, c'est désormais l'Associated Press qui fait l'affaire.

Le gazouillis du premier rouge-gorge à Hackensack, le remuement de la sève d'érable à Bennington, le bourgeonnement des petits saules le long de la rue principale à Syracuse, le premier gazouillis de l'oiseau bleu, le chant du cygne du point bleu, la tornade annuelle à St. Louis, la plainte du pessimiste des pêches de Pompton, N.J., la visite régulière de l'oie sauvage apprivoisée à la patte cassée à l'étang près de Bilgewater Junction, la tentative de base du Drug Trust pour augmenter le prix de la quinine contrecarrée à la Chambre par le membre du Congrès Jinks, le premier grand peuplier frappé par la foudre et les habituels piqueurs stupéfaits qui s'étaient réfugiés, le premier craquement du jambage de glace dans la rivière Allegheny, la découverte d'une violette dans son lit de mousse par le correspondant de Round Corners - voilà les signes avant-coureurs de la saison naissante qui sont transmis par câble à la ville sage, tandis que le fermier ne voit que l'hiver dans ses champs mornes.

Mais ce ne sont que des éléments extérieurs. Le véritable signe avant-coureur, c'est le coeur. Lorsque Strephon cherche sa Chloé et Mike sa Maggie, alors seulement le printemps est arrivé et l'annonce dans le journal du crotale d'un mètre cinquante tué dans le pâturage du Squire Pettregrew est confirmée.

Un auteur éculé aurait probablement dit que le journal annonçait le printemps à l'homme de la ville avant que le fermier n'en voie la moindre trace, mais que le véritable signe avant-coureur du printemps était l'amour et que "Au printemps, la fantaisie d'un jeune homme se tourne légèrement vers les pensées d'amour".

2. L'imagerie dans la diffusion de la parole

Lorsque la passion de la parole vous habite et que vous êtes "échauffé" - peut-être en frappant jusqu'à ce que le fer soit chaud pour ne pas manquer de frapper quand il est chaud - votre humeur sera celle d'une vision.

Puis (a) Re-image de l'émotion passée dont on reparlera ailleurs. L'acteur rappelle les anciennes émotions à chaque fois qu'il donne son texte.

(b) Reconstituez en image les scènes que vous devez décrire.

(c) Imaginez les objets dans la nature dont vous délimitez le ton, de sorte que l'allure, la voix et le mouvement (le geste) illustrent l'ensemble de façon convaincante. Au lieu de se contenter de dire que le whiskey détruit les maisons, l'orateur tempérant dépeint un ivrogne rentrant chez lui pour maltraiter sa femme et frapper ses enfants. C'est beaucoup plus efficace que de dire la vérité en termes abstraits. Pour dépeindre la cruauté de la guerre, n'affirmez pas le fait de manière abstraite - "La guerre est cruelle". Montrez le soldat, un bras emporté par l'éclatement d'un obus, allongé sur le champ de bataille et implorant de l'eau ; montrez les enfants, le visage baigné de larmes, pressés contre la vitre de la fenêtre, priant pour le retour de leur père mort. Évitez les termes généraux et prosaïques. Peignez des images. Faites naître des images que l'imagination de votre public pourra transformer en images de son cru.

III. COMMENT ACQUÉRIR L'HABITUDE DE L'IMAGERIE

Vous vous souvenez de l'homme d'État américain qui affirmait que "la façon de reprendre est de reprendre" ? L'application est évidente. En commençant par les premières analyses simples de ce chapitre, testez vos propres qualités de créateur d'images. Pratiquez un par un les différents types d'images ; puis ajoutez-en - voire inventez-en d'autres en les combinant, car de nombreuses images nous parviennent sous une forme complexe, comme le bruit, la bousculade et l'odeur chaude d'une foule en liesse.

Après vous être exercé à l'imagerie reproductive, passez à l'imagerie productive, en commençant par l'imagerie reproductive et en ajoutant des caractéristiques productives afin de cultiver l'invention.

Souvent, laissez libre cours à vos dons de création en tissant des tissus imaginaires complets - vues, sons, scènes ; tout le beau monde de la fantaisie est ouvert aux voyages de votre destrier ailé.

De même, entraînez-vous à l'utilisation du langage figuré. Apprenez d'abord à distinguer, puis à utiliser ses diverses formes. Lorsqu'il est utilisé avec retenue, rien ne peut être plus efficace que le trope ; mais laissez une fois l'extravagance s'introduire par la fenêtre, et le pouvoir s'enfuira par la porte.

En somme, maîtrisez vos images - ne les laissez pas vous maîtriser.

QUESTIONS ET EXERCICES

1. Donnez des exemples originaux de chaque type d'imagination reproductive.

2. Construisez deux d'entre eux en incidents imaginaires pour l'utilisation de la plate-forme, en utilisant votre imagination productive, ou créative.

3. Définissez (a) fantaisie ; (b) vision ; (c) fantastique ; (d) fantasmagorie ; (e) transmogrification ; (f) souvenir.

4. Qu'est-ce qu'une "figure de style" ?

5. Définissez et donnez deux exemples de chacune des figures de style suivantes. Il est préférable qu'au moins un des exemples de chaque type soit original. (a) simile ; (b) métaphore ; (c) métonymie ; (d) synecdoque ; (e) apostrophe ; (f) vision ; (g) personnification ; (h) hyperbole ; (i) ironie.

6. (a) Qu'est-ce qu'une allégorie ? (b) Citez un exemple. (c) Comment une courte allégorie pourrait-elle être utilisée dans le cadre d'un discours public ?

7. Rédigez une courte fable à utiliser dans un discours. Suivez soit la forme ancienne (Æsop), soit la forme moderne (George Ade, Josephine Dodge Daskam).

8. Qu'entendez-vous par "le présent historique" ? Illustrez comment il peut être utilisé (UNIQUEMENT de manière occasionnelle) dans un discours public.

9. Rappelez-vous un certain trouble dans la rue, (a) décrivez-le comme vous le feriez sur l'estrade ; (b) imaginez ce qui a précédé le trouble ; (c) imaginez ce qui l'a suivi ; (d) reliez le tout dans une narration laconique et dramatique pour l'estrade et livrez-la avec une attention particulière à tout ce que vous avez appris de l'art de l'orateur public.

10. Faites de même avec d'autres incidents que vous avez vus ou entendus, ou dont vous avez entendu parler dans les journaux.

NOTE : Il est souhaitable que cet exercice soit varié et développé jusqu'à ce que l'élève ait acquis une maîtrise considérable de la narration imaginative. (Voir le chapitre sur la "Narration").

11. Des expériences ont prouvé que la majorité des gens pensent plus vivement en termes d'images visuelles. Cependant, certains pensent plus facilement en termes d'images auditives et motrices. C'est un bon plan de mélanger toutes sortes d'images au cours de votre discours, car vous aurez sans doute toutes sortes d'auditeurs. Ce plan servira à varier et à renforcer vos effets en faisant appel aux différents sens de chaque auditeur, ainsi qu'à intéresser de nombreux auditeurs différents. Pour l'exercice, (a) donnez plusieurs exemples originaux d'images composées, et (b) construisez de brèves descriptions des scènes imaginées. Par exemple, la chute d'un pont en cours de construction.

12. Lisez attentivement ce qui suit :

Les grévistes ont souffert d'une pauvreté extrême l'hiver dernier à New York.

L'hiver dernier, une femme en visite dans l'East Side de New York a vu une autre femme sortir d'un immeuble d'habitation en se tordant les mains. En s'informant, la visiteuse a découvert qu'un enfant s'était évanoui dans l'un des appartements. Elle est entrée et a vu l'enfant malade et en haillons, tandis que le père, un gréviste, était trop pauvre pour fournir une aide médicale. Un médecin a été appelé et a déclaré que l'enfant s'était évanoui par manque de nourriture. La seule nourriture dans la maison était du poisson séché. La visiteuse a fait des provisions pour la famille et a ordonné au laitier de leur laisser du lait tous les jours. Un mois plus tard, elle est revenue. Le père de famille s'est agenouillé devant elle et, la qualifiant d'ange, a déclaré qu'elle leur avait sauvé la vie, car le lait qu'elle avait fourni était toute la nourriture qu'ils avaient.

Dans les deux paragraphes précédents, nous avons essentiellement la même histoire, racontée deux fois. Dans le premier paragraphe, nous avons un fait énoncé en termes généraux. Dans le second, nous avons un aperçu d'un événement spécifique. Maintenant, développez ce schéma en un récital dramatique, en faisant appel à votre imagination.

Chapitre 27 : Enrichir son vocabulaire

Les garçons qui font voler des cerfs-volants ramènent leurs oiseaux aux ailes blanches ; on ne peut pas faire ça quand on fait voler des mots. "Attention au feu" est un bon conseil, "Attention aux mots" l'est dix fois plus. Les pensées inexprimées retombent souvent mortes ; mais Dieu lui-même ne peut pas les tuer quand elles sont dites.

Will Carleton, The First Settler's Story.

Le terme "vocabulaire" a une signification à la fois spéciale et générale. Certes, tous les vocabulaires sont fondés sur les mots courants de la langue, à partir desquels se développent les vocabulaires spécialisés, mais chacun de ces groupes spécialisés possède un certain nombre de mots ayant une valeur particulière pour ses propres objets. Ces mots peuvent aussi être utilisés dans d'autres vocabulaires, mais le fait qu'ils conviennent à un ordre d'expression unique leur confère une valeur particulière pour un métier ou une profession spécifique.

À cet égard, l'orateur public ne diffère en rien du poète, du romancier, du savant, du voyageur. Il doit ajouter à son stock quotidien, des mots de valeur pour la présentation publique de la pensée. "Une étude des discours des orateurs efficaces révèle qu'ils ont une prédilection pour les mots signifiant la puissance, la grandeur, la vitesse, l'action, la couleur, la lumière et tous leurs contraires. Ils emploient fréquemment des mots qui expriment les diverses émotions. Les mots descriptifs, les adjectifs utilisés dans des relations fraîches avec les noms, et les épithètes appropriées, sont librement employés. En fait, la nature du discours public permet l'utilisation de mots légèrement exagérés qui, lorsqu'ils auront atteint le jugement de l'auditeur, ne laisseront qu'une impression juste. "[32][1]

Prenez l'habitude de prendre des notes

Posséder un mot implique trois choses : Connaître son sens particulier et son sens large, connaître sa relation avec d'autres mots, et être capable de l'utiliser. Lorsque vous voyez ou entendez un mot familier utilisé dans un sens qui ne vous est pas familier, notez-le, consultez-le et maîtrisez-le. Nous avons à l'esprit un orateur de niveau supérieur qui a acquis son vocabulaire

---

1. https://www.gutenberg.org/cache/epub/16317/pg16317-images.html#Footnote_32_33

en notant tous les mots nouveaux qu'il entendait ou lisait. Il les maîtrisait et les utilisait. Bientôt, son vocabulaire est devenu vaste, varié et exact. Utilisez un mot nouveau avec précision cinq fois et il est à vous. Le professeur Albert E. Hancock dit : "Le vocabulaire d'un auteur est de deux sortes, latent et dynamique : latent - les mots qu'il comprend ; dynamique - ceux qu'il peut facilement utiliser. Tout homme intelligent connaît tous les mots dont il a besoin, mais il ne les a pas forcément tous prêts à être utilisés. Le problème de la diction littéraire consiste à transformer le latent en dynamique". Votre vocabulaire dynamique est celui que vous devez particulièrement cultiver.

Dans son essai sur "A College Magazine", dans le volume Memories and Portraits, Stevenson montre comment il est passé de l'imitation à l'originalité dans l'utilisation des mots. Il se réfère particulièrement à la formation de son style littéraire, mais les mots sont les matières premières du style, et son excellent exemple pourrait bien être suivi judicieusement par l'orateur public. Les mots dans leurs relations sont beaucoup plus importants que les mots considérés isolément.

Chaque fois que je lisais un livre ou un passage qui me plaisait particulièrement, dans lequel une chose était dite ou un effet rendu avec justesse, dans lequel il y avait soit une force remarquable, soit une distinction heureuse dans le style, je devais m'asseoir immédiatement et me mettre à imiter cette qualité. J'ai échoué, et je le savais ; j'ai essayé de nouveau, et j'ai échoué de nouveau, et toujours échoué ; mais au moins, dans ces vains combats, j'ai acquis une certaine pratique du rythme, de l'harmonie, de la construction et de la coordination des parties.

J'ai ainsi joué le singe séducteur auprès de Hazlitt, de Lamb, de Wordsworth, de Sir Thomas Browne, de Defoe, de Hawthorne, de Montaigne.

Que cela me plaise ou non, c'est ainsi qu'on apprend à écrire ; que j'en aie profité ou non, c'est ainsi. C'est ainsi que Keats a appris, et il n'y a jamais eu de tempérament plus fin pour la littérature que celui de Keats.

Le grand intérêt de ces imitations est qu'il y a toujours, hors de portée de l'étudiant, son modèle inimitable. Qu'il essaie comme il veut, il est toujours sûr d'échouer ; et c'est un vieux dicton très vrai que l'échec est le seul chemin vers le succès.

Prendre l'habitude des livres de référence

Ne vous contentez pas de votre connaissance générale d'un mot, mais poursuivez votre étude jusqu'à ce que vous maîtrisiez ses différentes nuances de sens et d'usage. La simple fluidité est sûre de devenir méprisable, mais la précision jamais. Le dictionnaire contient l'usage cristallisé des géants intellectuels. Quiconque veut écrire efficacement n'ose pas mépriser ses définitions et ses discriminations. Pensez, par exemple, aux différentes significations de manteau, de modèle ou de quantité. Toute édition tardive d'un dictionnaire intégral est bonne et vaut la peine de faire des sacrifices pour la posséder.

Les livres de synonymes et d'antonymes - utilisés avec précaution, car il existe peu de synonymes parfaits dans une langue - seront d'une grande utilité. Considérez les nuances de sens parmi des groupes de mots tels que voleur, escroc, mauvais payeur, détourneur de fonds, cambrioleur, yeggman, voleur, bandit, maraudeur, pirate, et bien d'autres encore ; ou les distinctions entre hébreu, juif, israélite et sémite. N'oubliez pas qu'aucun livre de synonymes n'est digne de confiance s'il n'est pas utilisé avec un dictionnaire. "A Thesaurus of the English Language ", du Dr Francis A. March, est coûteux, mais complet et fait autorité. Il existe de nombreux petits livres de synonymes et d'antonymes.

Étudiez les connecteurs du langage anglais. Le livre de Fernald sur ce titre est une mine de perles. Des pièges insoupçonnés se trouvent dans l'utilisation peu rigoureuse de and, or, for, while, et d'une vingtaine de petites conjonctions délicates.

Les dérivés de mots sont riches en suggestions. Notre anglais doit tellement aux langues étrangères et a tellement changé au fil des siècles que des adresses entières peuvent naître d'une seule idée-racine cachée dans un ancien mot d'origine. La traduction est également un excellent exercice de maîtrise des mots et se marie bien avec l'étude des dérivations.

Les livres de phrases qui montrent les origines d'expressions familières surprendront la plupart d'entre nous en montrant à quel point le langage quotidien est utilisé avec négligence. Brewer's "A Dictionary of Phrase, and Fable", Edwards's "Words, Facts, and Phrases", et Thornton's "An American Glossary", sont tous bons - le dernier, un ouvrage coûteux en trois volumes.

Un préfixe ou un suffixe peut essentiellement changer la force du radical, comme dans impérieux et magistral, méprisable et méprisant, envieux et enviable. Ainsi, l'étude des mots en groupes, selon leur racine, leurs préfixes et leurs suffixes, permet de maîtriser leurs nuances de sens et de découvrir d'autres mots apparentés.

Ne pas privilégier un ensemble ou un type de mots plutôt qu'un autre

"Il y a plus de soixante ans, Lord Brougham, s'adressant aux étudiants de l'Université de Glasgow, énonçait la règle selon laquelle la partie native (anglo-saxonne) de notre vocabulaire devait être favorisée aux dépens de cette autre partie venue du latin et du grec. Cette règle était impossible à respecter, et Lord Brougham lui-même n'a jamais essayé de l'observer sérieusement ; et, en vérité, aucun grand écrivain ne s'y est essayé. Non seulement notre langue est très composite, mais les mots qui la composent se sont, pour reprendre l'expression de De Quincey, " heureusement assemblés ". Il est facile de se moquer des mots en -osity et -ation, comme des mots du dictionnaire, etc. Mais même Lord Brougham aurait trouvé difficile de se passer de la pomposité et de l'imagination. "

L'anglo-saxon, court et vigoureux, sera toujours préféré pour les passages d'impulsion et de force particulières, tout comme le latin continuera à nous fournir des expressions fluides et douces ; mélanger toutes les sortes, cependant, donnera de la variété - ce qui est le plus souhaitable.

Discuter des mots avec ceux qui les connaissent

Comme le langage de la plate-forme suit de près la diction du langage quotidien, de nombreux mots utiles peuvent être acquis lors de conversations avec des hommes cultivés, et lorsque ces discussions prennent la forme d'un débat sur le sens et l'usage des mots, elles s'avèrent doublement précieuses. Le développement de la puissance des mots va de pair avec la croissance de l'individualité.

Chercher fidèlement le mot juste

Les livres de référence ont trois fois plus de valeur lorsque leur propriétaire a la passion de faire sortir les cerneaux de leur coquille. Dix minutes par jour font des merveilles pour le casse-noix. "Je suis de plus en plus irrité par mes écrits", dit Flaubert. " Je suis comme un homme dont l'oreille est vraie, mais qui joue faussement du violon : ses doigts se refusent à reproduire exactement les sons dont il a le sentiment intérieur ". Alors les larmes coulent des yeux du pauvre gratteux et l'archet tombe de sa main. "

Le même brillant Français adressait ce conseil avisé à son élève, Guy de Maupassant : "Quelle que soit la chose que l'on veut dire, il n'y a qu'un mot pour l'exprimer, qu'un verbe pour l'animer, qu'un adjectif pour la qualifier. Il est indispensable de chercher ce mot, ce verbe, cet adjectif, jusqu'à ce qu'on les découvre, et de ne se contenter de rien d'autre."

Walter Savage Landor a écrit un jour : "Je déteste les mots faux, et je cherche avec soin, difficulté et morosité ceux qui conviennent à la chose." Il en était de même pour Sentimental Tommy, comme le raconte James M. Barrie dans son roman portant le nom de son héros comme titre. Pas étonnant que T. Sandys soit devenu un auteur et un lion !

Tommy, avec un autre garçon, écrit un essai sur "Une journée à l'église", en vue d'obtenir une bourse universitaire. Il se débrouille bien jusqu'à ce qu'il s'interrompe, faute de trouver un mot. Pendant près d'une heure, il cherche cette chose insaisissable, jusqu'à ce qu'on lui dise soudain que le temps imparti est écoulé, et qu'il a perdu ! Barrie peut raconter la suite :

Un essai ! Ce n'était pas plus un essai qu'une brindille n'est un arbre, car le gowk s'était coincé au milieu de sa deuxième page. Oui, coincé est l'expression exacte, comme son professeur chagriné a dû l'admettre lorsque le garçon a été contre-interrogé. Il n'avait pas fait "certains de ses tours" ; il s'était coincé, et ses explications, vous l'admettrez, n'ont fait que souligner son incapacité.

Il s'était exposé au mépris public par manque de mots. Quel mot ? lui demandèrent-ils, mais même maintenant, il ne pouvait pas le dire. Il avait cherché un mot écossais qui signifierait combien de personnes étaient à l'église, et il l'avait sur le bout de la langue, mais il ne voulait pas aller plus loin. Puckle était presque le mot, mais il ne signifiait pas autant de personnes que lui. L'heure était passée comme un clin d'œil ; il avait oublié le temps en cherchant le mot dans sa tête.

Les cinq autres [examinateurs] étaient furieux.... "Espèce de petite poule mouillée, rugit Cathro, n'y avait-il pas une douzaine de mots à utiliser si tu avais de la mauvaise volonté ? Qu'est-ce qui t'a pris à Manzy, ou..."

"J'ai pensé à manzy", répondit Tommy, tristement, car il avait honte de lui-même, "mais un manzy est un essaim. Cela voudrait dire que les gens dans la kirk bourdonnent comme des abeilles, au lieu de rester assis."

"Même si c'est ce que cela veut dire", dit M. Duthie avec impatience, "à quoi bon être si particulier ? L'art de la dissertation consiste sûrement à utiliser le premier mot qui vient et à se dépêcher."

"C'est comme ça que j'ai fait", a déclaré le fier McLauchlan [concurrent de Tommy] .....

"Je vois", a interposé M. Gloag, "que McLauchlan parle de l'existence d'un masque de personnes dans l'église. Masque est un beau mot écossais."

"J'ai pensé au masque", a gémi Tommy, "mais cela signifierait que la kirk est pleine à craquer, et je voulais simplement dire qu'elle était à moitié pleine".

"Flow aurait fait l'affaire", a suggéré M. Lonimer.

"Flow n'est qu'une poignée", a dit Tommy.

"Curran, alors, espèce de jackanapes !"

"Curran ne suffit pas."

M. Lorrimer a levé les mains en signe de désespoir.

"Je voulais quelque chose entre Curran et Masque", dit Tommy, obstinément, mais presque en pleurant.

M. Ogilvy, qui cachait difficilement son admiration, tendit un filet pour lui. "Vous avez dit que vous vouliez un mot qui signifie "middling full". Eh bien, pourquoi n'avez-vous pas dit middling full- ou fell mask ?"

"Oui, pourquoi pas ?" demandent les ministres, inconsciemment pris dans le filet.

"Je voulais un mot", a répondu Tommy, en l'évitant inconsciemment.

"Vous êtes un bijou !" murmura M. Ogilvy dans son souffle, mais M. Cathro aurait frappé la tête du garçon si les ministres n'étaient pas intervenus.

"Il est si facile, aussi, de trouver le mot juste", a dit M. Gloag.

"C'est non ; c'est aussi difficile que de frapper un écureuil", s'écria Tommy, et une fois encore, M. Ogilvy approuva d'un signe de tête.

Et puis une chose étrange s'est produite. Alors qu'ils s'apprêtaient à quitter l'école [Cathro avait auparavant fait sortir Tommy par le cou], la porte s'est entrouverte et dans l'ouverture est apparu le visage de Tommy, trempé de larmes mais excité. "Je connais le mot maintenant", s'est-il écrié, "il m'est venu à l'esprit tout de suite ; c'est hantle !"

M. Ogilvy ... s'est dit en extase : "Il a dû y penser jusqu'à ce qu'il l'obtienne – et il l'a obtenu. Ce jeune homme est un génie !"

QUESTIONS ET EXERCICES

1. Quelle est la dérivation du mot vocabulaire ?

2. Discutez brièvement de tout discours complet donné dans ce volume, en vous référant à (a) l'exactitude, (b) la variété, et (c) le charme, dans l'utilisation des mots.

4. Faites un court exposé sur n'importe quel sujet, en utilisant au moins cinq mots qui ne figuraient pas auparavant dans votre vocabulaire "dynamique".

5. Faites une liste des mots inconnus trouvés dans l'adresse de votre choix.

6. Présentez un court discours extemporané donnant votre avis sur les mérites et les démérites de l'utilisation de mots inhabituels dans les discours publics.

7. Essayez de trouver un exemple d'utilisation excessive de mots inhabituels dans un discours.

8. Avez-vous utilisé des livres de référence pour l'étude des mots ? Si oui, indiquez avec quel résultat.

9. Trouvez autant de synonymes et d'antonymes que possible pour chacun des mots suivants : Excès, Rare, Sévère, Beau, Clair, Heureux, Différence, Attention, Habile, Impliquer, Inimitié, Profit, Absurde, Évident, Faible, Amical, Harmonie, Haine, Honnête, Inhérent.

Chapitre 28 : Entraînement de la mémoire

Bercées dans les innombrables chambres du cerveau, nos pensées sont reliées par une chaîne cachée ; Réveillez-en une seule, et voilà que des myriades de pensées s'élèvent, chacune marquant son image comme l'autre s'envole !

Je te salue, mémoire, je te salue, dans ta mine inépuisable D'âge en âge brillent des trésors innombrables La pensée et sa couvée ombrageuse obéissent à ton appel, Et le lieu et le temps sont soumis à ton emprise !

-Samuel Rogers, Les plaisirs de la mémoire.

Plus d'un orateur, comme Thackeray, s'est adressé à lui-même la meilleure partie de son discours sur le chemin du retour de la salle de conférence. La présence d'esprit - il restait à Mark Twain à le remarquer - est grandement favorisée par l'absence de corps. Un trou dans la mémoire n'est pas moins une plainte courante qu'une plainte affligeante.

Henry Ward Beecher a pu prononcer l'un des plus grands discours du monde à Liverpool grâce à son excellente mémoire. En parlant de cette occasion, M. Beecher a dit que tous les événements, arguments et appels qu'il n'avait jamais entendus, lus ou écrits semblaient passer devant son esprit comme des armes oratoires, et que, debout, il n'avait qu'à tendre la main et "saisir les armes au moment où elles passaient en fumant". Ben Jonson pouvait répéter tout ce qu'il avait écrit. Scaliger a mémorisé l'Iliade en trois semaines. Locke dit : "Sans mémoire, l'homme est un enfant perpétuel." Quintilien et Aristote la considéraient comme une mesure du génie.

Tout cela est très bien. Nous sommes tous d'accord pour dire qu'une mémoire fiable est un bien inestimable pour l'orateur. Nous ne contestons pas un instant lorsqu'on nous dit solennellement que sa mémoire doit être un entrepôt dans lequel il peut puiser à loisir des faits, des fantaisies et des illustrations. Mais la mémoire peut-elle être entraînée à être le gardien de toutes les vérités que nous avons acquises par la réflexion, la lecture et l'expérience ? Et si oui, comment ? Voyons cela.

Il y a vingt ans, un pauvre garçon immigré, employé comme laveur de vaisselle à New York, s'est égaré dans la Cooper Union et a commencé à lire un exemplaire de "Progress and Poverty" de Henry George. Sa passion pour la connaissance s'est éveillée et il est devenu un lecteur assidu. Mais il s'aperçut qu'il n'était pas capable de se souvenir de ce qu'il lisait. Il commença donc à entraîner sa mémoire naturellement faible jusqu'à devenir le plus grand expert en mémoire du monde. Cet homme était le regretté M. Felix Berol. M. Berol pouvait dire la population de n'importe quelle ville du monde, de plus de cinq mille habitants. Il pouvait se rappeler les noms de quarante étrangers qui venaient de lui être présentés et était capable de dire lequel avait été présenté en troisième, huitième, dix-septième, ou dans n'importe quel ordre. Il connaissait la date de chaque événement important de l'histoire, et pouvait non seulement se souvenir d'un éventail infini de faits, mais aussi les corréler parfaitement.

Il est impossible de déterminer avec exactitude dans quelle mesure la mémoire remarquable de M. Berol était naturelle et ne nécessitait que de l'attention pour se développer, mais les preuves indiquent clairement que, aussi inutiles qu'aient été nombre de ses exploits de mémoire, une mémoire hautement rémanente s'est développée là où il n'y avait auparavant qu'un "bon oubli".

Il n'y a pas lieu de s'efforcer d'avoir une mémoire de fou, mais une bonne mémoire de travail l'est assurément. Votre pouvoir en tant qu'orateur dépendra dans une large mesure de votre capacité à retenir des impressions et à les rappeler lorsque l'occasion se présente, et ce genre de mémoire est comme un muscle - elle répond à l'entraînement.

Ce qu'il ne faut pas faire

Commencer à mémoriser en apprenant des mots par cœur, c'est faire preuve d'un effort totalement dévoyé, car c'est commencer à construire une pyramide au sommet. Pendant des années, nos écoles ont été maudites par ce système vicieux, non seulement parce qu'il est inefficace, mais aussi parce qu'il nuit à l'esprit. Il est vrai que certains esprits sont nativement dotés d'une merveilleuse facilité à se souvenir de chaînes de mots, de faits et de chiffres, mais ce sont rarement de bons esprits raisonnants ; la personne normale doit travailler et forcer la mémoire à acquérir de cette manière artificielle.

Encore une fois, il est néfaste de forcer la mémoire dans les heures de faiblesse physique ou de lassitude mentale. La santé est la base de la meilleure action mentale et l'opération de la mémoire ne fait pas exception.

Enfin, ne devenez pas l'esclave d'un système. La connaissance de quelques faits simples concernant l'esprit et la mémoire vous permettra de travailler à la bonne extrémité de l'opération. Utilisez ces principes, qu'ils soient inclus dans un système ou non, mais ne vous attachez pas à une méthode qui tend à mettre davantage l'accent sur la façon de se souvenir que sur le développement de la mémoire elle-même. Il n'est rien moins que ridicule de mémoriser dix mots pour se souvenir d'un fait.

Les lois naturelles de la mémoire

La concentration de l'attention au moment où vous souhaitez stocker l'esprit est la première étape de la mémorisation - et de loin la plus importante. Vous avez oublié le quatrième de la liste d'articles que votre femme vous a demandé de rapporter à la maison principalement parce que vous avez laissé votre attention vaciller pendant un instant lorsqu'elle vous le disait. L'attention peut ne pas être une attention concentrée. Lorsqu'un siphon est chargé de gaz, il est suffisamment rempli de vapeur d'acide carbonique pour que son influence se fasse sentir ; un esprit chargé d'une idée est chargé à un degré suffisant pour la retenir. Si l'on charge trop, le siphon éclate ; si l'on accorde trop d'attention à des futilités, cela mène à la folie. Une attention adéquate est donc le secret fondamental de la mémorisation.

En général, nous n'accordons pas une attention suffisante à un fait lorsqu'il ne semble pas important. Presque tout le monde a vu comment les pépins d'une pomme pointent, et a mémorisé la date de la mort de Washington. La plupart d'entre nous ont - peut-être sagement - oublié les deux. La petite entaille dans l'écorce d'un arbre se cicatrise et s'efface en une saison, mais les entailles dans les arbres autour de Gettysburg sont encore visibles après cinquante ans. Les impressions recueillies à la légère sont vite effacées. Seules les impressions profondes peuvent être rappelées à volonté. Henry Ward Beecher a dit : "Une heure intense fera plus que des années de rêve." Pour mémoriser des idées et des mots, concentrez-vous sur eux jusqu'à ce qu'ils soient fixés fermement et profondément dans votre esprit et accordez-leur leur véritable importance. Écoutez avec l'esprit et vous vous souviendrez.

Comment se concentrer ? Comment augmenter l'efficacité au combat d'un navire de guerre ? Un moyen essentiel serait d'augmenter la taille et le nombre de ses canons. Pour renforcer votre mémoire, augmentez à la fois le nombre et la force de vos impressions mentales en vous y consacrant intensément. Les habitudes de lecture lentes, superficielles et à la dérive détruisent le pouvoir de la mémoire. Cependant, comme la plupart des livres et des journaux ne méritent aucune autre forme d'attention, il n'est pas nécessaire de condamner complètement cette méthode de lecture, mais il faut l'éviter lorsque vous essayez de mémoriser.

L'environnement a une forte influence sur la concentration, jusqu'à ce que vous ayez appris à être seul dans une foule et à ne pas être dérangé par les clameurs. Lorsque vous entreprenez de mémoriser un fait ou un discours, vous trouverez peut-être la tâche plus facile loin de tout bruit et de tout objet mobile. Il faut éliminer toutes les impressions étrangères à celle que vous désirez fixer dans votre esprit.

La prochaine grande étape de la mémorisation consiste à choisir les éléments essentiels du sujet, à les classer dans l'ordre et à s'y attarder. Pensez clairement à chaque élément essentiel, l'un après l'autre. Penser à une chose - ne pas laisser l'esprit vagabonder vers des éléments non essentiels - c'est vraiment mémoriser.

L'association d'idées est universellement reconnue comme un élément essentiel du travail de la mémoire ; en effet, des systèmes entiers d'entraînement de la mémoire ont été fondés sur ce principe.

De nombreux orateurs ne mémorisent que les grandes lignes de leur discours, complétant les mots au moment de parler. Certains ont trouvé utile de se souvenir d'un plan en associant les différents points à des objets dans la salle. En parlant de la "paix", vous voudrez peut-être vous attarder sur le coût, la cruauté et l'échec de la guerre, pour en arriver à la justice de l'arbitrage. Avant de monter sur l'estrade, associez quatre divisions de votre plan à quatre objets dans la salle, cette association vous aidera à vous en souvenir. Vous avez peut-être tendance à oublier votre troisième point, mais vous vous souvenez qu'une fois, pendant que vous parliez, les lumières électriques sont tombées en panne, alors arbitrairement, le globe lumineux vous aidera à vous souvenir de la "panne". De telles associations, étant uniques, ont tendance à rester dans l'esprit. Alors qu'il parlait récemment des six types d'imagination, l'auteur actuel en a fait un acrostiche - visuel, auditif, moteur, gustatif, olfactif et tactile - et a fourni le mot absurde vamgot, mais les six points ont été facilement mémorisés.

De la même manière que l'on apprend aux enfants à se souvenir de l'orthographe des mots taquins - séparer vient de séparer - et qu'un automobiliste se souvient que deux C puis deux H le mènent à Castor Road, Cottman Street, Haynes Street et Henry Street, les points importants de votre adresse peuvent être fixés dans l'esprit par des symboles arbitraires inventés par vous-même. Le travail même de conception du schéma est une action de mémoire. Le processus psychologique est simple : il s'agit de noter avec attention les étapes par lesquelles un fait, une vérité, ou même un mot, vous est parvenu. Profitez de cette tendance de l'esprit à se souvenir par association.

La répétition est une aide puissante pour la mémoire. Thurlow Weed, le journaliste et leader politique, était troublé parce qu'il oubliait si facilement les noms des personnes qu'il rencontrait au jour le jour. Il a corrigé cette faiblesse, relate le professeur William James, en prenant l'habitude d'examiner attentivement les noms qu'il avait entendus pendant la journée, puis de les répéter à sa femme chaque soir. Sans doute Mme Weed était-elle d'une longanimité héroïque, mais le procédé fonctionnait admirablement.

Après avoir lu un passage dont vous vous souviendrez, fermez le livre, réfléchissez et répétez le contenu - à haute voix, si possible.

De nombreuses personnes ont constaté que le fait de lire à haute voix de manière réfléchie constitue un exercice de mémoire utile.

Écrivez ce dont vous voulez vous souvenir. Il s'agit simplement d'un moyen supplémentaire d'augmenter le nombre et la force de vos impressions mentales en utilisant toutes vos voies d'impression. Pour fixer un discours dans votre esprit, vous devez le prononcer à haute voix, l'écouter, l'écrire et le regarder attentivement. Vous l'avez alors imprimé dans votre esprit au moyen d'impressions vocales, auditives, musculaires et visuelles.

Certaines personnes ont une mémoire auditive particulièrement distincte ; elles sont capables de se souvenir des choses entendues beaucoup mieux que des choses vues. D'autres ont une mémoire visuelle ; ils sont plus aptes à se souvenir des impressions visuelles. Lorsque vous vous rappelez une promenade que vous avez faite, vous rappelez-vous mieux les images ou les sons ? Déterminez quels types d'impressions votre mémoire retient le mieux et utilisez-les le plus souvent. Pour fixer une idée dans votre esprit, utilisez tous les types d'impressions possibles.

L'habitude quotidienne est un grand cultivateur de mémoire. Tirez une leçon du marathonien. Un exercice régulier, même si ce n'est jamais qu'un petit exercice quotidien, renforcera votre mémoire dans une mesure surprenante. Essayez de décrire en détail la tenue, l'apparence et les manières des personnes que vous croisez dans la rue. Observez la pièce dans laquelle vous vous trouvez, fermez les yeux et décrivez son contenu. Observez attentivement le paysage et rédigez une description détaillée de celui-ci. Qu'est-ce qui vous a échappé ? Observez le contenu des vitrines dans la rue ; combien de caractéristiques pouvez-vous retenir ? Une pratique continue de cet exercice peut développer en vous une compétence aussi remarquable que celle de Robert Houdin et de son fils.

La mémorisation quotidienne d'un beau passage de la littérature non seulement renforcera la mémoire, mais stockera dans l'esprit des joyaux à citer. Mais que ce soit par de petites ou de grandes choses, augmentez chaque jour la puissance de votre mémoire en vous exerçant.

Mémorisez à l'extérieur. La flottabilité du bois, du rivage ou de la nuit orageuse dans les rues désertes peut rafraîchir votre esprit comme celui d'innombrables autres personnes.

Enfin, chassez la peur. Dites-vous que vous pouvez, que vous voulez et que vous vous souvenez. Par pur exercice d'égoïsme, affirmez votre maîtrise. Soyez obsédé par la peur d'oublier et vous ne pourrez pas vous souvenir. Pratiquez l'inverse. Jette tes béquilles manuscrites - tu tomberas peut-être une ou deux fois, mais qu'importe, car tu vas apprendre à marcher, à sauter et à courir.

Mémoriser un discours

Essayons maintenant de mettre en pratique les suggestions qui précèdent. Tout d'abord, relisez ce chapitre, en notant les neuf façons dont la mémorisation peut être facilitée.

Lisez ensuite la sélection suivante de Beecher, en appliquant autant de suggestions que possible. Gardez bien à l'esprit l'esprit de cette sélection. Notez mentalement - en l'écrivant, si nécessaire - la succession des idées. Mémorisez maintenant la pensée. Ensuite, mémorisez le schéma, l'ordre dans lequel les différentes idées sont exprimées. Enfin, mémorisez la formulation exacte.

Non, une fois que vous aurez fait tout cela, avec la plus fidèle attention aux instructions, vous ne trouverez pas la mémorisation facile, à moins que vous n'ayez préalablement entraîné votre mémoire, ou qu'elle soit naturellement rétive. Ce n'est que par une pratique constante que la mémoire deviendra forte et ce n'est qu'en observant continuellement ces mêmes principes qu'elle restera forte. Vous aurez cependant fait un début, ce qui n'est pas négligeable.

LE RÈGNE DES GENS DU PEUPLE

Je ne pense pas que vous ayez une très haute opinion de l'expérience de l'autonomie gouvernementale en Amérique. Je n'en ai pas non plus, si je me contente de regarder la surface des choses. Les hommes diront : "Il va de soi que 60 millions de personnes ignorant la loi, l'histoire constitutionnelle, la jurisprudence, les finances, les taxes, les tarifs et les formes de monnaie - 60 millions de personnes qui n'ont jamais étudié ces choses - ne sont pas aptes à gouverner". Votre diplomatie est aussi compliquée que la nôtre, et c'est la plus compliquée sur terre, car toutes les choses se complexifient à mesure qu'elles évoluent vers une condition supérieure. Quelle est l'aptitude de ces gens ? Eh bien, ce n'est pas une simple démocratie ; c'est une démocratie représentative. Nos gens ne votent pas en masse pour quoi que ce soit ; ils choisissent des capitaines de pensée, ils choisissent les hommes qui savent, et ils les envoient à la législature pour penser pour eux, et ensuite le peuple les ratifie ou les désapprouve.

Mais quand on en vient à la législature, je dois avouer que la chose n'a pas l'air beaucoup plus réjouissante à l'extérieur. Choisissent-ils vraiment les meilleurs hommes ? Oui ; en temps de danger, ils le font très généralement, mais en temps ordinaire, "le baiser va par la faveur". Vous savez quel est le devoir d'un législateur républicain-démocrate ordinaire. C'est de revenir l'hiver prochain. Quel est son second devoir ? Son deuxième devoir est de se mettre sous la protection de cette providence extraordinaire qui s'occupe des salaires des législateurs. Le vieux miracle du prophète, de la farine et de l'huile est surpassé de façon incommensurable de nos jours, car ils partent pauvres une année et rentrent riches ; en quatre ans, ils deviennent des prêteurs, tout cela grâce à leur confiance en cette providence gracieuse qui s'occupe des salaires des législateurs. Leur prochain devoir après cela est de servir le parti qui les a envoyés là-haut, et ensuite, s'il reste quelque chose d'eux, cela appartient au Commonwealth. Quelqu'un a dit très sagement que si un homme qui voyage souhaite savourer son dîner, il vaut mieux qu'il n'aille pas dans la cuisine pour voir où il est cuit ; si un homme souhaite respecter et obéir à la loi, il vaut mieux qu'il n'aille pas à la législature pour voir où elle est cuite.

-Henry Ward Beecher.

Extrait d'une conférence donnée à Exeter Hall, Londres, 1886, lors de sa dernière tournée en Grande-Bretagne.

En cas de problème

Mais que faire si, malgré tous vos efforts, vous oubliez vos points, et que votre esprit, pendant une minute, devient vide ? C'est un état déplorable qui se présente parfois et auquel il faut faire face. Évidemment, vous pouvez vous asseoir et admettre votre défaite. Mais il faut absolument éviter une telle issue.

Marcher lentement sur le quai peut vous donner le temps de vous ressaisir, de composer vos pensées et d'éviter le désastre. La méthode la plus sûre et la plus pratique consiste peut-être à commencer une nouvelle phrase par votre dernier mot important. Il ne s'agit pas d'une méthode pour composer un discours, mais simplement d'une mesure extrême qui peut vous sauver dans des circonstances difficiles. C'est comme les pompiers, moins vous devez les utiliser, mieux c'est. Si vous suivez cette méthode pendant très longtemps, vous risquez de vous retrouver à parler de plum-pudding ou de Chinese Gordon de la manière la plus inattendue qui soit, alors bien sûr, vous reviendrez à votre texte dès que vos pieds auront touché la plate-forme.

Voyons comment ce plan fonctionne - évidemment, vos mots extemporanés manqueront quelque peu de polissage, mais dans une telle passe, la grossièreté vaut mieux que l'échec.

Maintenant, vous êtes dans un cul-de-sac après avoir dit : "Jeanne d'Arc a combattu pour la liberté." Avec cette méthode, tu pourrais obtenir quelque chose comme ça :

" La liberté est un privilège sacré pour lequel l'humanité a toujours dû se battre. Ces luttes [Platitude - mais continuez] remplissent les pages de l'histoire. L'histoire enregistre le triomphe progressif du serf sur le seigneur, de l'esclave sur le maître. Le maître a continuellement essayé d'usurper des pouvoirs illimités. Au cours de l'âge médiéval, le pouvoir revenait au propriétaire de la terre, doté d'une lance et d'un château fort ; mais le château fort et la lance n'ont pas servi à grand-chose après la découverte de la poudre à canon. La poudre à canon a été le plus grand bienfait que la liberté ait jamais connu."

Jusqu'à présent, vous avez lié une idée à une autre de manière plutôt évidente, mais vous avez maintenant un second souffle et vous pouvez vous risquer à relâcher votre emprise sur la chaîne trop évidente ; c'est ce que vous dites :

"Avec la poudre à canon, le plus humble serf de tout le pays pouvait mettre fin à la vie du baron tyrannique derrière les murs du château. La lutte pour la liberté, avec l'aide de la poudre à canon, a anéanti les empires et ouvert une nouvelle ère pour toute l'humanité."

En un instant de plus, vous avez repris votre plan et la journée est sauvée.

La pratique d'exercices comme ceux mentionnés ci-dessus vous fortifiera non seulement contre la mort de votre discours lorsque votre mémoire s'emballe, mais elle constituera également un excellent entraînement à la fluidité de l'expression orale. Faites le plein d'idées.

QUESTIONS ET EXERCICES

1. Relevez et énoncez brièvement les neuf aides à la mémorisation proposées dans ce chapitre.

2. Décrivez le succès que vous avez rencontré avec l'un des plans de culture de la mémoire proposés dans ce chapitre. Certains ont-ils eu moins de succès que d'autres ?

3. Critiquez librement l'une ou l'autre des méthodes proposées.

4. Donnez un exemple original de mémoire par association d'idées.

5. Énumérez dans l'ordre les idées principales de n'importe quel discours de ce volume.

6. Répétez-les de mémoire.

7. Développez-les dans un discours, en utilisant vos propres mots.

8. Illustrez pratiquement ce que vous feriez, si au milieu d'un discours sur le progrès, votre mémoire vous faisait défaut et que vous vous arrêtiez brusquement sur la phrase suivante : "Le siècle dernier a connu des progrès merveilleux dans divers secteurs d'activité."

9. Combien de citations qui correspondent bien à la boîte à outils de l'orateur pouvez-vous rappeler de mémoire ?

10. Mémorisez le poème de la page 42[1]. Combien de temps cela vous prend-il

---

1.   https://www.gutenberg.org/cache/epub/16317/pg16317-images.html#Page_42

Chapitre 29 : La pensée juste et la personnalité

Tout ce qui écrase l'individualité est un despotisme, quel que soit le nom qu'on lui donne.-John Stuart Mill, De la liberté.

La pensée juste permet de vivre pleinement en développant le pouvoir d'apprécier le beau dans la nature et l'art, le pouvoir de penser le vrai et de vouloir le bien, le pouvoir de vivre la vie de la pensée, de la foi, de l'espoir et de l'amour.

N.C. Schaeffer, Penser et apprendre à penser.

Le bien le plus précieux de l'orateur est la personnalité - ce quelque chose d'indéfinissable, d'impondérable qui résume ce que nous sommes, et nous rend différents des autres ; cette force distinctive de soi qui agit de manière appréciable sur ceux dont nous touchons la vie. C'est la personnalité seule qui nous fait aspirer à des choses plus élevées. Privez-nous de notre sens de la vie individuelle, avec ses gains et ses pertes, ses devoirs et ses joies, et nous rampons. "Peu de créatures humaines", dit John Stuart Mill, "consentiraient à être changées en l'un des animaux inférieurs pour une promesse de jouissance complète des plaisirs d'une bête ; aucun être humain intelligent ne consentirait à être un imbécile, aucune personne instruite ne serait un ignorant, aucune personne de sentiment et de conscience ne serait égoïste et vile, même si elle devait être persuadée que l'imbécile, le cancre ou le coquin est mieux satisfait de son sort qu'eux du leur..... Il vaut mieux être un être humain insatisfait qu'un porc satisfait, mieux vaut être un Socrate insatisfait qu'un imbécile satisfait. Et si le fou ou le cochon est d'un avis différent, c'est uniquement parce qu'il ne connaît que son propre côté de la question. L'autre partie de la comparaison connaît les deux côtés."

Or, c'est précisément parce que le type Socrate vit sur le plan de la pensée juste et de la retenue des sentiments et de la volonté qu'il préfère son état à celui de l'animal. Tout ce qu'un homme est, son bonheur, ses peines, ses réussites, ses échecs, son magnétisme, ses faiblesses, tout cela est, dans une très large mesure, le résultat direct de sa pensée. La pensée et le cœur se combinent pour produire une pensée juste : "L'homme est tel qu'il pense dans son cœur". Ce qu'il ne pense pas dans son cœur, il ne peut jamais le devenir.

Puisque c'est vrai, la personnalité peut être développée et ses pouvoirs latents mis en valeur par une culture attentive. Nous avons depuis longtemps cessé de croire que nous vivons dans un royaume de hasard. Les lois de la nature sont si claires et si précises que nous pouvons prévoir, des dizaines d'années à l'avance, l'apparition d'une certaine comète et prédire à la minute près une éclipse de soleil. Et nous comprenons cette loi de cause à effet dans tous nos domaines matériels. Nous ne plantons pas des pommes de terre en nous attendant à récolter des jacinthes. La loi est universelle : elle s'applique à nos pouvoirs mentaux, à la moralité, à la personnalité, tout autant qu'aux corps célestes et au grain des champs. "Tout ce que l'homme sème, il le moissonnera aussi", et rien d'autre.

Le caractère a toujours été considéré comme l'un des principaux facteurs de la puissance de l'orateur. Caton définissait l'orateur comme vir bonus dicendi peritus, c'est-à-dire un homme bon et habile à parler. Phillips Brooks dit : "Personne ne peut vraiment se présenter comme un orateur devant le monde, à moins de vivre profondément et de penser sérieusement". "Le caractère, dit Emerson, est une puissance naturelle, comme la lumière et la chaleur, et toute la nature coopère avec elle. La raison pour laquelle nous sentons la présence d'un homme, et ne sentons pas celle d'un autre est aussi simple que la gravité. La vérité est le sommet de l'être : la justice est son application aux affaires. Toutes les natures individuelles se situent dans une échelle, selon la pureté de cet élément en elles. La volonté des purs descend dans les autres natures, comme l'eau descend d'un récipient supérieur dans un récipient inférieur. Cette force naturelle ne doit pas plus être combattue que toute autre force naturelle..... Le caractère est la nature dans sa forme la plus élevée."

Il est absolument impossible que des pensées impures, bestiales et égoïstes se transforment en habitudes aimantes et altruistes. Les graines de chardon ne donnent que le chardon. À l'inverse, il est tout à fait impossible que des pensées altruistes, sympathiques et serviables continues fassent naître un caractère bas et vicieux. Ce sont les pensées ou les sentiments qui précèdent et déterminent toutes nos actions. Les actions se transforment en habitudes, les habitudes forment le caractère, et le caractère détermine le destin. Par conséquent, garder nos pensées et contrôler nos sentiments, c'est façonner notre destin. Le syllogisme est complet, et aussi vieux qu'il soit, il est toujours vrai.

Puisque "le caractère est la nature dans sa forme la plus élevée", le développement du caractère doit se faire de manière naturelle. Le jardin laissé à lui-même produira des mauvaises herbes et des plantes maigres, mais les parterres de fleurs soigneusement entretenus s'épanouiront en parfum et en beauté.

De même que l'étudiant qui entre au collège détermine en grande partie sa vocation en choisissant parmi les différents cours du programme d'études, de même nous choisissons nos caractères en choisissant nos pensées. Nous nous élevons constamment vers ce que nous souhaitons le plus, ou nous nous enfonçons constamment au niveau de nos plus bas désirs. Ce que nous chérissons secrètement dans nos cœurs est un symbole de ce que nous recevrons. Nos pensées nous poussent vers notre destin. Lorsque vous voyez le drapeau flotter vers le Sud, vous savez que le vent vient du Nord. Lorsque vous voyez les pailles et les papiers portés vers le Nord, vous comprenez que le vent souffle du Sud. Il est tout aussi facile de déterminer les pensées d'un homme en observant la tendance de son caractère.

Que l'on ne soupçonne pas un seul instant que tout ceci n'est qu'un prêche sur la question de la morale. C'est cela, mais bien plus encore, car cela touche l'homme tout entier - sa nature imaginative, sa capacité à contrôler ses sentiments, la maîtrise de ses facultés de réflexion et - peut-être surtout - son pouvoir de vouloir et de traduire ses volitions en actions efficaces.

La pensée juste suppose constamment que la volonté trône pour exécuter les dictats de l'esprit, de la conscience et du cœur. Ne tolérez jamais un seul instant la suggestion que votre volonté n'est pas absolument efficace. La façon de vouloir est de vouloir - et la toute première fois que vous êtes tenté de briser une résolution valable - et vous le serez, vous pouvez en être certain - engagez le combat à ce moment précis. Vous ne pouvez pas vous permettre de perdre ce combat. Vous devez le gagner - ne vous écartez pas un instant, mais gardez cette résolution même si elle vous tue. Ce ne sera pas le cas, mais vous devez vous battre comme si la vie dépendait de la victoire ; et en fait, votre personnalité peut se trouver dans la balance !

Votre succès ou votre échec en tant qu'orateur sera déterminé en grande partie par vos pensées et votre attitude mentale. L'auteur actuel a inscrit un étudiant peu instruit à l'un de ses cours d'art oratoire. Il s'est avéré être un très mauvais orateur, et l'instructeur n'a pu consciencieusement que lui faire remarquer ses défauts. Cependant, le jeune homme fut averti de ne pas se décourager. Avec de la tristesse dans la voix et l'essence du sérieux rayonnant dans ses yeux, il répondit : "Je ne me découragerai pas ! Je veux tellement savoir parler !" C'était chaleureux, humain, ça venait du fond du cœur. Et il a continué à essayer - et est devenu un orateur crédible.

Aucune puissance sous les étoiles ne peut vaincre un homme ayant cette attitude. Celui qui, au plus profond de son cœur, désire ardemment obtenir une facilité d'élocution, et qui est prêt à faire les sacrifices nécessaires, atteindra son but. "Demandez et vous recevrez ; cherchez et vous trouverez ; frappez et on vous ouvrira", s'applique en effet à ceux qui veulent acquérir le pouvoir de parler. Vous ne réaliserez pas le prix que vous souhaitez langoureusement, mais le but que vous commencez à atteindre avec l'esprit de la vieille garde qui meurt mais ne se rend jamais, vous l'atteindrez sûrement.

Votre foi en vos capacités et votre volonté de faire des sacrifices pour cette foi sont le double indice de vos réalisations futures. Lincoln rêvait de ses possibilités en tant qu'orateur. Il a transformé ce rêve en vie uniquement parce qu'il a parcouru de nombreux kilomètres pour emprunter des livres qu'il lisait la nuit à la lueur du feu de bois. Il a fait beaucoup de sacrifices pour réaliser sa vision. Livingstone avait une grande foi dans sa capacité à servir les races ignorantes d'Afrique. Pour concrétiser cette foi, il a tout abandonné. En quittant l'Angleterre pour l'intérieur du continent noir, il a porté le coup de grâce aux profits que l'Europe tirait de la traite des esclaves. Jeanne d'Arc avait une grande confiance en elle, glorifiée par une capacité infinie de sacrifice. Elle repousse les Anglais au-delà de la Loire, et se tient aux côtés de Charles lors de son couronnement.

Ils ont tous réalisé leurs plus grands désirs. La loi est universelle. Désirez beaucoup, et vous obtiendrez ; sacrifiez beaucoup, et vous obtiendrez.

Stanton Davis Kirkham a magnifiquement exprimé cette pensée : "Vous pouvez être en train de tenir des comptes, et bientôt vous franchirez la porte qui vous a si longtemps semblé être la barrière de vos idéaux, et vous vous retrouverez devant un public - la plume toujours derrière l'oreille, les taches d'encre sur les doigts - et alors et là, vous déverserez le torrent de votre inspiration. Il se peut que vous conduisiez des moutons, et que vous vous égariez dans la ville, bucolique et bouche bée ; que vous vous égariez, sous la conduite intrépide de l'esprit, dans l'atelier du maître, et qu'au bout d'un moment il vous dise : "Je n'ai plus rien à vous apprendre". Et maintenant, vous êtes devenu le maître, qui, il y a peu, rêvait de grandes choses en conduisant des moutons. Vous déposerez la scie et le rabot pour prendre sur vous la régénération du monde."

QUESTIONS ET EXERCICES

1. Qu'est-ce que, dans vos propres mots, la personnalité ?

2. Comment la personnalité d'un orateur vous affecte-t-elle en tant qu'auditeur

3. De quelles manières la personnalité se manifeste-t-elle chez un orateur ?

4. Présentez un court discours sur "Le pouvoir de la volonté chez l'orateur public".

5. Faites une allocution basée sur une phrase choisie dans ce chapitre.

Chapitre 30 : Après le dîner et autres interventions occasionnelles

La perception du ridicule est un gage de santé mentale.

-Ralph Waldo Emerson, Essais.

Et qu'il veille à laisser aux autres hommes leur tour de parole.

-Francis Bacon, Essai sur le discours civil et moral.

Les discours les plus brillants, et certainement les plus divertissants, sont ceux qui sont prononcés après un dîner ou lors d'autres occasions spéciales. L'air de contentement bien nourri dans le premier cas, et l'attente bien préparée dans le second, fournissent un auditoire qui, bien qu'il ne soit pas facile à gagner, est préparé pour le meilleur, tandis que l'orateur lui-même est presque sûr d'avoir été choisi pour ses dons d'orateur.

Le premier élément essentiel d'un bon discours de circonstance est d'étudier l'occasion. Quel est précisément l'objet de la réunion ? Quelle est l'importance de l'occasion pour l'auditoire ? Quelle sera la taille de l'auditoire ? Quel genre de personnes sont-elles ? Quelle est la taille de l'auditorium ? Qui choisit les thèmes des orateurs ? Qui d'autre prendra la parole ? De quoi vont-ils parler ? Combien de temps exactement dois-je parler ? Qui parle avant moi et qui suit

Si vous voulez faire mouche, posez des questions telles que celles-ci. [De nombreux hommes éminents ont perdu leur prestige parce qu'ils étaient trop négligents, trop occupés ou trop sûrs d'eux pour respecter l'occasion et l'auditoire en apprenant les conditions exactes dans lesquelles ils devaient parler. Laisser trop de place à l'improvisation, c'est prendre un grand risque et cela signifie généralement un discours moins efficace, voire un échec.

L'adéquation est l'élément essentiel d'un discours de circonstance. Lorsque Mark Twain s'est adressé à l'armée du Tennessee lors d'une réunion à Chicago, en 1877, il a répondu au toast "Les bébés". Deux choses dans ce discours d'après-dîner sont remarquables : l'introduction brillante, par laquelle il a subtilement suscité l'intérêt de tous, et l'utilisation humoristique de termes militaires tout au long du discours :

Monsieur le président et messieurs : "Les Bébés". C'est quelque chose comme ça. Nous n'avons pas tous eu la chance d'être des dames ; nous n'avons pas tous été des généraux, des poètes ou des hommes d'État ; mais lorsque le toast porte sur les bébés, nous sommes sur un pied d'égalité, car nous avons tous été des bébés. C'est une honte que pendant mille ans, les banquets du monde aient complètement ignoré le bébé, comme s'il ne valait rien ! Si vous, messieurs, vous arrêtez et réfléchissez une minute - si vous retournez cinquante ou cent ans en arrière, au début de votre vie conjugale, et que vous repensez à votre premier bébé - vous vous souviendrez qu'il représentait beaucoup, et même plus.

"De même que l'on reconnaît un navire à son bruit, qu'il soit fendu ou non", a dit Démosthène, "de même les hommes sont prouvés par leurs discours, qu'ils soient sages ou fous". Il est certain qu'un discours occasionnel constitue un test sévère de la sagesse d'un orateur. Être trivial dans une occasion sérieuse, être funèbre lors d'un banquet, être toujours prolixe - voilà les marques du non-sens. Certaines âmes imprudentes semblent choisir les occasions les plus amicales de l'après-dîner pour faire exploser une bombe de dispute. Autour de la table du dîner, il est de coutume, même pour les ennemis politiques, d'enterrer leurs hachettes n'importe où plutôt que dans un crâne commode. C'est le comble du mauvais goût que de soulever des questions qui, dans des heures consacrées à la bonne volonté, ne peuvent qu'irriter.

Les discours occasionnels offrent de bonnes occasions de faire de l'humour, en particulier l'histoire drôle, car l'humour avec un point authentique n'est pas anodin. Mais il ne faut pas faire tout un écheveau de récits humoristiques qui n'ont d'autre lien que l'inepte et banal "Et ça me rappelle quelque chose". Une anecdote sans portée peut être drôle, mais une anecdote moins drôle mais adaptée au thème et à l'occasion est de loin préférable. Il n'y a aucun moyen, à part la puissance pure du discours, qui mène aussi sûrement au cœur d'un public que l'humour riche et approprié. Les dîneurs dispersés dans une grande salle de banquet, la léthargie de l'après-dîner, l'anxiété à l'approche de l'heure du dernier train, la liste surchargée d'orateurs surchargés - tout cela lance un défi à l'orateur qui doit faire de son mieux pour gagner une audience intéressée. Et lorsque le succès est au rendez-vous, il est généralement dû à un heureux mélange de sérieux et d'humour, car l'humour seul fait rarement autant d'effet que les deux combinés, alors que le discours totalement grave ne le fait jamais dans de telles occasions.

S'il y a un endroit plus qu'un autre où les opinions de seconde main et les platitudes sont malvenues, c'est bien dans le discours d'après-dîner. Que vous soyez le maître des toasts ou le dernier orateur à essayer de retenir la foule en déclin à minuit, soyez aussi original que possible. Comment est-il possible de résumer les qualités qui constituent un bon discours d'après-dîner, quand on se souvient de l'inimitable sérieux-dérision de Mark Twain, de la douce éloquence méridionale de Henry W. Grady, de la gravité funèbre de l'humoriste Charles Battell Loomis, du charme de Henry Van Dyke, de la générosité de F. Hopkinson Smith et de l'enchantement général de Chauncey M. Depew ? L'Amérique est littéralement riche en orateurs de ce genre, qui ponctuent le sens réel de l'absurde, et rendent ainsi les deux efficaces.

Les cérémonies commémoratives, les inaugurations, les débuts, les dédicaces, les éloges funèbres et tous les rassemblements publics spéciaux offrent de rares occasions de faire preuve de tact et de bon sens dans la gestion de l'occasion, du thème et du public. Il faut savoir quand être digne ou familier, quand s'élever ou déambuler au milieu de ses auditeurs, quand enflammer ou apaiser, quand instruire ou amuser - en un mot, il faut avoir constamment à l'esprit la question de l'APPROPRIATION pour ne pas écrire son discours sur l'eau.

Enfin, rappelez-vous la béatitude : Heureux l'homme qui fait de courts discours, car il sera invité à parler à nouveau.

SÉLECTIONS POUR L'ÉTUDE
LES DERNIERS JOURS DE LA CONFÉDÉRATION

(Extrait)

La Rapidan suggère une autre scène à laquelle il a souvent été fait allusion depuis la guerre, mais qu'il m'est permis de rappeler dans ce contexte, car elle illustre également l'esprit des deux armées. Dans le doux crépuscule d'un jour d'avril, les deux armées tenaient leurs défilés sur les collines opposées bordant la rivière. A la fin du défilé, une magnifique fanfare de l'armée de l'Union joua avec beaucoup d'entrain les airs patriotiques "Hail Columbia" et "Yankee Doodle". Les troupes fédérales ont alors répondu par un cri patriotique. La même fanfare a ensuite joué les airs émouvants de "Dixie", auxquels dix mille soldats du Sud ont répondu avec force.

Quelques instants plus tard, alors que les étoiles étaient devenues des témoins et que toute la nature était en harmonie, le même orchestre a joué la vieille mélodie "Home, Sweet Home". Alors que ses notes familières et pathétiques roulaient sur l'eau et faisaient vibrer l'esprit des soldats, les collines résonnaient d'une réponse tonitruante des voix unies des deux armées. Qu'y avait-il dans cette vieille, vieille musique, pour toucher ainsi les cordes de la sympathie, pour faire vibrer les esprits et faire trembler d'émotion les cadres des hommes courageux ? C'était la pensée de la maison. Pour des milliers d'entre eux, sans doute, c'était la pensée de ce foyer éternel dont la prochaine bataille pourrait être la porte d'entrée. Pour des milliers d'autres, c'était la pensée de leurs chers foyers terrestres, où des êtres chers, à cette heure crépusculaire, se prosternaient autour de l'autel familial et demandaient à Dieu de prendre soin du jeune soldat absent.

-Général J.B. Gordon, C.S.A.

BIENVENUE À KOSSUTH

(Extrait)

Laissez-moi vous demander d'imaginer que le concours dans lequel les États-Unis ont affirmé leur indépendance de la Grande-Bretagne a échoué ; que nos armées, à cause de la trahison ou d'une ligue de tyrans contre nous, ont été brisées et dispersées ; que les grands hommes qui les ont dirigées et qui ont influencé nos conseils - notre Washington, notre Franklin et le vénérable président du Congrès américain - ont été chassés en exil. S'il avait existé à cette époque, dans quelque partie du monde civilisé, une République puissante, dont les institutions reposaient sur les mêmes fondements de liberté que ceux que nos compatriotes ont cherché à établir, y aurait-il eu dans cette République une hospitalité trop cordiale, une sympathie trop profonde, un zèle pour leur cause glorieuse mais malheureuse, fervent ou trop actif pour être manifesté envers ces illustres fugitifs ? Messieurs, le cas que j'ai supposé est devant vous. Les Washingtons, les Franklins, les Hancocks de Hongrie, chassés par une tyrannie bien pire que celle qu'ils n'ont jamais endurée ici, sont errants dans des pays étrangers. Certains d'entre eux ont cherché un refuge dans notre pays - l'un d'entre eux est assis avec cette compagnie, notre invité ce soir - et nous devons mesurer le devoir que nous leur devons selon les mêmes critères que ceux que l'histoire aurait dû appliquer si nos ancêtres avaient connu un sort semblable au leur.

-William Cullen Bryant.

L'INFLUENCE DES UNIVERSITÉS

(Extrait)

Lorsque l'excitation de la guerre des partis s'approche dangereusement de nos protections nationales, je voudrais que le conservatisme intelligent de nos universités et de nos collèges mette en garde les concurrents, sur un ton impressionnant, contre les dangers d'une brèche impossible à réparer.

Lorsque le mécontentement et les passions populaires sont stimulés par l'art de concevoir des partisans à un point qui se rapproche dangereusement de la haine de classe ou de la colère de section, je voudrais que nos universités et nos collèges sonnent l'alarme au nom de la fraternité américaine et de la dépendance fraternelle.

Lorsque l'on tente de faire croire aux gens que leurs suffrages peuvent changer l'application des lois nationales, je voudrais que nos universités et nos collèges proclament que ces lois sont inexorables et loin de tout contrôle politique.

Lorsque l'intérêt égoïste cherche à obtenir des avantages privés indus par le biais de l'aide gouvernementale, et que les places publiques sont revendiquées comme des récompenses pour le service du parti, je voudrais que nos universités et nos collèges persuadent les gens de renoncer à la demande de butin de parti et les exhortent à un amour désintéressé et patriotique de leur gouvernement, dont le fonctionnement non perverti assure à chaque citoyen sa juste part de la sécurité et de la prospérité qu'il réserve à tous.

Je voudrais que l'influence de ces institutions soit du côté de la religion et de la moralité. Je voudrais que ceux qu'elles envoient parmi le peuple n'aient pas honte de reconnaître Dieu, et de proclamer Son interposition dans les affaires des hommes, en enjoignant une obéissance à Ses lois qui rende évidente la voie de la perpétuité et de la prospérité nationales...

-Grover Cleveland, discours prononcé lors du Sesqui-Centenaire de Princeton, 1896.

ÉLOGE DE GARFIELD

(Extrait)

Grand dans la vie, il le fut encore plus dans la mort. Sans raison, dans la frénésie même de la déraison et de la méchanceté, par la main rouge du meurtre, il a été poussé hors de la pleine marée des intérêts de ce monde, de ses espoirs, de ses aspirations, de ses victoires, dans la présence visible de la mort - et il n'a pas reculé. Non seulement pendant le court instant où, stupéfait et hébété, il pouvait renoncer à la vie, à peine conscient de son abandon, mais pendant des jours de langueur mortelle, pendant des semaines d'agonie, qui n'était pas moins une agonie parce qu'elle était supportée en silence, avec une vue claire et un courage calme, il a regardé sa tombe ouverte. Quel fléau et quelle ruine ont rencontré ses yeux angoissés, dont les lèvres pourraient dire - quels plans brillants et brisés, quelles ambitions élevées et déçues, quelle rupture des amitiés fortes et chaleureuses de l'âge d'homme, quelle déchirure amère des doux liens familiaux ! Derrière lui, une nation fière et pleine d'espoir, une grande foule d'amis qui le soutiennent, une mère chérie et heureuse, portant les riches honneurs de son labeur et de ses larmes ; la femme de sa jeunesse, dont la vie entière reposait sur la sienne ; les petits garçons qui n'étaient pas encore sortis des jours d'ébats de l'enfance ; la jeune et belle fille ; les fils robustes qui venaient juste de naître dans la plus proche compagnie, réclamant chaque jour et chaque jour la récompense de l'amour et des soins d'un père ; et dans son cœur, le pouvoir enthousiaste et joyeux de répondre à toutes les demandes. Devant lui, la désolation et de grandes ténèbres ! Et son âme n'a pas été ébranlée. Ses compatriotes ont été saisis d'une sympathie instantanée, profonde et universelle. Maître dans sa faiblesse mortelle, il devint le centre de l'amour d'une nation, inscrit dans les prières d'un monde. Mais tout cet amour et toute cette sympathie n'ont pu partager avec lui sa souffrance. Il a foulé le pressoir seul. Avec un front inébranlable, il a affronté la mort. Avec une tendresse sans faille, il a pris congé de la vie. Par-dessus le sifflement démoniaque de la balle de l'assassin, il a entendu la voix de Dieu. Avec une simple résignation, il s'est incliné devant le décret divin.

James G. Blaine, lors du service commémoratif organisé par le Sénat et la Chambre des représentants des États-Unis.

EULOGIE DE LEE

(Extrait)

Le désintéressement est à la base de tout véritable héroïsme. Son expression suprême est le sacrifice. Le monde se méfie des héros vantés. Mais lorsque le véritable héros est venu, et que nous savons qu'il est là en vérité, ah ! comme les cœurs des hommes bondissent pour le saluer ! comme nous accueillons avec adoration l'œuvre la plus noble de Dieu - l'homme fort, honnête, sans peur, droit. Un tel héros nous a été offert, à nous et à l'humanité, en la personne de Robert Lee, et que nous le voyions décliner le commandement de l'armée fédérale pour livrer les batailles et partager les misères de son propre peuple, proclamer sur les hauteurs devant Gettysburg que la faute du désastre était la sienne ; en menant les charges dans la crise du combat ; en marchant sous le joug de la conquête sans un murmure de plainte ; ou en refusant la fortune pour venir ici et former la jeunesse de son pays dans les sentiers du devoir, il est toujours le même esprit doux, grand, plein d'abnégation. Ici, il a fait preuve de qualités non moins dignes et héroïques que celles qu'il a déployées sur le théâtre large et ouvert du conflit, lorsque les yeux des nations observaient chacun de ses gestes. Ici, dans le calme et le repos des devoirs civils et domestiques, et dans la routine éprouvante des tâches incessantes, il a vécu une vie aussi élevée que lorsque, jour après jour, il a rassemblé et dirigé ses maigres et épuisantes lignes, et dormi la nuit sur le champ qui devait être à nouveau trempé dans le sang le lendemain. Et maintenant, il nous a quittés pour toujours. Et est-ce tout ce qui reste de lui, cette poignée de poussière sous la pierre de marbre ? Non ! répondent les âges qui s'élèvent des gouffres du temps, où gisent les épaves de royaumes et de domaines, tenant dans leurs mains, comme seuls trophées, les noms de ceux qui ont œuvré pour l'homme dans l'amour et la crainte de Dieu, et dans l'amour sans crainte de leurs semblables. Non ! le présent répond, penché sur sa tombe. Non ! l'avenir répond quand le souffle du matin évente son front radieux et que son âme boit les douces inspirations de la belle vie de Lee. Non ! je pense que les cieux mêmes font écho, en fondant dans leurs profondeurs les mots d'amour révérencieux qui expriment le cœur des hommes jusqu'aux étoiles vibrantes.

Nous venons donc aujourd'hui, dans un amour loyal, sanctifier nos souvenirs, purifier nos espoirs, renforcer toute bonne intention en communiant avec l'esprit de celui qui, bien que mort, parle encore. Viens, enfant, dans ton innocence sans tache ; viens, femme, dans ta pureté ; viens, jeune, dans la fleur de l'âge ; viens, homme, dans ta force ; viens, vieillard, dans ta sagesse mûre ; viens, citoyen ; viens, soldat ; répandons les roses et les lys de juin autour de sa tombe, car il a, comme eux, exhalé dans sa vie la bienfaisance de la Nature, et la tombe a consacré cette vie et nous l'a donnée à tous ; Couronnons son tombeau du chêne, emblème de sa force, et du laurier, emblème de sa gloire, et que ces canons, dont il connaissait autrefois les voix, réveillent les échos des montagnes, afin que la nature elle-même s'associe à son requiem solennel. Venez, car ici il repose.

Sur cette rive verdoyante, au bord de ce beau ruisseau, nous posons aujourd'hui une pierre votive, afin que la mémoire puisse racheter ses actes, lorsque, comme nos pères, nos fils seront partis.

-John Warwick Daniel, lors du dévoilement de la statue de Lee à l'Université Washington et Lee, Lexington, Virginie, 1883.

QUESTIONS ET EXERCICES

1. Pourquoi l'humour devrait-il trouver sa place dans les discours d'après-dîner

2. Donnez brièvement vos impressions sur un discours d'après-dîner remarquable que vous avez entendu.

3. Décrivez brièvement une occasion imaginaire de quelque nature que ce soit et donnez trois sujets appropriés pour les allocutions.

4. prononcer un discours de ce type, d'une durée maximale de dix minutes.

5. Quelle proportion d'idées émotionnelles trouvez-vous dans les extraits donnés dans ce chapitre ?

6. L'humour a été utilisé dans certains des discours précédents - dans quels autres aurait-il été inapproprié ?

7. Préparez et prononcez un discours d'après-dîner adapté à l'une des occasions suivantes, en veillant à utiliser l'humour :

Un banquet de la loge.

Un dîner de parti politique.

Un dîner du club des hommes de l'église.

Un banquet d'association civique.

Un banquet en l'honneur d'une célébrité.

Le dîner annuel d'un club de femmes.

Un dîner de l'association des hommes d'affaires.

Un dîner du club des fabricants.

Un banquet d'anciens élèves.

Un barbecue de semaine à la maison.

Chapitre 31 : Rendre la conversation efficace

Dans la conversation, évitez les extrêmes de la franchise et de la réserve.

Caton.

La conversation est le laboratoire et l'atelier de l'étudiant.

-Emerson, Essais : Cercles.

Le père de W.E. Gladstone considérait la conversation comme un art et un accomplissement. Autour de la table du dîner dans sa maison, un sujet d'intérêt local ou national, ou une question débattue, étaient constamment discutés. De cette façon, une rivalité amicale pour la suprématie dans la conversation se développait au sein de la famille, et un incident observé dans la rue, une idée glanée dans un livre, une déduction tirée d'une expérience personnelle, étaient soigneusement conservés comme matériel pour l'échange familial. C'est ainsi que ses premières années de pratique d'une conversation élégante ont préparé le jeune Gladstone à sa carrière de leader et d'orateur.

Dans un sens, la capacité à converser efficacement est un art oratoire efficace, car notre conversation est souvent entendue par de nombreuses personnes et, parfois, des décisions de grande importance dépendent du ton et de la qualité de ce que nous disons en privé.

En effet, la conversation dans son ensemble exerce probablement plus de pouvoir que la presse et la tribune réunies. Socrate a enseigné ses grandes vérités, non pas sur des tribunes publiques, mais lors de conversations personnelles. Les hommes se sont rendus en pèlerinage dans la bibliothèque de Goethe et chez Coleridge pour être charmés et instruits par leur discours, et la culture de nombreuses nations a été influencée de manière incommensurable par les pensées qui ont jailli de ces riches sources.

La plupart des discours qui font bouger le monde sont prononcés au cours d'une conversation. Les conférences de diplomates, les disputes commerciales, les décisions des conseils d'administration, les considérations sur la politique des entreprises, qui influencent toutes les cartes politiques, commerciales et économiques du monde, sont généralement le résultat d'une conversation prudente mais informelle, et l'homme dont les opinions pèsent dans de telles crises est celui qui a d'abord soigneusement pesé les mots de l'antagoniste et du protagoniste.

Aussi important que soit le contrôle de soi dans une conversation sociale légère, ou autour de la table familiale, il est indéniablement vital d'avoir une parfaite maîtrise de soi lorsqu'on participe à une conférence importante. Les conseils que nous avons donnés sur l'équilibre, la vivacité, la précision du mot, la clarté de l'énoncé et la force de l'expression, en ce qui concerne le discours public, s'appliquent également à la conversation.

La forme d'égoïsme nerveux - car c'est l'un et l'autre - qui se termine soudainement par une crise de nerfs au moment où les mots essentiels doivent être prononcés, est le signe d'une défaite prochaine, car une conversation est souvent un concours. Si vous sentez que cette tendance vous embarrasse, ne manquez pas d'écouter les conseils de Holmes :

Et quand vous vous en tenez aux bavures de la conversation, ne parsemez pas votre chemin de ces affreux urs.

Ici, mettez votre volonté en action, car votre problème est une attention vagabonde. Vous devez forcer votre esprit à persister dans la ligne de conversation choisie et refuser résolument d'être détourné par tout sujet ou événement qui pourrait surgir inopinément pour vous distraire. Si vous échouez ici, vous perdrez complètement votre efficacité.

La concentration est la clé du charme et de l'efficacité d'une conversation. L'habitude d'une expression désordonnée, qui consiste à tirer à l'oiseau quand une balle est nécessaire, assure de manquer la partie, car la diplomatie de toutes sortes repose sur l'application précise de mots précis, en particulier - si l'on peut paraphraser Tallyrand - dans les crises où le langage ne sert plus à dissimuler la pensée.

L'étude de la dérivation des mots permet souvent d'éclairer d'un jour nouveau des sujets anciens. La conversation signifie à l'origine un échange d'idées, mais la plupart des gens semblent la considérer comme un monologue. Bronson Alcott avait l'habitude de dire que beaucoup pouvaient argumenter, mais que peu pouvaient converser. La première chose à retenir dans une conversation est donc que l'écoute - une écoute respectueuse, sympathique et attentive - n'est pas seulement due à notre interlocuteur, mais aussi à nous-mêmes. Bien des réponses perdent leur intérêt parce que l'interlocuteur est tellement intéressé par ce qu'il s'apprête à dire qu'il ne s'agit pas d'une réponse, mais simplement d'un hors sujet irritant et humiliant.

L'expression de soi est exaltante. C'est ce qui explique l'éternelle envie de décorer les totems et de peindre des tableaux, d'écrire des poèmes et d'exposer la philosophie. L'un des principaux plaisirs de la conversation est l'occasion qu'elle offre de s'exprimer. Un bon causeur qui monopolise toute la conversation sera jugé ennuyeux parce qu'il prive les autres du plaisir de s'exprimer, tandis qu'un causeur médiocre qui écoute avec intérêt peut être considéré comme un bon causeur parce qu'il permet à ses compagnons de se faire plaisir en s'exprimant. On loue ceux qui plaisent : on plaît à ceux qui écoutent bien.

La première étape pour remédier aux habitudes de confusion dans les manières, de maladresse dans le comportement, d'imprécision dans la pensée et de manque de précision dans l'expression, est de reconnaître ses défauts. Si vous en êtes sereinement inconscient, personne - et surtout pas vous-même - ne peut vous aider. Mais diagnostiquez une fois vos propres faiblesses, et vous pourrez les surmonter en faisant quatre choses :

1. VOULOIR pour les surmonter, et continuer à vouloir.

2. Tenez-vous en main en vous assurant que vous savez précisément ce que vous devez dire. Si vous n'y parvenez pas, restez silencieux jusqu'à ce que vous soyez clair sur ce point essentiel.

3. Après vous être ainsi assuré, chassez la peur de ceux qui vous écoutent - ils ne sont qu'humains et respecteront vos paroles si vous avez vraiment quelque chose à dire et si vous le dites brièvement, simplement et clairement.

4. Ayez le courage d'étudier la langue anglaise jusqu'à ce que vous maîtrisiez au moins ses formes les plus simples.

Conseils pour la conversation

Choisissez un sujet qui présentera un intérêt général pour l'ensemble du groupe. N'expliquez pas le mécanisme d'un moteur à gaz à un goûter ou la culture des roses trémières à un enterrement de vie de garçon.

Il n'est pas de bon ton pour un homme de dénuder son bras en public et de montrer des cicatrices ou des déformations. Il est tout aussi mal vu pour lui d'étaler ses propres malheurs, ou la difformité du caractère de quelqu'un d'autre. Le public exige des pièces et des histoires qui se terminent bien. Le monde entier recherche le bonheur. Il ne peut pas s'intéresser longtemps à vos maux et à vos problèmes. George Cohan s'est rendu millionnaire avant d'avoir trente ans en écrivant des pièces joyeuses. Une de ses règles est généralement applicable à la conversation : "Toujours les laisser rire quand vous leur dites au revoir."

Éliminez-le "je" de votre conversation. Pas un homme sur neuf cent sept ne peut parler de lui-même sans être ennuyeux. L'homme qui peut réaliser cet exploit peut accomplir des merveilles sans parler de lui-même, de sorte que l'éternel "je" n'est pas admissible, même dans sa conversation.

Si vous avez l'habitude de construire votre conversation autour de vos propres intérêts, cela peut s'avérer très ennuyeux pour votre interlocuteur. Il peut être en train de penser aux chiens d'arrêt ou à la pêche à la mouche sèche pendant que vous discutez de la quatrième dimension ou des mérites d'une lotion au concombre. L'homme de conversation charmant est prêt à parler en fonction de l'intérêt de son interlocuteur. Si son interlocuteur passe son temps libre à enquêter sur le bétail Guernsey ou à faire des réformes sociales, le discernement de l'interlocuteur façonne ses remarques en conséquence. Richard Washburn Child dit qu'il connaît un homme d'une capacité médiocre qui peut charmer des hommes beaucoup plus compétents que lui lorsqu'il discute de l'éclairage électrique. Ce même homme s'ennuierait probablement, et serait ennuyé, si on le forçait à converser sur la musique ou sur Madagascar.

Évitez les platitudes et les phrases éculées. Si vous rencontrez un ami de Keokuk sur State Street ou sur Pike's Peak, il n'est pas nécessaire d'observer : "Comme le monde est petit, après tout !" Cette observation a sans doute été faite avant la formation de Pike's Peak. "Ce vieux monde s'améliore de jour en jour." "Les femmes des éventaillistes ne doivent plus travailler aussi dur qu'avant." "Ce n'est pas tant le coût élevé de la vie que le coût de la vie élevée." De telles observations suscitent à peu près le même degré d'admiration que l'apparition d'une voiture de tourisme modèle 1903. Si vous n'avez rien de nouveau ou d'intéressant, vous pouvez toujours vous taire. Que diriez-vous de lire un journal qui afficherait en gros titres "Nous avons du beau temps", ou dont les colonnes contiendraient les mêmes vieilles histoires que vous avez lues semaine après semaine ?

QUESTIONS ET EXERCICES

1. Faites un court discours décrivant l'ennui de la conversation.

2. En quelques mots, donnez votre idée d'un charmant interlocuteur.

3. Quelles sont les qualités de l'orateur à ne pas utiliser dans la conversation.

4. Donnez une brève description humoristique de l'"oracle" conversationnel.

5. Faites le récit de votre premier jour de travail en observant les conversations autour de vous.

6. Racontez l'effort d'une journée pour améliorer votre propre conversation.

7. Donnez une liste de sujets que vous avez entendu discuter au cours d'une période récente que vous pouvez choisir.

8. Qu'entend-on par "toucher élastique" dans la conversation ?

9. Dressez une liste des "Bromides", comme Gellett Burgess appelle ces expressions filandreuses qui "nous ont ennuyés jusqu'à l'extinction" - lui-même un Bromide.

10. Qu'est-ce qui fait qu'une phrase devient rebattue ?

11. Définissez les mots suivants : (a) banalité ; (b) solécisme ; (c) langage familier ; (d) argot ; (e) vulgarisme ; (f) néologisme.

12. Qu'est-ce qui constitue un discours prétentieux ?

BIBLIOGRAPHIE

The Art of Public Speaking by Dale Carnegie (1915). Traduction de l'anglais au français, Tim Word. Tous droits réservés.